KNAUR

STEPHAN HARBORT

KILLER FRAUEN

**Deutschlands bekanntester
Serienmordexperte klärt auf**

KNAUR

Besuchen Sie uns im Internet:
www.knaur.de

Originalausgabe März 2017
© 2017 Knaur Verlag
Ein Imprint der Verlagsgruppe
Droemer Knaur GmbH & Co. KG, München
Redaktion: Nadine Lipp
Covergestaltung: ZERO Werbeagentur, München
Coverabbildung: Frank Becht; FinePic/shutterstock
Satz: Adobe InDesign im Verlag
Druck und Bindung: CPI books GmbH, Leck
ISBN 978-3-426-78866-0

2   4   5   3   1

Für Sabine Gantzek und Jochen Croonenbroeck.
Was ich an euch am meisten schätze?
Charakter!

INHALT

VORWORT

»Welche Gruft ist finsterer als das Herz!
Welches Gefängnis ist unerbittlicher
als das eigene Ich.«
Nathaniel Hawthorne

»Dass es weibliche Serienmörder gibt,
das hat man nicht für möglich gehalten.
Der gefährliche Täter ist ein Mann.«
Schweizerischer Kriminalist

Todesengel«, »Gifthexe«, »Eismutter«, »Schwarze Witwe«. Diese und andere Spitznamen stehen stellvertretend für ein besonders seltenes, verstörendes, geheimnisumwittertes Phänomen der Kriminalgeschichte: Frauen, die nicht nur einmal töten, nicht zweimal, sondern immer wieder – Serienmörderinnen. Gerade diese Täterinnen unterlaufen tradierte Kriminalitätstheorien und sprengen gesellschaftliche Konventionen, weil sie Ausnahmeerscheinungen sind und ihre Taten auch erfahrene Kriminalexperten mitunter erstaunen.

Denn: Tötungsdelinquenz ist anerkanntermaßen eine Männerdomäne, es gibt beispielsweise keine bzw. kaum Amokläuferinnen, Sexual-, Raub- oder Massenmörderinnen. Die aktuelle »Polizeiliche Kriminalstatistik« des Bundeskriminalamts weist für »Mord und Totschlag« lediglich 12 Prozent »weibliche Tatverdächtige« aus. Und auch beim Serienmord ist das Geschlechterverhältnis nach meinen Untersuchungen unausgewogen –

nach dem Ende des Zweiten Weltkriegs konnten hierzulande mindestens 212 Mordserien aufgeklärt werden, allerdings beträgt der Frauenanteil bei den Verurteilten nur 18 Prozent.

Der tödliche Gewalt in jedweder Form ausübende Mann erscheint ubiquitär etabliert und akzeptiert; selbst Mord und Totschlag werden zwar mit Strafe bedroht und entsprechend scharf sanktioniert, doch können wir solche Erscheinungsformen der männlichen Gewaltkriminalität zumindest aus kriminologischer bzw. kriminalpsychologischer Sicht einordnen und nachvollziehen, das ambivalente Verhältnis von Ursache und Wirkung verstehen. Frauen jedoch, die in Serie morden, passen nicht in diese Schablonen, weil sie sich von männlichen Tätern beispielsweise durch andere Motivationen und Tatverhaltensweisen gravierend unterscheiden. Einerseits. Andererseits lassen sich die Motive von Serienmörderinnen nicht ohne weiteres herleiten, weil die näheren Umstände der Taten allein häufig keine ausreichende Grundlage darstellen, um eine abschließende Bewertung vornehmen zu können.

Diese Erkenntnisse führen zwangsläufig zu einer Frage, die als erste gestellt werden muss, will man die nachfolgenden Betrachtungen seriös gestalten: Was ist überhaupt eine »Serienmörderin« (inhaltlich besteht kein Unterschied zum Terminus »Serienmörder«), wie wird dieser Begriff definiert? Seit Jahrzehnten diskutieren insbesondere Kriminalisten, Kriminologen, Psychiater, Psychologen und Soziologen international kontrovers darüber, welche Tatbestandsmerkmale herangezogen werden sollen.

Schon die Anzahl der Taten, die ein Serienmörder verüben muss, um als solcher gelten zu dürfen, ist uneinheitlich. Das Meinungsspektrum variiert von »mindestens zwei« bis »wenigstens zehn« Tötungsdelikte. Vornehmlich soll es sich um einen »Einzeltäter« handeln, gelegentlich wird auch »gemeinschaftliches Handeln« diskutiert. Uneinigkeit besteht ferner bezüglich der

Örtlichkeiten, an denen die Verbrechen verübt werden. Mal sollen es in sämtlichen Fällen »unterschiedliche Tatorte« sein, mal sollen diese »innerhalb eines bestimmten bzw. bestimmbaren geographischen Terrains« liegen. Auch die Zeitspanne zwischen den Taten wird differierend definiert. Vorgeschlagen werden beispielsweise »einige Stunden«, »zwei Tage«, »mindestens 72 Stunden« oder »Tage, Wochen, Monate oder Jahre«. Gestritten wird ebenfalls über den motivationalen Hintergrund der Taten: Einerseits sollen sie »motivlos/irrational erscheinen«, andererseits werden »sexuell motivierte Taten« fokussiert. Eine dritte Variante will »politische/finanzielle Beweggründe« ausklammern. Gehäuft wird hingegen die Auffassung vertreten, dass zwischen Täter und Opfer »keine vordeliktische Beziehung« besteht und das Verhalten nach dem Tötungsakt von einer »emotionalen Abkühlungsperiode« geprägt wird.

Besonders relevant erscheint in diesem Kontext die jüngste Definition des Federal Bureau of Investigation (FBI), weil diese Behörde durch zahlreiche Ermittlungen gegen SerienmörderInnen über jahrzehntelange Erfahrung verfügt und auch eigene Forschungsprojekte realisiert. Die FBI-Definition für Serienmord lautet sinngemäß: gesetzwidrige Tötung von zwei oder mehr Opfern durch denselben (oder dieselben) Täter zu verschiedenen Gelegenheiten. Nur darf diese Begriffsbestimmung hierzulande keine Anwendung finden, weil sie nicht immer trennscharf genug ist (zum Beispiel: Wie verhält es sich bei schuldunfähigen Tätern? Wie sind zwei versuchte Tötungsdelikte zu beurteilen? Welche Straftatbestände sind gemeint?) und nicht unbesehen auf unser Justizsystem übertragen werden kann.

Aus diesen Gründen habe ich zu Beginn meiner Untersuchungen vor etwa 20 Jahren eine eigene Definition entwickelt und im Laufe der Zeit erfahrungsbedingt modifiziert. Demnach liegt ein Serienmord vor, wenn der/die voll oder vermindert schuldfähige

TäterIn alleinverantwortlich oder gemeinschaftlich mindestens zwei versuchte bzw. vollendete Tötungsdelikte begeht (§§ 211 [Mord], 212 [Totschlag], 213 [minder schwerer Fall des Totschlags] StGB), die jeweils von einem neuen Tatentschluss getragen werden und in keinem inneren Zusammenhang stehen.

Erstmals habe ich das Thema Serientäterinnen in meinem Buch »Wenn Frauen morden« behandelt. »Killerfrauen« indes ist anders: neue Fälle, neue Erfahrungen, neue Zahlen, und auch neue Erkenntnisse – also kein alter Wein in neuen Schläuchen. Ich behandele im vorliegenden Buch nur solche Verbrechen, die sich in der jüngeren Vergangenheit im deutschsprachigen Raum ereignet haben und sämtliche Facetten dieses spektakulären und außergewöhnlichen Deliktsbereichs abbilden. Weil bisher zu Serienmörderinnen in Deutschland (zu) wenig geforscht wurde und die vorliegenden Untersuchungsergebnisse sich lediglich auf hochselektive Stichproben beschränken, habe ich alle Tötungen weiblicher Serientäter betrachtet, die sich hierzulande seit Ende des Zweiten Weltkriegs ereignet haben (Ergebnisse der Studie siehe Anhang »Kriminologie der Serienmörderin« und Nachwort).

Nur deshalb ist es mir gelungen, die wohl wichtigsten Fragen zu beantworten: Wie häufig passiert so etwas? Warum morden Frauen in Serie? Gibt es eine Art Täterinnenprofil? Wie lassen sich Serienmörderinnen typisieren und charakterisieren? Was unterscheidet weibliche von männlichen Serientätern? Unter welchen Umständen töten Frauen, und wie gehen sie dabei vor? Gibt es Tatmuster? Wer sind die Opfer? Und wie lässt sich dieses Gewaltphänomen erklären?

Gerne hätte ich mit sämtlichen Täterinnen, über die ich berichte, auch persönlich gesprochen. Leider war dies nicht immer möglich, weil von Seiten der Behörden Bedenken vorgetragen wurden. So schrieb mir beispielsweise das österreichische Bundesministerium für Justiz im Fall Maria Morata (Kapitel 2): »(…) Frau Morata drängt mittels unterschiedlicher Methoden immer wieder sehr heftig in die öffentlichen Medien und versucht offenbar, diese für ihre Zwecke zu instrumentalisieren. Darunter leidet das Klima der Justizanstalt laut Wahrnehmung der dortigen Anstaltsleitung erheblich. Auch kann nicht ausgeschlossen werden, dass die permanente Medienpräsenz von Frau Morata den therapeutischen Bemühungen zur Deliktbearbeitung entgegenstehen. Von einem möglicherweise wiederum durch Frau Morata medienwirksam verbreiteten Interview sollte daher derzeit Abstand genommen werden.«

Auch hielten Verantwortliche der Justizvollzugsanstalten es mitunter für nicht ratsam, auch nur ein informatorisches Vorgespräch mit der Gefangenen zu befürworten, weil es nach Jahren des therapeutischen Stillstands mittlerweile eine Zusammenarbeit gäbe, die man nicht »gefährden wolle«. Ob ich unter diesen Voraussetzungen bereit wäre, freiwillig auf einen Besuch zu verzichten? Und so kam es, dass Serienmörderinnen, die anfangs nach eigenem Bekunden sehr gerne mit mir gesprochen hätten, plötzlich wankelmütig wurden, sich Bedenkzeit ausbaten und auf weitere Nachfrage mitteilten, ein persönliches Interview auf unbestimmte Zeit verschieben zu wollen.

Aus diesen Gründen musste ich mich in den meisten Fällen auf einen brieflichen Kontakt beschränken. Trotzdem ist es mir durch Ausschöpfen aller sonstigen erreichbaren Quellen gelungen, mich den Täterinnen zu nähern und die angestrebte Erkenntnistiefe zu erlangen. Mit »Killerfrauen« möchte ich Sie nun daran teilhaben lassen.

Stephan Harbort
Düsseldorf, im Oktober 2016

DIE SCHMETTERLINGSFRAU

»Es wird mir alles zu viel.
Das ganze Leben wird mir zu viel.
Ich weiß nicht, wie mein Leben sein müsste,
dass es mir nicht mehr zu viel würde.
Ist überhaupt etwas in meinem Leben in Ordnung?«

»Wir haben das Bild gesehen.
Dieses frische, unbefangene Gesicht,
diesen vertrauensvollen Blick.
Man kann das, was passiert ist,
kaum für möglich halten.«

»Dieser Schmerz, der kommt jeden Tag.
Das hört nie auf.«

Ihr Zeigefinger wischt über das Smartphone. Entsperrt. Sie tippt auf die Facebook-App. Facebook ist immer ihre erste Anlaufadresse im Internet. Sie hat einen Account unter dem Namen »Betty Butterfly«. Bürgerlich heißt die junge Frau Jennifer Kramer. Sie ist 29 Jahre alt, geschieden und wohnt seit drei Monaten bei ihrem neuen Freund, einem 32-jährigen Gerüstbauer, den sie in einer Diskothek kennengelernt hat.

Es sind zwei neue Nachrichten eingegangen, aber nur die Nachricht von Roland Becht interessiert sie. Klick. »Hey, Betty, ich hätte diese Woche Zeit. Wollen wir uns treffen? Wann? Wo? Melde dich doch!« Sie kennt Roland nicht persönlich, hat nur einige Male mit ihm telefoniert; anscheinend ein interessanter, sympathischer Kerl, der gerade für sein erstes Buch recherchiert. Roland sucht nach Gesprächspartnern, die ihm in persönlichen Interviews erzählen, was sie offline mit Menschen erlebt haben, die online in ihr Leben getreten sind. Der Arbeitstitel des Buchprojektes lautet »Facebook live!«.

Jennifer hat einige Zeit überlegt, ob sie mit diesem Mann zusammenarbeiten möchte, der im Telefonat sehr umgänglich und charmant ist, über den sie aber sonst nur so viel weiß: 54 Jahre alt, verheiratet, eine 15-jährige Tochter, von Beruf Lektor in einem kleineren Schulbuch-Verlag. Roland passt zwar nicht in ihr Beuteschema, weil er zu alt ist, in einer festen Beziehung lebt und nicht an schnellem Sex interessiert erscheint, dafür hat er ihr aber für jedes Gespräch nicht nur einen Restaurantbesuch, sondern auch jeweils 50 Euro versprochen – Geld, das Jennifer, selbst ohne eigenes Einkommen, dringend benötigt. Also beantwortet sie Rolands Anfrage positiv und schlägt als Treffpunkt ein Chinarestaurant in der Stadtmitte vor.

Drei Tage später sitzt man sich dort gegenüber. Der angehende Buchautor, knapp zwei Meter groß, vollbärtig, durchtrainiert und sichtlich muskulös, beeindruckt Jennifer nicht nur mit seiner Körperlichkeit, er weiß sich auch zu benehmen, hört geduldig zu, unterbricht sie während der Unterhaltung nicht und macht einen bescheidenen Eindruck. Dieser Mann ist Jennifer so sympathisch und schon nach kurzer Zeit so vertraut, dass sie ihm spontan von mehreren Schicksalsschlägen erzählt, die ihr immer noch zu schaffen machen: Binnen nur zweieinhalb Jahren habe sie drei Kinder verloren, berichtet sie – Kevin, der Erstgeborene, sei als Zweijähriger an einem Herzfehler gestorben, Laura, ein Jahr jünger als ihr Bruder, am plötzlichen Kindstod; nur bei Luca, den sie vor sieben Monaten habe beerdigen müssen, sei die Todesursache ungeklärt geblieben. Jennifer klagt darüber, wie sehr sie unter diesen Ereignissen habe leiden müssen und wie unangemessen bzw. ungerecht sie von der Polizei behandelt worden sei.

Dem ersten Treffen folgen in jeweils kurzen Abständen weitere. Im Vordergrund stehen dabei anfangs Belange des von Roland beabsichtigten Buches, Jennifer schildert ihre diversen Facebook-Beziehungen zu Männern, mit denen sie nach kurzer Zeit, häufig schon beim ersten persönlichen Treffen, intim geworden sei; ihre Sexualpartner hätten sich jedoch bald darauf als unzuverlässig, gewalttätig oder pervers erwiesen: »Das waren echte Vollpfosten. Das glaubst du nicht!« Roland ist überrascht, weil Jennifer besonders die sexuelle Seite ihrer Beziehungen wortreich und detailliert herausstreicht, er lässt sich aber nichts anmerken.

Beide kennen sich etwa sechs Wochen, als sie Roland nach Hause einlädt, ihr Freund ist für mehrere Tage auf Montage und kehrt erst am Wochenende zurück. An diesem Nachmittag wird das erste Interview für Rolands Buch geführt und mit einem Diktaphon aufgezeichnet. Jennifer berichtet offenherzig über ihre Surfgewohnheiten im Internet, ihre Erfahrungen mit Singlebörsen, sie schildert aber auch verschiedene Streitigkeiten, die sich aus Online-Beziehungen entwickelt hätten, und sie gibt Roland einige Beispiele, wie schnell man sich im Internet mit einem Mann einig werden könne, wenn allein Sex im Vordergrund stehe und real ausgelebt werden soll. »Das ist so einfach. Voll geil!«

Übergangslos kommt Jennifer auf die Beziehung zu ihrem geschiedenen Mann zu sprechen; der sei wohl in seinem Beruf als Anstreicher sehr fleißig gewesen, dafür habe sie jedoch viel Zeit mit den Kindern verbringen mussen, und zwar allein. In diesem Zusammenhang macht Jennifer erneut das tragische Schicksal ihrer Kinder zum Thema. Besonders der Tod von Kevin sei nur schwer zu verkraften gewesen, sie habe zwar von seinem inoperablen Herzfehler gewusst und darum mit seinem frühen Versterben rechnen müssen, aber nachdem es schließlich passiert sei, habe sie unter schweren Depressionen gelitten und sei auf sich allein gestellt gewesen. Obwohl Roland gerne mehr über die Todesumstände von Kevin erfahren würde, stellt er keine Fragen. Dafür ist es noch zu früh, glaubt er.

Mit der Zeit entwickelt sich zwischen Jennifer und Roland ein Vertrauensverhältnis. Während er vornehmlich über die Probleme mit seiner pubertierenden Tochter und seiner kaufsüchtigen Frau spricht, kreisen Jennifers Erzählungen um ihre freudlose Kindheit, Jugendsünden, Schulversäumnisse, missglückte Männerbeziehungen. Sie schwadroniert über ihre sexuellen Neigungen und Abenteuer, aktuell sei sie online auf der Suche nach einer Frau, die Lust darauf habe, mit ihr und ihrem Mann intim zu werden: »Ein flotter Dreier, das macht mich richtig scharf!«

Während »Facebook live!« in den Gesprächen mehr und mehr in den Hintergrund tritt, beeindruckt Jennifer ihren väterlichen Freund mit neuen Leidensgeschichten: Sie sei als kleines Mädchen über mehrere Jahre hinweg von ihrem Onkel, der später wegen Mordes an einer jungen Frau verurteilt worden sei, sexuell missbraucht worden –»die verdammte Sau!«; ihr bester Freund, mit dem sie sieben Jahre gemeinsam zur Schule gegangen sei, habe sich vor einen Zug geworfen –»warum, hab ich nie kapiert!«; nicht zuletzt sei ihre beste Freundin, zu der sie schon im Kindergarten ein inniges Verhältnis hatte, bei einem Verkehrsunfall ums Leben gekommen –»so ein liebes Mädchen!«.

Roland ist für Jennifer trotz seiner positiven Ausstrahlung und sexuellen Attraktivität kein Mann, mit dem sie intim werden möchte, ihr geht es in dieser Beziehung in erster Linie um gegenseitiges Vertrauen, Ehrlichkeit, Offenheit, Verständnis – beide verbindet nach ihrem Empfinden eben nicht nur eine Freundschaft, sondern so etwas wie eine Seelenverwandtschaft.

Und darum hat sie auch keine Scheu, sich Roland in jeder Lebenslage zu offenbaren und Dinge anzusprechen, die sie sonst niemandem anvertrauen würde, selbst der eigenen Mutter nicht. Der plötzliche Tod ihrer Kinder ist so ein Thema, über das sie nur mit Roland spricht, besonders die aus ihrer Sicht überzogenen und haltlosen Verdächtigungen der Polizei empören sie noch immer.

Als sie anlässlich ihres 30. Geburtstags mittags in einem Biergarten zusammensitzen, spricht Jennifer aus, was sie so sehr frustriert. »Diese Fuzzis glauben doch immer noch, ich hätte nicht nur Luca umgebracht. Kevin und Laura auch!« Das sei aber nicht wahr, versichert sie, außerdem könne man ihr nichts beweisen, weil die Todesursachen doch feststehen würden, zumindest bei Kevin und Laura. Roland fragt nach. »Und wie war das bei Luca?« In diesem Fall, antwortet Jennifer, habe sie mittlerweile einen Verdacht, was und wie es passiert sein könnte: Der Junge habe wohl eine Tablette für erwachsene Herzpatienten eingenommen, wahrscheinlich versehentlich, jedenfalls sei ihr Schwiegervater zu dieser Zeit erkrankt gewesen und habe über entsprechende Medikamente verfügt; Luca müsse also, dahin geht ihre Vermutung, bei einem der häufigen Besuche des Großvaters eine dort auf den Fußboden heruntergefallene Tablette unbemerkt aufgenommen und geschluckt haben, nur so könne sie sich seinen Tod erklären.

Wenn Jennifer über das Schicksal ihrer Kinder spricht, vermittelt sie Roland nicht den Eindruck, emotional besonders betroffen zu sein, ihre Schilderungen sind meist kontrolliert, sachlich, neutral, eher abstrakt. Zumindest äußerlich gibt sich Jennifer unbeeindruckt, vielleicht ist sie zu Gefühlsregungen oder Trauer noch nicht bereit oder fähig, überlegt Roland; sie jetzt bedrängen oder in eine bestimmte Richtung lenken zu wollen, wäre aus seiner Sicht gewiss der falsche Weg. Es braucht seine Zeit.

Drei Monate später. Als sie nach einem Spaziergang noch die Gräber der Kinder besuchen, zeigt Jennifer unvermittelt jene Gefühle, die sie in Rolands Gegenwart bislang unterdrückt hat: Sie hockt sich neben das Grab von Laura, starrt minutenlang gedankenverloren auf die Blumen, die sie vor dem Grabstein abgelegt hat, und beginnt bitterlich zu weinen. Doch nur wenige Augenblicke später reibt sie sich die Tränen aus den Augen, richtet sich auf und flucht lauthals: »Diese Scheißbullen, die glauben doch heute noch, dass ich mit dem Tod meiner Kinder was zu tun habe. Mit dem Tod meiner eigenen Kinder! Ich könnte diesen Fuzzis stundenlang in die Fresse hauen!«

Während der nächsten Tage und Wochen beschränken sich die Gespräche zwischen Jennifer und Roland auf alltägliche Dinge und sein Buch. Erst ein konkreter Anlass rückt den Tod der Kinder wieder in den Vordergrund. Jennifer und Roland sitzen in einem Café, als sie ihm aufgekratzt berichtet, die Polizei habe den Mörder von Luca endlich gefasst! Und die Geschichte geht so: Der Junge sei am Todestag bei seinem Vater zu Besuch gewesen, später habe er, der Vater, ihn zu einem Bekannten mitgenommen. Und ebendieser Mann sei es gewesen, der Luca die tödlich wirkende Tablette verabreicht habe. Nachdem sie diese Informationen erst vor wenigen Wochen, nämlich nach ihrer letzten Begegnung mit Roland, von einem anderen Bekannten mitgeteilt bekommen habe, sei sie kurz entschlossen und wutentbrannt zur Wohnung des Täters gefahren und sofort mit einem Küchenmesser auf ihn losgegangen: »Die feige Ratte ist über die Terrasse abgehauen, die Bullen haben den Typen aber mit zwei Panzern und drei Autos gejagt und einkassiert!« Der Täter heiße Michael, habe sich widerstandslos abführen lassen und zugegeben, Luca getötet zu haben.

Roland bezweifelt zwar den Wahrheitsgehalt dieser bizarr anmutenden Schilderung, doch er gibt sich weiterhin gutgläubig und lässt Jennifer gewähren, wieder einmal; überhaupt beurteilt er die Sachlage eher positiv –»Jennifer, hör mir jetzt bitte genau zu!« –, denn nun müsse sie nicht länger befürchten, von der Polizei nochmals behelligt zu werden, weil der Mörder überführt sei und mit einer langen Haftstrafe zu rechnen habe. Rolands Schlussfolgerung zeigt Wirkung. Nach diesem Gespräch wird Jennifer ein Jahr lang ihre Kinder und die Umstände ihres Todes nicht mehr erwähnen. Die Ereignisse werden totgeschwiegen.

Dafür macht Roland über Monate hinweg gelegentlich Andeutungen, auch ihn quäle seit vielen Jahren die Erinnerung an eine Begebenheit, über die er sich noch mit keinem Menschen ausgetauscht habe. Niemand wisse von der Sache, aber nun sei es wohl an der Zeit, endlich reinen Tisch zu machen, er spiele mit dem Gedanken, sich der Polizei gegenüber zu offenbaren und die Verantwortung für sein Handeln zu übernehmen.

Jedes Mal, wenn Roland auf dieses heikle Thema zu sprechen kommt, zeigt Jennifer sich sehr interessiert, sie stellt unverblümt unangenehme Fragen und bedrängt Roland, sich zu öffnen: »Du weißt, dass du mir vertrauen kannst. Komm schon, was ist passiert? Sag es mir!« Aber Roland will nicht, noch nicht, vielleicht überhaupt nicht, jedenfalls schweigt er lieber.

Erst nach anderthalb Jahren rückt Roland bei einem Abendessen schließlich doch mit der Wahrheit heraus. Er habe schon seit Kindertagen ein belastetes Verhältnis zu seiner zwei Jahre älteren Schwester gehabt, erzählt er sichtlich bewegt und mit belegter Stimme. Beinahe täglich sei es zu Auseinandersetzungen zwischen ihnen gekommen, manchmal habe er sie sogar geschlagen. Als er 21 gewesen sei, habe er mit seiner Schwester eine Radtour unternommen, weil sie sich zu dieser Zeit überraschend gut verstanden hätten.

Und dabei sei es passiert. Den Grund für ihren Streit wisse er heute nicht mehr, dafür würden ihm bestimmte Bilder nicht mehr aus dem Kopf gehen: wie er auf seine Schwester einprügelt, das Blut in ihrem Gesicht, wie er sie würgt, ihr verzweifelter Todeskampf, die gebrochenen Augen. Nach der Tat habe er die Leiche im Wald vergraben. Seitdem gelte seine Schwester als vermisst. Er sei von der Kripo zwar mehrmals befragt worden, allerdings habe man ihm nichts nachweisen können.

»Das ist ja der Hammer, alle Achtung!« Jennifer ist überrascht, und auch ein wenig verunsichert. Denn sie hat »Seele«, so nennt sie Roland seit einiger Zeit in E-Mails, SMS und Briefen, ganz anders eingeschätzt. Ein Teddybär-Typ. Harmlos. Nun kommen ihr doch Bedenken. Ein Hauch von Angst umschmeichelt sie. Fragen tun sich auf. Bin ich jetzt in Gefahr, weil ich sein Geheimnis kenne? Was macht der, falls wir uns mal streiten? Was will der wirklich von mir?

Jennifer zweifelt an der Seriosität, Integrität und Autorität ihres Freundes. In der nächsten Zeit hält sie sich merklich zurück und vermeidet sogar den persönlichen Kontakt. Funkstille. Doch schon nach wenigen Wochen intensiviert sie die Beziehung wieder, weil sie Rolands Geständnis letztlich als immensen Vertrauensbeweis bewertet hat. Deshalb wird bei ihrem nächsten Treffen die Tötung der Schwester zum zentralen Gesprächsthema; und wie sie so lebhaft über das Für und Wider eines Geständnisses diskutieren, deutet Jennifer spontan an, auch sie hüte ein dunkles Geheimnis: »Demnächst erzähle ich dir ein Ding, das haut dich aus den Socken!«

Es vergehen noch dreieinhalb Wochen, bis Jennifer ihr Versprechen einlöst. Sie erzählt Roland, ihre Tochter Laura sei entgegen ihrer bisherigen Aussagen Opfer eines Verbrechens geworden. Die anlässlich der Obduktion festgestellte Todesursache (»plötzlicher Kindstod«) sei unzutreffend, in Wahrheit habe ein Mann Laura getötet, der ihr, Jennifer, zwar nahestehe, von dem sie aber umgebracht werde, sollte sie ihn bei der Polizei verraten:

»Und der Typ macht das, der ist total durchgeknallt. Das ist ein Wahnsinniger!«

»Um Himmels willen, Jennifer! Erzähl doch mal! Was genau ist passiert? Das muss für dich doch schrecklich gewesen sein!« Jemand habe Laura mit einem Kissen die Luft abgedrückt, antwortet Jennifer tonlos, wahrscheinlich deshalb, weil ihre Tochter wieder einmal geschrien habe und der Täter deswegen aufgebracht gewesen sei. Roland verdächtigt spontan den Vater des Kindes. Die Antwort darauf ist ein heftiges Kopfnicken.

Allerdings zeigt Jennifer für den Mörder ihrer Tochter durchaus Verständnis, weil Laura eben ein quirliges, lebendiges und auf den Vater fixiertes Kind gewesen sei: »Die saß stundenlang vor der Tür und hat so lange geheult, bis der Papa zurück war.« Laura habe sich auch sonst nicht still verhalten können, sie, Jennifer, habe sich während der Abwesenheit des Vaters ständig um ihre Tochter kümmern müssen, weil Laura beispielsweise Hunger gehabt habe, ihr der Schnuller aus dem Mund gefallen sei oder sie sich in die Hosen gemacht habe. »Irgendwas war immer. Nervig! Schrecklich!«

Lauras Mörder soll unbehelligt bleiben? Während Roland das angestrengte Mutter-Kind-Verhältnis unkommentiert lässt, versucht er Jennifer zu ermuntern, diese himmelschreiende Ungerechtigkeit dadurch aus der Welt zu schaffen, indem sie ihren Ex-Mann bei der Polizei anzeigt. Das sei keine gute Idee, entgegnet Jennifer entrüstet, denn einerseits müsse sie in diesem Fall lebenslang einen Racheakt befürchten, und andererseits könne sie aktuell nicht noch mehr Stress aushalten: »Langsam reicht es. Ich habe die Schnauze voll. Das ist doch kein Leben!«

Jennifer ist zornig und enttäuscht zugleich, sie empfindet Rolands Vorschlag als eklatanten Vertrauensbruch. Kurz darauf verlässt sie missmutig das Lokal, ohne sich vorher mit Roland ausgesprochen zu haben. Während der folgenden Tage und Wochen beschränkt sich der beiderseitige Kontakt auf belanglose E-Mails und halbherzige Telefonate.

Erst als Roland ihr signalisiert, sein Vorschlag müsse nicht zwingend realisiert werden, und er obendrein versichert, nichts ohne Jennifers Zustimmung unternehmen zu wollen, kehrt die ursprüngliche Vertrautheit wieder zurück. Nur einige Tage später schreibt Jennifer eine alarmierende SMS an Roland. »Ich muss dich morgen unbedingt treffen!«, heißt es darin. »Ich muss mit dir reden! Ich halte es sonst nicht mehr aus! Ich habe das Gefühl, sonst zu ersticken! Ich muss dir unbedingt etwas sagen!«

Man trifft sich in einem Biergarten. Nachdem sie längere Zeit lebhaft und kontrovers über ihr Dauerthema Vertrauen und Vertrauensmissbrauch diskutiert haben, fragt Jennifer ihren Freund »Seele« unvermittelt, ob sie ihm vertrauen könne –»Ich meine, so richtig!« Roland: »Das weißt du doch, mir kannst du alles sagen. Glaubst du denn im Ernst, ich hätte dir etwas vom Tod meiner Schwester erzählt, wenn ich dir nicht zu hundert Prozent vertrauen würde?« Ein kurzer Moment des Schweigens. Ihre Blicke treffen sich. Lautes Nachdenken.

»Ich habe nach unseren letzten Treffen viel überlegt und viel durchgemacht«, sagt Jennifer in die beklemmende Stille hinein, »weil ich meine Kinder verloren habe. Es ist verdammt hart, nichts von den Kindern zu haben!« Sie denke seit vier Jahren ohne Unterlass an Kevin, Laura und Luca und bedauere ihren Tod. Sehr belastend für sie sei auch, immer noch von der Polizei verdächtigt zu werden. Erst kürzlich habe sie eine Vorladung zur Vernehmung erhalten: »Mein Anwalt hat mir aber gesagt, ich müsste da nicht hingehen. Das hat mich wieder total genervt. Immer die Bullen an den Hacken, das macht keinen Spaß!«

Einige Herzschläge später konfrontiert Jennifer »Seele« überraschend mit einem Geständnis. Es geht um Kevin. Der Junge sei doch nicht an einem Herzfehler gestorben, sondern sie selbst habe ihn mit einem Kissen erstickt. »Ist mir nicht leichtgefallen, das musst du mir glauben. Aber es musste sein!« Allerdings habe sie mit der Tötung Kevins unvermeidliches Schicksal lediglich vorverlegt: »Der arme Kerl hatte wirklich einen Herzfehler. Der wäre daran sowieso gestorben. Ich habe ihn doch nur erlöst!«

Roland schaut Jennifer eine Zeitlang unschlüssig an. Erst danach findet er die richtigen Worte: »Ich kann dich verstehen, das muss dir unglaublich schwergefallen sein. Wenn ich mir vorstelle, ich müsste meine Tochter auf diese Weise von ihrem Leid befreien – Wahnsinn! Ich weiß nicht, ob ich damit leben könnte.« Jennifer schaut eine Weile an Roland vorbei, offenkundig fällt es ihr schwer, Details der Tötung preiszugeben, sich zu bekennen, reinen Tisch zu machen. »Wie ist das denn passiert?« Roland hat seine lange geübte Zurückhaltung nun aufgegeben.

Jennifer zögert einen Moment lang, bevor sie antwortet. »Der wäre doch sowieso nicht älter als zwei Jahre geworden«, sagt sie ungerührt, »und irgendwann habe ich gedacht, das muss jetzt ein Ende haben.« Die Tötung sei eben notwendig gewesen, denn sie habe nicht miterleben wollen, wie Kevin im Krankenhaus gestorben wäre. »Was ist denn normal daran, wenn man daneben sitzt und weiß, der stirbt jetzt jeden Moment, und man kann nichts machen? Das ist doch alles Scheiße!«

Während Jennifer beschreibt, wie sie in das Zimmer ihres Sohnes gegangen sei, ihm ein Kissen über das Gesicht gelegt, zugedrückt und nicht mehr losgelassen habe, bis erst nach mehreren Minuten der Tod eingetreten sei, wird sie immer wieder von Weinkrämpfen geschüttelt. Jennifer räumt zwar ein, ihr Handeln sei in diesem Moment zweifellos egoistisch gewesen, allerdings habe sie sich dabei so geschickt angestellt, dass selbst die Ärzte und die Polizei angenommen hätten, Kevins Tod sei auf seinen Herzfehler zurückzuführen. »Aber ich hatte meine Finger im Spiel!«, bekennt sie süffisant. Obwohl Jennifer gerade zugegeben hat, ihren Sohn Kevin vorsätzlich getötet zu haben, nimmt Roland die Mörderin in den Arm und tröstet sie. Alles wird gut.

»Hallo, Seele, ich bin dir so dankbar«, schreibt Jennifer tags darauf in einer E-Mail, »dass du mir zugehört hast. Ich bin selbst erstaunt, dass ich dir die Sache erzählt habe. Besonders an den Geburtstagen und Todestagen der Kinder und zu Weihnachten kommt immer wieder alles hoch. Danke für dein Vertrauen! Es ist ein tolles Gefühl, zu wissen, dass da jemand ist ☺ ☺ ☺.« Roland antwortet sehr zeitnah und stellt nur eine Frage: »Was ist mit Luca? Warst du das auch?« Jennifers Antwort ist genauso kurz wie unmissverständlich: »NEIN!!!«

Das Wissen um den gewaltsamen Tod zweier Kinder belastet Roland zusehends. Er spielt ernsthaft mit dem Gedanken, die freundschaftliche Beziehung zu Jennifer abzubrechen. Nur lässt ihn das Schicksal der Kinder nicht mehr zur Ruhe kommen, er sieht sich ihnen mittlerweile verpflichtet, möchte mehr über die Umstände ihres Todes erfahren – die volle Wahrheit. Nachdem er während eines dreiwöchigen Italienurlaubs ein wenig Abstand gewonnen hat, verabredet er sich kurz nach seiner Rückkehr mit Jennifer. Es soll ihre letzte Begegnung werden.

Der Showdown findet in Jennifers Wohnung statt. Roland ist anfangs eher mussmutig und erzählt, während seines Urlaubs lange über die Tötung seiner Schwester nachgedacht zu haben, nun spiele er ernsthaft mit dem Gedanken, die Sache zu Ende zu bringen und sich der Polizei zu stellen. »Wie kannst du dir nur so sicher sein, dass die Bullen dir nichts werden nachweisen können?«, fragt er Jennifer schließlich.

Verwundert und auch ein wenig verärgert darüber, dass ihr Freund sich abermals so wankelmütig zeigt, antwortet sie entschlossen: »Ich werde den Teufel tun und zur Polizei gehen, denen sagen, dass ich es war. Das kommt gar nicht in die Tüte!« Sie sei zwar sehr davon überzeugt, ungeschoren davonzukommen, aber sie habe im umgekehrten Fall keine Angst:»Und wenn die Bullen meinen, mich noch 30 Jahre verfolgen zu müssen, dann sollen sie das doch tun, dann sollen sie mich halt irgendwann holen kommen! Ist mir scheißegal!«

Roland ist sprachlos: so viel Kaltschnäuzigkeit, so viel Kaltblütigkeit, so viel Kaltherzigkeit! Er fröstelt innerlich. Derweil redet Jennifer sich in Rage.»Die wissen doch genau, dass ich es war, aber die können mir nichts beweisen! Und das liegt daran, dass ich so clever war, dass ich so geschickt gewesen bin!« Ein Abgrund tut sich vor Roland auf. Nun spricht eine von sich überzeugte Serienmörderin zu ihm, die auch noch stolz auf ihre Untaten ist. Überhaupt wirkt Jennifer an diesem Tag besonders abstoßend auf ihn – wie ein Mensch, der keine Rücksicht nimmt, wie jemand, der nur sich selbst im Sinn hat: Ich bin die Welt! Roland ist fassungslos.

Doch es kommt noch schlimmer. Jennifer brüstet sich förmlich mit ihren Taten.»Die Bullen wissen schon, was los ist, die machen ihren Job lange genug, die haben einen Blick dafür, was falsch ist und was richtig.« Die Mordkommission habe die Wahrheit doch längst herausgefunden, ihr dies in verschiedenen Vernehmungen sogar auf den Kopf zugesagt, denn:»Die haben den doch richtig auseinandergenommen.« Jennifer meint damit die Obduktion eines ihrer Söhne, sie lässt aber offen, auf welches Kind sie sich bezieht.

»Die roten Pünktchen im Gesicht, die man auch in den Augen findet, wenn jemand erstickt wird!« Sie habe eben gewusst, erklärt Jennifer mit leuchtenden Augen, dass sie mit dem Kissen nicht zu lange habe zudrücken dürfen, um keinen Verdacht zu erregen.»Deshalb habe ich es auch nicht mit einem Handtuch oder mit den Händen gemacht. Die roten Pünktchen in den Augen haben gefehlt. Nur wenn ich viel länger zugedrückt hätte, wäre es gefährlich geworden, erst dann hätten die mir was gekonnt!« Roland hat genug gehört, er kann und will sich der widerwärtigen Selbstinszenierung dieser Frau nicht länger aussetzen, seine Leidensfähigkeit hat sich erschöpft. Der Vorhang fällt. Wortlos verabschiedet er sich von Jennifer.

Für Roland ist nun alles klar, es wird kein Wiedersehen mit Jennifer mehr geben.

Zwei Tage später bekommt Jennifer Kramer überraschend unliebsamen Besuch. Alte Bekannte klingeln und klopfen an ihrer Wohnungstür. Die Kriminalbeamten sind kurz angebunden und legen der jetzt des dreifachen Mordes Beschuldigten einen Haftbefehl vor, angeregt vom Leiter der Mordkommission, beantragt von einem Staatsanwalt, erlassen von einem Ermittlungsrichter.

Jennifer Kramer kann kaum glauben, was da geschrieben steht. Denn es geht nicht nur um sie und die ihr zur Last gelegten Verbrechen, sondern auch um Roland. Der soll nämlich gar kein Lektor sein, der für ein Buchprojekt recherchiert –»Roland« ist ein verdeckter Ermittler des Landeskriminalamts, der sie unter der Legende des vertrauenswürdigen Verlagsmitarbeiters, ambitionierten Autors und treusorgenden Familienvaters mit dunkler Vergangenheit ausspioniert, ausgetrickst und zu drei Mordgeständnissen verleitet hat, die während ihrer gemeinsamen Treffen heimlich aufgezeichnet worden sind.

Zwei Stunden nach ihrer Verhaftung sitzt Jennifer Kramer im Polizeipräsidium zwei Kriminalbeamten gegenüber. Die eher kleinwüchsige, pummelige, gedrungen wirkende Frau trägt ihre schulterlangen, blondgefärbten Haare glatt gekämmt, ihr pausbäckiges Gesicht verbirgt sie hinter fleischigen, auffällig tätowierten Händen. Die Beschuldigte schluchzt leise. Obwohl sie einen verzweifelten Eindruck macht, ist die Serienmord-Verdächtige erstaunlicherweise aussagewillig, auch ohne vorher mit ihrem Anwalt gesprochen zu haben oder auf dessen Anwesenheit zu bestehen.

»Ist es für Sie nicht eine Erleichterung, endlich über die Taten sprechen zu können?« Mit dieser Frage leitet einer der Kriminalbeamten die Vernehmung ein.

Jennifer Kramer schaut die Ermittler unverwandt an, sie tut unbeteiligt, antwortet nicht, sondern stellt ihrerseits eine Frage.

»Der Roland ist gar kein Lektor? Stimmt das?«

»Das stimmt so.«

»Und der arbeitet auch nicht bei einem Verlag?«

»Nein, das tut er nicht.«

»Also hat der mich von Anfang an verarscht?«

»Er hat seinen Job gemacht.«

»Ich möchte mit Roland sprechen!«

»Das geht nicht.«

»Warum nicht?«

»Das geht Sie nichts an.«

Jennifer Kramer realisiert erst jetzt, dass »Roland« tatsächlich nur Teil einer Inszenierung gewesen ist, den netten Kerl, an den sie sich angelehnt, dem sie sich anvertraut, den sie für einen väterlichen Freund gehalten hat, gar einen Seelenverwandten, den gibt es nicht. »Seele« ist ab sofort für sie nur noch Hauptdarsteller in einer alptraumhaften Erinnerung, die sie ihr Leben lang heimsuchen wird. Jennifer Kramer weint.

Nachdem man die Beschuldigte einige Augenblicke hat gewähren lassen, ist es schließlich der Leiter der Mordkommission, der damit beginnt, unbequeme Fragen zu stellen. Denn er ist es gewesen, der in all den Jahren des Misserfolgs nicht lockerließ, der seine Mitarbeiter immer wieder aufs Neue motivierte, der die brillante Idee entwickelte, auf Jennifer Kramer einen verdeckten Ermittler anzusetzen. Auch er hat gelitten.

»Hat es Ihnen Spaß gemacht, die Kinder umzubringen?«

Jennifer Kramer würdigt ihren Widersacher keines Blickes. Sie gibt auch keine Antwort. Eisiges Schweigen.

»Wie ist denn so ein Tötungsvorgang abgegangen?«

Jennifer Kramer wird es zu viel. »Mit Ihnen rede ich kein Wort!« Dabei bleibt sie.

Die Vernehmung wird daraufhin unterbrochen. Jennifer Kramer signalisiert erst wieder Gesprächsbereitschaft, nachdem der Leiter der Mordkommission den Vernehmungsraum verlassen hat und durch einen Kollegen ersetzt wird. Damit ist das Eis gebrochen. In den folgenden Stunden und Tagen gesteht Jennifer Kramer schließlich, ihre Kinder Kevin, Laura und Luca jeweils mit einem Kissen erstickt zu haben. Einen direkten Tötungsvorsatz bestreitet sie aber, vielmehr seien die äußeren Umstände ausschlaggebend gewesen: »Man kann sagen, dass mir alles zu viel geworden ist. Ich war ja auch so allein.«

Jennifer Kramers Geständnis, auch wenn es noch viele Fragen offen lässt, ist für die Kripo ein beachtlicher Erfolg, mehrere Jahre lang ist man der Frau auf der Spur gewesen, ohne ihr die Morde gerichtsfest nachweisen zu können. In der letzten Zeit musste sogar befürchtet werden, die Verdächtige könnte ungestraft davonkommen; eine kaltblütige, gewissenlose Serienmörderin auf freiem Fuß, die mit hoher Wahrscheinlichkeit sehenden Auges wieder töten würde, sollte sie es für geboten halten – ein kriminalistischer Alptraum.

Ein Alptraum, der knapp fünf Jahre zuvor seinen Anfang genommen hatte, als Kevin von seinem Vater frühmorgens leblos in seinem Bettchen gefunden wurde. Dem Notarzt gelang es zwar noch, den Jungen zu reanimieren, doch die anschließende intensivmedizinische Betreuung in einer Kinderklinik verlief letztlich erfolglos.

Die Kinderärzte nahmen an, Kevin sei am SIDS (*Sudden infant death syndrome)* gestorben, dem plötzlichen Kindstod. Dabei handelt es sich per Definition um den unerwarteten Tod eines Säuglings zwischen dem achten Lebenstag und dem zwölften Lebensmonat, dem weder eine bedeutsame Erkrankung noch ein Todeskampf vorausgeht und dessen Ursache sich auch durch eine Obduktion nicht aufklären lässt. Ein vom plötzlichen Kindstod betroffener Säugling liegt erfahrungsgemäß frühmorgens ohne Puls und ohne zu atmen in seinem Bett – wie Kevin.

In diesem Fall gab es zudem keine Hinweise auf eine Verwahrlosung des Kindes, mangelnde Pflege oder körperliche Misshandlungen. Auch die Familienverhältnisse erschienen geordnet, weil äußerlich von einer intakten Ehe auszugehen war, der Vater einen Beruf ausübte und es keine Hinweise auf Gewaltneigungen der Eltern gab. Allein die fehlende Betroffenheit der Mutter gab den Ärzten zu denken, dieser Umstand durfte jedoch kein ausreichender Grund sein, um Jennifer Kramer offiziell des Mordes zu beschuldigen.

Trotzdem wurde durch die Staatsanwaltschaft vorsorglich eine Obduktion angeordnet, die pathologisch-anatomischen Befunde ergaben jedoch keine eindeutig nachweisbare Todesursache. Insbesondere sogenannte Petechien (punktförmige, stecknadelkopfgroße Hautblutungen), die gewöhnlich bei einem Erstickungsgeschehen auftreten, wurden nicht gefunden. Demnach ließen sich die Obduktionsergebnisse zwanglos mit einem Herz-Kreislauf-Versagen im Sinne des plötzlichen Kindstods in Einklang bringen. Damit erschien der Fall aus kriminalistischer und juristischer Sicht unbedenklich, zumal auch innerhalb der Familie Kramer und des Freundes- und Bekanntenkreises niemand Verdacht schöpfte.

Nur sieben Wochen nach dem Tod von Kevin ermordete Jennifer Kramer ihre Tochter Laura. Auch sie wurde leblos in ihrem Bett gefunden (allerdings erst gegen 20 Uhr), reanimiert und starb wenige Stunden später in der Kinderklinik. Die Notärztin attestierte zwar eine »ungeklärte Todesursache«, favorisierte jedoch aufgrund der festgestellten bzw. ihr geschilderten Gesamtumstände einen plötzlichen Kindstod.

Obwohl auch die Klinikärzte bei sämtlichen Untersuchungen keine plausible Erklärung für Lauras Tod gefunden hatten, erschien ihnen die Diagnose SIDS doch wenig plausibel. Denn: Laura schied schon aufgrund ihres Alters (15 Monate) aus dem gefährdeten Personenkreis aus, und auch die Auffindesituation war eher untypisch, weil an SIDS versterbende Kinder häufig in den frühen Morgenstunden entdeckt werden. Überdies machte die Ärzte stutzig, dass es sich bereits um den zweiten Todesfall in der Familie binnen weniger Wochen handelte. Letztlich vertrauten die Ärzte angesichts dieser unklaren Erkenntnislage auf das Ergebnis der angeordneten Obduktion.

Doch auch die rechtsmedizinischen Untersuchungen erbrachten keinen eindeutigen Befund. Der Sachverständige schlussfolgerte in seinem Gutachten als mögliche Todesursache »ein infektiös-toxisches Herz-Kreislauf-Versagen auf dem Boden einer Lungenentzündung«, nur könne eine sichere Abgrenzung zum plötzlichen Kindstod nicht vorgenommen werden. Irrigerweise ging der Gutachter jedoch davon aus, ein SIDS-Fall könne auch noch bei Kindern im Alter von anderthalb Jahren auftreten. Mit diesem Obduktionsergebnis waren den Ermittlungsbehörden die Hände gebunden, denn nur der Verdacht eines Tötungsgeschehens hätte weitere Ermittlungen juristisch rechtfertigen können.

Zweieinhalb Jahre später ermordete Jennifer Kramer ihren damals 19 Monate alten Sohn Luca. Obwohl im Einsatzprotokoll des Notarztes als mutmaßliche Todesursache plötzlicher Kindstod vermerkt worden war, meldete sich bald darauf bei der Kripo eine Ärztin jener Kinderklinik, in der Luca gestorben war, und regte an, dieser Sterbefall müsse unbedingt näher untersucht werden, denn aufgrund der festgestellten Punktblutungen in den Augenbindehäuten komme nach ihrer Einschätzung nur eine mechanische Einwirkung von außen als Ursache für den Tod des Jungen in Betracht. Mordverdacht.

Noch am selben Tag wurde Luca obduziert. Den auffälligsten Befund stellten dabei mehrere petechiale Hautblutungen dar, deutlich erkennbar in den Augenlid- bzw. Mundschleimhäuten, dagegen weniger stark ausgeprägt in der Schleimhaut des Unterlippen- und Oberlippenvorhofs. Daneben fand der Rechtsmediziner blasse Einblutungen in die Stirn- und Gesichtshaut sowie in der behaarten Kopfhaut der linken Schläfe und in der Gesichtshaut vor dem linken Ohr.

Nach Auffassung des Gutachters waren die deutlich zu erkennenden rötlichen Punktblutungen zweifelsfrei dem aktuellen Todesgeschehen zuzuordnen. Demzufolge könne der Verdacht eines Erstickungstodes nicht ausgeschlossen werden, resümierte der Sachverständige. Die Annahme eines plötzlichen Kindstods indes wurde kategorisch abgelehnt, da nach entsprechenden Richtlinien ein Alter des Kindes von mehr als zwölf Monaten ein zwingendes Ausschlusskriterium sei.

Dieser alarmierende Befund war endlich eine ausreichende Rechtsgrundlage, um Jennifer Kramer vorläufig festzunehmen. Sie wurde beschuldigt, zumindest ihren Sohn Luca getötet zu haben. Grundsätzlich sei sie bereit, eine Aussage zu machen, erklärte die Beschuldigte zu Beginn ihrer Vernehmung bei der Kripo, nur werde sie sich ausschließlich zu Luca äußern, die vorherigen Ereignisse betrachte sie als abgeschlossen.

Nachdem Jennifer Kramer sich zu den Geschehnissen am Todestag von Luca erklärt und dabei eine Tötung bzw. Tatbeteiligung weit von sich gewiesen hatte, gingen die Kriminalbeamten in die Offensive. Die Beschuldigte wurde mit dem Obduktionsbefund konfrontiert und eindringlich darauf hingewiesen, ein

Fall des dreifachen plötzlichen Kindstods sei in der wissenschaftlichen Literatur bislang noch nicht beschrieben worden. Zudem könne es kein Zufall gewesen sein, dass zwei der Kinder unmittelbar nach deren Tod ausgerechnet von ihr aufgefunden worden seien. Und es wurde ihr gebetsmühlenartig vorgehalten, sie habe vor dem Tod der Kinder Beziehungsprobleme mit ihren jeweiligen Partnern gehabt. Ihr seien die Kinder wohl im Weg gewesen, denn andernfalls habe sie befürchten müssen, sich nicht neu binden zu können.

Doch Jennifer Kramer ließ sich von den Kriminalbeamten nicht einschüchtern und wies die massiven Vorwürfe zurück: äußerlich unbeeindruckt, scheinbar emotionslos, nahezu gleichgültig. »Ich habe meine Kinder nicht umgebracht. Mehr gibt es nicht zu sagen!« Das waren ihre letzten Worte, bevor sie das Polizeipräsidium unbehelligt wieder verlassen durfte. Der fast schon verzweifelt anmutende Überrumpelungsversuch der Kripo war endgültig gescheitert.

Die Staatsanwaltschaft beurteilte den Sachverhalt kriminalistisch wie die Beamten der Mordkommission. Doch konnte insbesondere aufgrund der vorsichtig-vagen Formulierung des Rechtsmediziners bezüglich der genauen Todesumstände kein dringender Tatverdacht begründet werden, der auch einer kritischen Überprüfung des Ermittlungsrichters hätte standhalten können. Denn nur unter dieser Voraussetzung hätte gegen Jennifer Kramer ein Haftbefehl erlassen werden dürfen.

Die Kripo zog in den folgenden Monaten alle Register, vernahm Dutzende Zeugen aus dem sozialen Umfeld der Verdächtigen, durchsuchte zahlreiche Wohnungen, hörte Telefone ab, doch überführt werden konnte Jennifer Kramer letztlich nicht, auch wenn es den Ermittlern gelang, eine Vielzahl belastender Indizien zusammenzutragen. Die mutmaßliche Serienmörderin genoss unterdessen ihre wiedergewonnene Freiheit, ließ sich mit einer Vielzahl von Männern ein und wurde erneut schwanger. Alles wie gehabt. Und dann lernte sie »Roland« kennen.

Während der mit Spannung erwarteten Gerichtsverhandlung geht es weniger darum, die Täterschaft Jennifer Kramers festzustellen, vielmehr soll herausgefunden werden, unter welchen Umständen die Angeklagte zur Serienmörderin wurde und was sie dabei motivierte. Aufschlussreich ist in diesem Zusammenhang erfahrungsgemäß zunächst immer die Vita des Betroffenen.

Nach Abschluss der dreiwöchigen Beweisaufnahme steht folgender Lebenslauf fest: Jennifer ist vier Jahre alt, als sich ihre Eltern scheiden lassen. Den Vater kennt sie zu diesem Zeitpunkt nur flüchtig, weil er wegen zahlreicher Einbrüche und Betrügereien die meiste Zeit inhaftiert gewesen ist. Nach der Scheidung reißt der Kontakt zu ihm gänzlich ab.

Alleinige Bezugsperson ist und bleibt Jennifers Mutter, die als Kellnerin und gelegentlich als Putzfrau arbeitet und so für den Unterhalt sorgt. Nach dem Besuch des Kindergartens wird Jennifer mit sieben Jahren eingeschult. Ihre Leistungen sind von Beginn an unterdurchschnittlich, die erste Klasse muss sie wiederholen, doch auch danach verweigert sie sich konsequent den schulischen Anforderungen. Dieses Verhaltensmuster zeigt sie auch auf der Hauptschule, die sie bereits nach der 9. Klasse verlässt, ohne danach eine Berufsausbildung anzustreben. Bis zu ihrer Verhaftung arbeitet Jennifer Kramer nur sporadisch, mal für einige Wochen als Kassiererin in einem Supermarkt, mal zwei Monate als Aushilfe in einer Großbäckerei oder gerade einmal 13 Tage in einem Altenheim.

Als 16-Jährige lernt Jennifer Kramer den drei Jahre älteren Berufsfachschüler Jens kennen, ihren späteren Ehemann, und zieht bei ihm ein. Nach zwei Jahren schließt sie sich einer Drückerkolonne an, betrügt ihren Freund mit einem wesentlich älteren

Mann, verlässt die Zeitschriftenwerber-Bande nach kurzer Zeit, um sich wieder mit Jens zu versöhnen. anderthalb Jahre später trennt sie sich abermals von ihm, nach drei Monaten lässt sie die Beziehung jedoch wieder aufleben. On-off. Kurz darauf wird Jennifer Kramer schwanger, sieben Monate später heiratet sie Jens. Nach nur sechswöchiger Ehe wird Kevin geboren.

Noch im selben Jahr ist Jennifer Kramer erneut schwanger und beginnt kurz darauf heimlich eine außereheliche Beziehung mit Marc Brüggemann. Der 28-jährige Briefträger glaubt die Beteuerungen seiner Freundin, sie habe sich von ihrem Mann bereits getrennt, man wohne nur noch notgedrungen zusammen, weil es finanziell sonst nicht zu schaffen sei.

Schließlich wird Laura geboren. Vier Monate später trennt Jennifer Kramer sich von ihrem Mann und wohnt kurzzeitig bei Marc Brüggemann, bevor sie im selben Haus ein kleines Appartement anmietet. Während dieser Zeit wird Jennifer Kramer zum dritten Mal schwanger, Kevin und Laura hat sie zu diesem Zeitpunkt bereits getötet.

Auch die Beziehung zu Marc Brüggemann scheitert. Schon kurz nach der Geburt von Luca kommt es noch während des Scheidungsverfahrens erneut zu sexuellen Kontakten mit Jens, wenige Wochen später wird Jennifer Kramer auch mit Marc Brüggemann wieder intim. Als die jetzt 29-Jährige einen zwei Jahre älteren Elektriker kennenlernt, bricht sie die Beziehungen zu ihrem jetzt geschiedenen Mann und Marc Brüggemann ab, um mit Letzterem wenige Wochen darauf doch wieder anzubändeln. Zu diesem Zeitpunkt hat ihr Sohn Luca nur noch drei Monate zu leben.

Nach dem Tod von Luca gerät Jennifer Kramers Beziehungsverhalten vollends außer Kontrolle: Sie lässt sich mit zahlreichen Männern ein, die sie überwiegend in einschlägigen Internet-Chats kennenlernt, wird insgesamt dreimal schwanger, erleidet eine

Fehlgeburt und lässt zweimal einen Schwangerschaftsabbruch vornehmen. Bis zum Tag ihrer Verhaftung lebt sie mit einem von seiner Frau getrennt lebenden Gerüstbauer zusammen. Dieser Mann hat – wie alle anderen Partner von »Betty Butterfly« auch – keine Vorstellung davon, dass er mit einer kaltblütigen Serienmörderin liiert ist.

Zeitlebens zeigt Jennifer Kramer ein auffälliges Sozialverhalten. Während der gesamten Schulzeit will sie sich nicht anpassen, ist ausgesprochen berechnend, überaus geltungsbedürftig, baut kaum Beziehungen zu ihren Mitschülern auf, insbesondere wegen ihres aggressiven, vulgären, missgünstigen, selbstsüchtigen und intriganten Verhaltens wird sie konsequent abgelehnt. Respekt und Aufmerksamkeit erhofft sich Jennifer durch die vielfache Verbreitung teils hanebüchener Lügen- und Fantasiegeschichten, sie scheitert dabei aber regelmäßig dramatisch, weil irgendwann doch die Wahrheit ans Licht kommt und ihr infolgedessen niemand mehr glauben mag. Zuspruch erfährt sie nur von ihrer Mutter, die keine Leistungsanreize setzt, Jennifer vielmehr verwöhnt und grundsätzlich keine Grenzen aufzeigt – eine Erziehung im engeren Sinne findet nicht statt.

Nach Auffassung des psychiatrischen Sachverständigen wird die Persönlichkeit der Angeklagten insbesondere geprägt von mangelndem Mitgefühl, einer Idealisierung und Entwertung in Beziehungen, einer Missachtung der persönlichen Integrität und der Rechte anderer sowie einer vielfach situationsbezogenen Gleichgültigkeit. Dabei handele es sich jedoch nicht um eine Persönlichkeitsstörung im Sinne klinischer Diagnostik, sondern lediglich um akzentuierte Charaktereigenschaften, die keinen Krankheitswert haben. Jennifer Kramers Persönlichkeitsstruktur ist demnach überwiegend narzisstisch geprägt, ohne dass hierdurch jedoch ihre Schuldfähigkeit insbesondere zu den Tatzeiten eingeschränkt gewesen wäre. Sie war also im Vollbesitz ihrer geistigen Kräfte und handelte durchgängig in dem Bewusstsein, zur Tötung ihrer Kinder nicht berechtigt zu sein.

Während der Hauptverhandlung wird auch deutlich, warum Jennifer Kramer ihre Kinder getötet hat. Nach Einschätzung des Gerichts ermordete die Angeklagte Kevin, Laura und Luca, weil sie sich von ihnen nicht weiterhin habe einschränken lassen wollen, weil die Kinder ungeliebt und eine ständige Verpflichtung gewesen seien, auf die Jennifer Kramer keine Lust mehr gehabt habe. Sie habe befürchtet, die Kinder könnten ihr im Weg stehen und ein ungebundenes Leben mit anderen Partnern als den Vätern wäre nicht möglich. Die Angeklagte sei vor allem daran interessiert gewesen, sexuelle Bedürfnisse mit wechselnden Intimpartnern hemmungslos ausleben zu können.

Diese verabscheuungswürdige und auf niedrigster sozialer Stufe stehende Motivation rechtfertigt nach Auffassung des Gerichts eine Verurteilung wegen Mordes in allen drei Fällen zu einer lebenslangen Freiheitsstrafe, wobei die Schuld besonders schwer wiegt. Jennifer Kramer wird demnach frühestens nach einer 20-jährigen Gefängnisstrafe entlassen werden, aber nur, wenn es ihr bis dahin gelingen sollte, ein anderer Mensch zu werden.

Obwohl die maßlosen Verbrechen an Kevin, Laura und Luca mit dem Urteil ihren gerechten juristischen Abschluss gefunden haben, bedarf es einer vertiefenden Nachbetrachtung aus kriminalpsychologischer Sicht, denn eine Reihe wichtiger Fragen sind unbeantwortet geblieben: Warum wurde Jennifer Kramer immer wieder schwanger, obwohl sie Kinder grundsätzlich ablehnte und spätestens nach der Tötung von Luca realisiert haben musste, dass weitere Kinder ihre Lebensqualität abermals negativ beeinträchtigen würden? Welche Rolle spielten in diesem Zusammenhang sexuelle Aspekte? Warum dieses Übermaß? Wieso verriet Jennifer Kramer ihr mörderisches Geheimnis an »Roland«, obwohl ihr das Leben der Kinder gleichgültig war und sie demzufolge keinen Leidensdruck haben musste? Was genau unterscheidet Jennifer Kramer von anderen Frauen, die eine ähnliche Vita aufweisen und gleichartige Charakterstrukturen bzw. Verhaltensmuster erkennen lassen, aber nicht straffällig werden? Und warum beging gerade sie drei Morde, die in dieser Ausprägung höchst selten zu beobachten sind?

Meine Arbeitshypothese: Im Kontext dieser Fragestellungen müsste wenigstens ein Aspekt nachzuweisen sein, der sämtliche Facetten dieser Verbrechen verbindet, der Jennifer Kramers Verhalten nicht nur kennzeichnet, sondern den Ursprung ihrer Fehlentwicklung und späteren Abnormität markiert. Von besonderer Bedeutung sind in diesem Zusammenhang die Beziehungserfahrungen der Täterin, aber auch ihr Beziehungsverhalten, und zwar als Kind/Jugendliche, Ehefrau und Mutter.

Eltern-Kind-Beziehung

Die Familienkonstellation war ausgesprochen ungünstig, weil es Jennifer Kramers Mutter nicht gelang, ihre Tochter konsequent zu erziehen. Selbst nach gravierendem Fehlverhalten bzw. vorwerfbaren Fehlleistungen wurde das Kind in Schutz genommen, in Watte gepackt, geschont, getröstet – Schuld waren immer die anderen. Jennifer wurde zudem weder gefördert noch gefordert, eigene Leistungen musste sie nicht erbringen, vielmehr lernte sie sehr früh, andere Menschen in ihrem Sinne zu manipulieren, sie für sich einzunehmen, um insbesondere die Verantwortung für eigenes Verhalten konsequent delegieren bzw. ablehnen zu können.

Außerdem fehlte bis ins Erwachsenenalter hinein eine männliche Orientierungsperson. Ihren leiblichen Vater hatte sie nicht näher kennenlernen können, der spätere Lebensgefährte ihrer Mutter war berufsbedingt häufig abwesend, neigte zu Gewaltausbrüchen und lehnte eine erzieherische Mitverantwortung konsequent ab. Eine auf Gegenseitigkeit und Vertrauen beruhende Partnerschaft hat Jennifer Kramer im Kreis der Familie niemals kennengelernt.

Frau-Mann-Beziehung
Ihr ambivalentes Verhältnis zu männlichen Partnern war geprägt von zahlreichen und häufig wechselnden Beziehungen, die sie meist nur deshalb einging, um ihre sexuelle Experimentierfreudigkeit und Abenteuerlust ausleben zu können. Aber auch und vielleicht sogar in erster Linie, um wirtschaftlich versorgt zu sein. Treue war für sie ein Muster ohne Wert, sie fand nichts dabei, eine Beziehung mit einer Lüge zu beginnen oder den Partner schon nach kurzer Zeit zu hintergehen und zu betrügen.

Wenn Jennifer Kramer an einem Mann ernsthaft Gefallen gefunden hatte, versuchte sie mit allen Mitteln, ihn dauerhaft an sich zu binden; um ihr Ziel zu erreichen, provozierte sie sogar Schwangerschaften, indem sie ihren Sexualpartnern eine Verhütung vorgaukelte. Letztlich wurden ihre Partner vor vollendete Tatsachen gestellt und mussten sich der väterlichen Verpflichtung bzw. zwischenmenschlichen Verantwortung stellen, die Jennifer Kramer selbst wesensfremd war, die sie angesichts ihrer allgemeinen Belastungsschwäche wohl auch überfordert hätte. Ihr kam es allein darauf an, eigene Bedürfnisse rücksichtslos realisieren zu können, so wie sie es von Kindesbeinen an gelernt hatte. Jennifer Kramer war demnach nicht zuletzt aufgrund ihrer negativen Lebenserfahrungen in hohem Maße beziehungsgestört bzw. -unfähig.

Mutter-Kinder-Beziehung
Das alltägliche Verhalten von Kevin, Laura und Luca kann nicht der Grund bzw. Auslöser für die Tötungen gewesen sein, denn

alle Kinder galten allgemein als ausgeglichen, zufrieden, fröhlich, umgänglich und anspruchslos, mit einem Wort: pflegeleicht. Zwar versorgte Jennifer Kramer ihre Kinder und misshandelte sie zumindest körperlich nicht, doch war sie weder willens noch fähig, eine tiefere Mutter-Kind-Beziehung zu entwickeln. Das Verhältnis zu ihren Kindern war lieblos und distanziert. Sie weigerte sich, die Kinder zu stillen, sie nachts zu versorgen, mit ihnen zu spielen. Sie weigerte sich, sie zu lieben. Sie entwickelte keine emotionale Bindung, kein Verantwortungsgefühl, keinen Beschützerinstinkt – als wären es gar nicht ihre Kinder gewesen.

Und doch erfüllten die späteren Opfer einen bestimmten Zweck. Denn Jennifer Kramer instrumentalisierte ihre Kinder, um den jeweiligen männlichen Partner an sich binden zu können. Sobald aber das partnerschaftliche Interesse erloschen, der Mann uninteressant oder gar lästig geworden war, bedeuteten die Kinder nur noch Arbeit, Verpflichtung, Einschränkung. In Lebensgefahr gerieten die Kleinen aber erst dann, wenn sie ihre Mutter bei der Suche nach einem neuen Partner oder der Bindung an ihn behinderten, also aus ihrer Sicht nicht nur ausgesprochen unbequem wurden, sondern auch ihre Lebensqualität langfristig einzuschränken drohten.

Jennifer Kramers gewiss pathologisch gefärbtes Beziehungsverhalten fußt in all seinen Facetten auf einem lediglich marginal ausgeprägten Selbstwertgefühl. Jeder Mensch benötigt neben anderen Voraussetzungen ein gesundes und gesichertes Ich-Gefühl, um für die Aufgaben des Alltags, aber auch für besondere Herausforderungen des Lebens gerüstet zu sein. Diese Ich-Stärke wird niemandem in die Wiege gelegt, sie muss von Kindern und Heranwachsenden mühsam erworben, erstritten, erkämpft und gepflegt werden. Wer wie Jennifer Kramer ein schwaches Selbstwertgefühl hat, dem gelingt es nur schwer und viel zu selten, widersprüchliche Erfahrungen, Enttäuschungen, Zurücksetzungen oder Kränkungen zu akzeptieren und in das Selbstbild zu integrieren.

Jennifer Kramers soziale Existenz war höchst widersprüchlich und konfliktbeladen, weil sie partnerschaftlich gebunden sein wollte, ohne Beziehungsarbeit leisten zu müssen, weil sie Mutter sein wollte, ohne ihren mütterlichen Pflichten genügen zu sollen, und weil sie förmlich nach persönlicher Anerkennung lechzte, ohne die entsprechende Leistung erbringen zu wollen – so entstand durch die kaum zu überwindende Kluft zwischen So-sein-Sollen und So-sein-Wollen eine ausgeprägte Identitätsunsicherheit. Jennifer Kramer mangelte es an einem gewachsenen und wehrhaften Selbstkonzept, die Präsentation der eigenen Person und Persönlichkeit konnte angesichts der charakterlichen Einschränkungen nicht gelingen.

Auch ihre häufigen, beliebig anmutenden Sexualkontakte spiegeln eine ausgeprägte Form sozialer Unsicherheit wider. Jennifer Kramer suchte im sexuellen Bereich stets das Neue, Fremde und Unbekannte, ging dabei sogar hohe Risiken ein, traf sich mit fremden Männern, die sie erst kurz zuvor im Internet kennengelernt hatte. Stranger-to-stranger. One-Night-Stand. Sex hatte für sie in erster Linie eine seelisch-soziale Ausprägung: Je mehr Männer sie für sich begeistern konnte, desto mehr Aufmerksamkeit und Wertschätzung waren ihr gewiss. Sie wollte auch um den Preis der Selbstverleugnung als Person begehrt werden, denn regelmäßig gaukelte sie ihren Sexualpartnern vor, ungebunden zu sein, oder sie schilderte ihren Lebensweg bzw. ihre Lebensereignisse in den buntesten Farben, um sich interessant zu machen – und alles war gelogen.

Jennifer Kramer fehlten in sämtlichen Lebensabschnitten echte Erfolgserlebnisse, positive Erfahrungen mit der sozialen Umwelt und mit sich selbst gab es nicht, aber auch die wiederkehrende Selbstbestätigung als Basiselement für ein stabiles Selbstbild und Ich-Gefühl blieb aus. Stattdessen begnügte sie sich damit, soziale Kompetenz lediglich vorzutäuschen, sich entsprechend grell zu inszenieren, ohne diese Rolle mit den notwendigen Kompetenzen auch ausfüllen zu können. Und ebendieser verzweifelt und selbstgerecht geführte Abnutzungskampf gegen die eigene soziale Beliebigkeit und Bedeutungslosigkeit mündete schließlich in eine Spirale tödlicher Gewalt. Am Ende dieser dramatischen Fehlentwicklung gefiel sich Jennifer Kramer sogar in der Rolle der gerissenen Serienmörderin, die alle zum Narren hielt, selbst die Polizei, andernfalls hätte sie sich »Roland« gegenüber niemals mit ihren abscheulichen Taten gebrüstet.

Nach alledem besitzt Jennifer Kramer kein Alleinstellungsmerkmal, das sie von anderen Frauen mit ähnlich negativen Lebenserfahrungen und vergleichbar poröser Persönlichkeit signifikant unterscheidet. Allerdings sind alle zuvor beschriebenen Aspekte, die aus ursächlicher Sicht relevant erscheinen, im vorliegenden Fall besonders stark ausgeprägt, auf verhängnisvolle Weise miteinander verknüpft und über Jahrzehnte hinweg unbeeinflusst geblieben. Hätte man dieser fatalen Fehlentwicklung rechtzeitig entgegenwirken können und wäre es Jennifer Kramer gelungen, eine eigene soziale Identität zu entwickeln, diese Frau würde heute unauffällig mitten unter uns leben und niemanden gefährden.

GEFANGENE PRINZESSIN

»Wer ihr im Weg stand, wurde weggeräumt.«

»Etwas Fremdes, etwas Böses übernahm die Kontrolle über mich. Es war, als würde ein Regisseur in meinem Gehirn Platz nehmen und damit beginnen, meine Gedanken zu steuern.«

»Es ist nicht schön, Menschen zu töten.«

Die beiden Männer in den dunkelblauen Arbeitsanzügen laufen spätabends durch die verwinkelten Gänge eines maroden, düsteren Kellergewölbes, nur das Knirschen kleiner Steinchen unter ihren Gummisohlen ist zu hören. Ein Wasserrohrbruch hat sie an diesen unwirtlichen, gespenstischen Ort geführt. Ein Routinejob. Bevor die Männer ihre Arbeit beenden können, müssen noch die letzten Rohre ausgetauscht werden.

»Hier muss es sein!« Die Handwerker stehen vor dem gesuchten Kellerabteil, erkennbar anhand der Zahl »6«, die irgendwann einmal jemand mit weißer Kreide auf die Holzlatten der Tür gekritzelt hat. Einer der Vormieter dürfte »Markl« geheißen haben, jedenfalls steht dieser Name unterhalb der »6«; nur hilft diese Erkenntnis nicht weiter, denn einen Mieter mit diesem Namen, den die Männer nach einem Schlüssel für den Kellerraum hätten fragen können, gibt es in dem Acht-Parteien-Haus in Wien-Meidling nicht. Es ist auch über den Vermieter des Hauses nicht herauszufinden gewesen, wer aktuell über dieses Kellerabteil verfügt. Also werden die Männer sich gewaltsam Zugang verschaffen müssen. Wenn ihnen jetzt jemand sagen würde, was sie gleich hinter der Holztür vorfinden werden, sie würden sich gruseln und nicht in diesen Raum hineingehen. Die Männer würden sich schnellen Schrittes entfernen. Doch es kommt, wie es kommen muss.

Ein kräftiger Hebel mit dem Schraubendreher genügt, und das Schloss springt aus seiner blechernen Verankerung heraus. Der Weg ist frei. Einer der Männer knipst das Licht an. Der Raum ist vollgestellt mit ausgesonderten Möbeln, Kühlschränken und Wannen. Es riecht irgendwie seltsam. Die Männer können zu diesem Zeitpunkt nicht ahnen, dass sie soeben auf den persönlichen Friedhof einer Serienmörderin gestoßen sind. Erst als sie eine der schwarzen Mörtelwannen etwas genauer betrachten, stockt ihnen der Atem: Da ragt ein Unterschenkel samt Fuß heraus, augenscheinlich menschlicher Natur.

So wird aus dem gewöhnlichen Kellerverschlag eine halbe Stunde später der Tatort eines außergewöhnlichen Verbrechens. Die in Ganzkörper-Overalls gehüllten Kriminalbeamten finden zwei Eistruhen, einen Kühlschrank und fünf Mörtelwannen, jeweils gefüllt mit Beton und diversen Leichenteilen, die zunächst einer Person zugerechnet werden. Man steht vor einem Rätsel. Wurde hier jemand im Mafiastil beseitigt? Warum wurde das Opfer zerstückelt? Handelt es sich um einen Lustmord? Einen Ritualmord? Oder einen Verdeckungsmord? Was hat es mit den beiden Gewehren, einer Damenhandtasche, in der noch eine Pistole steckt, einer Nitroverdünnung und einem Notizbuch mit Einträgen in spanischer Sprache auf sich, die ebenfalls im Kellerabteil gefunden worden sind? Wie passt das alles zusammen?

Bevor die Experten mit der Spurensicherung beginnen, werden alle Behältnisse mit Leichenteilen in die Gerichtsmedizin gebracht, dort müssen die sterblichen Überreste zunächst behutsam vom Beton befreit werden, erst dann kann die Obduktion beginnen. Allerdings ist bereits jetzt aufgrund charakteristischer anatomischer Merkmale zu erkennen, dass es sich um einen Mann handelt, der schon längere Zeit in seinem kalten Betongrab gelegen haben muss, denn der Verwesungszustand ist entsprechend weit fortgeschritten.

Ohne das Ergebnis der rechtsmedizinischen Untersuchungen und ohne die Identität des Opfers zu kennen, haben die Ermittler schon wenige Stunden nach dem Leichenfund eine starke Vermutung, um wen es sich handeln könnte: Manfred Oberleitner, zum Zeitpunkt seines mysteriösen Verschwindens vor knapp zwölf Monaten war er 48 Jahre alt und im 2. Obergeschoss des Hauses mit dem gruseligen Kellerfund wohnhaft gewesen. Die Fahnder haben den Vermisstenfall seinerzeit penibel untersucht. Sie überwachten sogar monatelang die Handys des Verschwundenen und seiner Freundin, doch es ergab sich keine heiße Spur, kein belastbarer Verdacht. Der Vertreter für Eismaschinen in Deutschland, Österreich und Italien blieb letztlich unauffindbar, der Grund seines Verschwindens unplausibel. Niemand kam auf die Idee, einmal im Keller der Freundin des Gesuchten nachzusehen, schließlich hatte sich der Mann regelmäßig bei der Frau aufgehalten und zeitweise auch bei ihr gewohnt.

Dass auch Manfred Oberleitner besagtes Kellerabteil gelegentlich genutzt hat, erfahren die Kriminalisten am nächsten Tag bei Befragungen der Hausbewohner. Letzte Zweifel an der Identität des mutmaßlich Ermordeten beseitigt das Ergebnis einer DNA-Analyse von Körperzellen der Leiche und biologischem Vergleichsmaterial, das anlässlich des Vermisstenfalls besorgt wurde. Auch die Todesumstände stehen nun fest: Dem Opfer wurde aus Nahdistanz dreimal in den Hinterkopf geschossen, sehr wahrscheinlich kurz bevor der Mann als vermisst gemeldet wurde. Die Tötung hat zweifelsohne ein heimtückisches Gepräge, schlussfolgern die Ermittler, denn es gibt keinen Hinweis darauf, dass Manfred Oberleitner gefesselt gewesen sein könnte. Typisch für eine Beziehungstat? Für die Vorgehensweise einer körperlich unterlegenen Person? Einer Frau?

Wenn diese Arbeitshypothese zutreffen sollte, dann muss sich der Verdacht insbesondere gegen Manfred Oberleitners letzte Freundin richten. Denn Maria Morata ist es gewesen, die das Opfer als vermisst gemeldet und dazu bei der Kripo ausgesagt hat. Den Angaben der 32-Jährigen zufolge sei es bereits einige Monate vor seinem Verschwinden zu einer einvernehmlichen Trennung gekommen, Manfred habe zwar noch in ihrer Wohnung genächtigt, allerdings nur sporadisch. Der Kontakt sei beschränkt gewesen auf das gemeinsam betriebene Eiscafé. Warum ihr ehemaliger Lebensgefährte verschwunden ist und wo man ihn eventuell antreffen könnte, dazu hat die hübsche Spanierin jedoch keine Auskunft gegeben. Dass sie der Kripo etwas vorgeschwindelt haben könnte, ist ihr nicht nachzuweisen gewesen. Und weil es auch sonst keine sie belastenden Indizien bzw. Beweise gab, hat man die Frau unbehelligt gelassen. Nun liegen die Dinge anders, Maria Morata avanciert zur Verdächtigen Nummer eins. Nur ist sie jetzt für die Ermittler plötzlich nicht mehr erreichbar, obwohl sie noch vor wenigen Stunden in ihrem Eissalon Kunden bedient hat und längst zurückgekehrt sein wollte. Auch Familienangehörige, Freunde und Bekannte wissen (angeblich) nicht, wo sich die Frau aufhalten könnte.

14.35 Uhr. Maria Morata steht nur etwa 15 Meter von ihrem Eissalon entfernt auf der gegenüberliegenden Straßenseite und beobachtet gebannt die Szenerie. Vor dem Geschäft steht ein uniformierter Polizist. In kurzen Abständen verlassen mehrere Kriminalbeamte das abgesperrte Gebäude und verstauen Umzugskartons in ihren zivilen Streifenwagen, um im nächsten Augenblick mit quietschenden Reifen davonzubrausen. Maria Morata ahnt, was all dies zu bedeuten hat, für sie ist es nur noch eine Frage der Zeit, bis alles herauskommt, bis man sie jagen wird wie ein wildes Tier.

Langsam geht sie noch einige Schritte in Richtung des Polizisten, Maria Moratas Hände zittern, ihre Gedanken sind flüchtig, alles dreht sich. Die kaum zu verstehenden Wortfetzen aus dem Handsprechfunkgerät des Schutzmanns, der nur noch wenige Meter von ihr entfernt steht und lässig eine Zigarette raucht, machen ihr Angst. Es wird bestimmt über sie gesprochen, mutmaßt sie, worüber denn auch sonst. Alle wissen es bereits! Maria Morata beginnt tief ein- und auszuatmen. Am liebsten würde sie einfach fortlaufen, egal wohin, alles hinter sich lassen, diesem Drama, das sich abzuzeichnen beginnt, entfliehen.

Reiß dich jetzt zusammen! Beruhige dich! Denk nach! Wenn du heil aus der Sache rauskommen willst, wenn es für dich eine Zukunft geben soll, wenn du noch einmal eine Chance haben willst, dein Leben in den Griff zu bekommen, dann hör auf damit, dir selbst leid zu tun! Und denk bei allem, was du tust, immer auch an das Baby unter deinem Herzen!

Zehn Minuten später. Maria Morata betritt eine Sparkassenfiliale und lässt sich dort ihren Familienschmuck aushändigen, der in einem Schließfach eingelagert gewesen ist. Erst jetzt realisiert sie, dass auf der Flucht Bargeld vonnöten sein wird, dummerweise liegen ihr Portemonnaie und Sparbuch aber noch im Eiscafé. Deshalb ruft sie Claudia an, ihre Putzfrau, die sich nach einem kurzen Gespräch spontan bereit erklärt zu helfen. Die Übergabe von Geld und Sparbuch soll in einer Dreiviertelstunde auf dem Marktplatz in der Nähe des Hauptbahnhofs stattfinden.

Maria Morata macht sich bereits auf den Weg dorthin, zu Fuß, sie will zu sich finden, sie muss nachdenken, nach Lösungen suchen. Fest steht: Das Leben, so wie sie es bisher gekannt hat, wird es nicht mehr geben, es hat einfach aufgehört zu existieren. Stattdessen beschäftigen sie Fragen, auf die es momentan keine Antworten gibt: Wie werden die kommenden Stunden, Tage und Wochen wohl verlaufen? Was wird aus meiner Familie? Wie wird es meinem Freund ergehen? Wo bringe ich unser Kind zur Welt? Wo sollen wir leben? Wovon uns ernähren? Wohin führt mein Weg? Unser Weg? Was ist mein Leben? Habe ich überhaupt noch eins?

Das Handy klingelt. Noch in Gedanken nimmt sie Claudias Anruf entgegen. Es hat alles geklappt, erfährt Maria Morata, die Übergabe kann in etwa zehn Minuten am vereinbarten Treffpunkt erfolgen. Sie möchte nur zu gerne an das glauben, was Claudia ihr gerade mitgeteilt hat, aber kann sie dieser Frau auch jetzt noch vertrauen? Oder läuft sie geradewegs in eine Falle? Hat Claudia sie vielleicht verraten? Ist sie von der Polizei angesprochen und umgedreht worden? Diese Überlegungen lassen sie an der Integrität ihrer Freundin zweifeln, doch letztlich hat sie keine andere Wahl, als Claudia zu vertrauen, glaubt sie. Auf Gedeih und Verderb.

Eine halbe Stunde später nehmen sich die Frauen am Rand des Marktplatzes kurz in den Arm, Claudia übergibt 800 Euro und das Sparbuch. Keine Polizei in Sicht. Durchatmen. Noch während Maria Morata ihrer Freundin hinterherschaut, überlegt sie fieberhaft, wie es nun weitergehen soll. Noch ein letztes Treffen mit Herbert, dem Vater ihres ungeborenen Kindes? Oder würde sie ihn damit nur in Gefahr bringen? Wird die Polizei dann auch ihn verdächtigen? Oder wird Herbert vielleicht schon überwacht?

Maria Morata versucht, alles um sich herum zu vergessen. Konzentration. Jetzt zählt nur der nächste Augenblick, und die Fluchtroute will wohlüberlegt sein. Auch wenn sie sich noch nicht für einen bestimmten Zufluchtsort entschieden hat, weiß sie, dass ihre vorhandenen Geldmittel nicht ausreichen werden.

Also winkt sie kurz entschlossen ein Taxi heran und lässt sich zum nächsten Postamt fahren, das Sparbuch muss aufgelöst werden. Zehn Minuten darauf stopft sie 10 000 Euro in das Seitenfach ihrer Handtasche, die gesamten Ersparnisse, zurückgelegt für schlechte Zeiten. Mittlerweile hat Maria wieder Mut gefasst und eine Idee entwickelt, wie es weitergehen soll. Abermals besteigt sie ein Taxi: »Bitte zum Flughafen!«

Unterdessen laufen die Ermittlungen der Kripo auf Hochtouren, seitdem feststeht, dass Maria Morata das Kellerabteil angemietet hat, in dem vor wenigen Stunden der Kopf einer weiteren Leiche gefunden worden ist. Auch wenn das Ergebnis der Obduktion noch aussteht, dürfte Opfer Nummer zwei augenscheinlich ebenfalls in den Kopf geschossen worden sein. Möglicherweise handelt es sich um Maria Moratas Ex-Mann, der vor dreieinhalb Jahren spurlos verschwand.

Kopfzerbrechen bereitet den Ermittlern nicht nur die dünne Beweislage (Wo ist die Tatwaffe? Wo wurden die Männer getötet?), auch die Motivlage erscheint eher undurchsichtig. Warum sollte Maria Morata die Opfer getötet haben? Vielleicht aus wirtschaftlichen Gründen, weil zunächst hohe Investitionen für das Eiscafé erforderlich geworden waren und die Männer das Geld nach der Trennung zurückgefordert hatten? Doch fehlen für diese Annahme bislang entsprechende Beweise, anwaltliche bzw. gerichtliche Auseinandersetzungen hat es jedenfalls nicht gegeben. Auch ist Manfred Oberleitners Lebensversicherung, die Maria Morata begünstigt, bislang unangetastet geblieben: kein Anruf, kein Antrag, kein Versuch, an das Geld heranzukommen.

Und falls Habgier doch das Motiv gewesen sein sollte, warum hatte niemand aus dem sozialen Umfeld der Getöteten etwas bemerkt? Wie konnte es Maria Morata gelingen, zwei Männer aus ihrem unmittelbaren sozialen Umfeld zu beseitigen (bzw. beseitigen zu lassen?), ohne dabei verräterische Spuren zu legen oder auch nur Argwohn zu erregen? Oder hat es möglicherweise andere Tötungsimpulse gegeben, die auf wiederkehrende Beziehungsprobleme zurückzuführen sind? Doch auch diese Arbeitshypothese bleibt so lange ein abstraktes Gedankenspiel, bis Zeugen auftreten, die entsprechend aussagen, oder Unterlagen gefunden werden, die auf ein vorheriges Zerwürfnis hindeuten.

Wenig aufschlussreich sind die behördlichen Informationen über Maria Morata: geboren am 9. August 1978 in Tijuana, einer anderthalb Millionen Einwohner zählenden Metropole im Nordwesten Mexikos, nur wenige Kilometer von der US-amerikanischen Grenze nahe San Diego gelegen. Die Gesuchte besitzt neben der mexikanischen auch die spanische Staatsbürgerschaft, weil sie nach einem fünfjährigen Aufenthalt in ihrem Heimatland viele Jahre mit ihrer Familie in Barcelona gelebt hat, bevor sie im Sommer 2004 nach Österreich kam. Maria Morata ist geschieden, kinderlos, Inhaberin eines Eiscafés und nicht vorbestraft.

Während die Fahnder noch rätseln, in welche Stadt oder welches Land die Verdächtige sich absetzen könnte, meldet sich eine Mitarbeiterin des Last-Minute-Schalters am Flughafen telefonisch und gibt einen wichtigen Hinweis. Vor etwa einer Viertelstunde habe Maria Morata bei ihr ein Ticket nach Paris gekauft: Direktflug mit »Air France«, planmäßiger Abflug 17.55 Uhr. Den Ermittlern bleiben also noch genau 105 Minuten, Zeit genug, um den Flughafen zu erreichen und Maria Morata beim Boarding festzunehmen. Kurz darauf rasen zwei Streifenwagen der Kripo mit Blaulicht und Martinshorn in Richtung Flughafen.

Unterdessen hat die Gesuchte ihr Mobiltelefon in einem Mülleimer entsorgt und sich vorsichtshalber ein Prepaidhandy besorgt. Jetzt wartet sie händeringend auf Herbert, ihren 14 Jahre älteren Freund, den sie vor etwa einer halben Stunde angerufen hat: Er solle zu ihr kommen, sie müsse ihm etwas sagen, ganz dringend, er möge sich doch bitte beeilen. Förmlich angefleht hat sie ihn. Herbert Knaus, 46 Jahre alt, von Beruf Werbetexter, kennt ihr dunkles Geheimnis nicht. Mit ihm will sie unbedingt ihren Lebenstraum verwirklichen: endlich ein Baby bekommen, endlich eine Familie gründen, endlich glücklich sein!

Zehn Minuten später steigt Maria Morata zu ihrem Freund in den Wagen. Heftige Umarmung. Leidenschaftliche Küsse. Angstvolle Blicke. Sie müsse noch heute zu ihrer Familie nach Barcelona fliegen, behauptet Maria, etwas Schreckliches sei passiert, sie könne nicht darüber sprechen –»Das musst du mir glauben!« –, sie wolle ihn doch nur beschützen. Außerdem müsse er das Geschäft von nun an alleine weiterführen, sie sei dazu nicht mehr fähig, alles habe seinen Preis, sie sei körperlich am Ende. Herbert glaubt seiner Freundin kein Wort. Und er stellt Fragen: »Warum willst du mir das Eiscafé überschreiben, wenn du doch nur für ein paar Tage nach Spanien fliegst? Was soll das? Wovor oder vor wem willst du mich beschützen? Warum die Eile? Was ist überhaupt passiert?«

Maria Morata schaut an ihrem Freund vorbei auf das eingezäunte Flughafengelände und schweigt. Herbert wird lauter: »Denk doch mal an unser Kind!« Es seien fürchterliche Dinge passiert, stammelt Maria, es habe so viele Missverständnisse gegeben, selbstverständlich hätte sie wesentlich früher mit ihm darüber reden sollen, doch jetzt sei nicht der richtige Zeitpunkt. »Vertrau mir!« Flehentlicher Blick. Unerhört und unerwidert. Der Versuch einer zärtlichen Berührung. Kein letzter Kuss. Maria Morata steigt aus, Herbert fährt weg.

Wenn sie am Flughafen in Paris ankommen sollte, würden wohl die Handschellen klicken, befürchtet Maria Morata; und falls doch nicht, wären spätestens bei der Ankunft in Mexiko Polizisten zur Stelle, würden sie mitnehmen und ins Gefängnis stecken. Dann wäre es unwiderruflich vorbei mit ihrem Traum vom Familienglück, geplatzt wie ein prall aufgeblasener Luftballon, in den man mit einer Nadel hineinsticht – peng!

Also Plan B. Neues Ziel, neue Klamotten. Minikleid und Stöckelschuhe sind dafür zu auffällig, Maria Morata kauft sich in einer Boutique am Flughafen neue Kleidung und versteckt ihr Gesicht hinter einer großen Sonnenbrille. Italien! Dass sie mit dem Taxi dort hinfahren will, darauf wird niemand kommen, hofft sie, alle Welt wird sie in einem Flugzeug vermuten, vielleicht in einem Zug oder auf einem Schiff, aber keinesfalls in einem Taxi.

Falscher Verdacht. Falsche Fährte. Die Kripobeamten haben an Gate 82A vergeblich auf die mutmaßliche Serienmörderin gewartet. Die »Air France«-Maschine ist ohne Maria Morata abgeflogen. Wo sich die Gesuchte in der Zwischenzeit aufgehalten hat, offenbaren wenig später die Aufnahmen verschiedener Überwachungskameras des Flughafens.

17.19 Uhr: Sie verlässt das Flughafengebäude.
18.04 Uhr: Sie kehrt in das Flughafengebäude zurück.
18.13 Uhr: Sie betritt ein Bekleidungsgeschäft.
18.29 Uhr: Sie verlässt das Geschäft mit einer Einkaufstasche und trägt eine Sonnenbrille.
18.38 Uhr: Sie besteigt ein Taxi.

Und danach verliert sich ihre Spur. Während die nun auch in die Öffentlichkeit getragene Fahndung nach Maria Morata erfolglos verläuft, kommen die Kriminalisten andernorts besser voran. Denn: Die noch fehlenden Leichenteile des zweiten Opfers sind mittlerweile in einem Kühlschrank aus dem Kellerabteil entdeckt worden, der Getötete hat nun eine bürgerliche Identität: Holger Brandt, 38 Jahre alt, studierter IT-Experte, beschäftigt bei einem namhaften Telekommunikationsunternehmen. Es handelt sich zweifelsfrei um den geschiedenen Ehemann der Mordverdächtigen. Und auch die mutmaßliche Tatwaffe haben die Ermittler bei einer Durchsuchung der Wohnung Maria Moratas inzwischen gefunden – eine Pistole der Marke Beretta, Kaliber .22. Sie soll einmal Manfred Oberleitner gehört haben, so steht es jedenfalls in den Akten der Genehmigungsbehörde.

Es ist ein Kampf gegen die Uhr. Je mehr Zeit vergeht, desto größer werden Maria Moratas Chancen, der Kripo zu entkommen. Und falls es ihr gelingen sollte, ein Land zu erreichen, das sie nicht ausliefern würde, dann wären den Ermittlern die Hände gebunden. Stunde um Stunde verstreicht, doch es kommen keine Hinweise auf Maria Morata.

Erst am nächsten Tag gibt es plötzlich eine heiße Spur, als sich den Ermittlern mittags ein Taxifahrer vorstellt, der die Gesuchte bis nach Italien gefahren haben will. Der Mann beschreibt seinen mysteriösen Fahrgast so: »Sie hatte schulterlange, lockige, blonde Haare, trug eine weiße Bluse und eine militärgrüne Hose. Eine wirklich sehr hübsche Frau.«

Erst nach etwa einer Stunde Fahrt sei man ins Gespräch gekommen, Maria Morata habe dabei erwähnt, im dritten Monat schwanger zu sein, sich aber von ihrem Mann getrennt zu haben. Kurz vor der italienischen Grenze sei der Fahrpreis neu verhandelt worden, weil die Frau zunächst ein anderes Reiseziel in Österreich angegeben habe. Auf Nachfrage der Beamten erklärt der Taxifahrer, er habe sich auch den Pass der Frau aushändigen lassen, deshalb bestehe kein Zweifel daran, dass es tatsächlich Maria Morata gewesen ist. »Komisch war, dass sie mir nicht den Pass geben, sondern nur das Bild zeigen wollte. Darauf habe ich mich aber nicht eingelassen.«

Gegen Ende der Fahrt sei er misstrauisch geworden, als die Frau ständig das Fahrtziel geändert habe. »Und dann hat sie gesagt, dass sie von der Polizei gesucht wird. Darum wollte ich sie nur noch loswerden.« Schließlich habe er sie kurz darauf in der grenznahen 1000-Seelen-Gemeinde Cavazzo (Provinz Udine) an einem Hotel abgesetzt. Noch während der Rückfahrt sei ihm die Brisanz der vorherigen Begegnung vollends bewusst geworden, als im Radio über die Leichenfunde berichtet und auch der Name der Gesuchten genannt worden sei. »Da wurde mir ganz anders.«

Der Taxifahrer übergibt den Beamten schließlich noch einen Brief, den Maria Morata ihm in die Hand gedrückt hat und der für Herbert Knaus bestimmt gewesen ist. »Mi amor, ich werde mich bei dir melden«, schreibt die Flüchtige darin, »sobald es mir irgendwie möglich ist. Ich liebe dich über alles und passe auf unser Kleines auf. Te quiero. M.«

Da man nun mit hoher Wahrscheinlichkeit davon ausgehen kann, dass sich die Mordverdächtige in Italien aufhält, werden nicht nur die dortigen Behörden informiert, sondern auch die Öffentlichkeit.

Maria Morata ist nach einer unruhigen Nacht früh auf den Beinen. Während sie die Hotelrechnung begleicht, erkundigt sie sich nach dem Weg zum Busbahnhof und erklärt ungefragt, ihr Mann sei aus beruflichen Gründen bereits nach Udine vorgefahren, und sie wolle ihm nun folgen. Die Unterredung wird zufällig von einem älteren Herrn mitgehört, der Maria Morata spontan anbietet, sie in seinem Auto mitzunehmen, denn er fahre auch nach Udine. Abgemacht.

20 Minuten später. Im Stadtzentrum von Udine lässt der Mann Maria Morata aussteigen. Kurz darauf sitzt sie in einem Internet-Café aufgeregt vor dem Bildschirm eines Computers und googelt. Sie will wissen, wie weit die Polizei bei den Ermittlungen ist, ob ihr Gefahr droht. Die Schlagzeilen sprechen für sich: »Kel-

ler-Mord: Erste Leiche identifiziert«, »Nach grausigem Fund in Keller: Kopf weiterer Leiche entdeckt«, »Konten geplündert und Flug gebucht?«, »Die grausamen Taten der Maria Morata«, »Weltweite Fahndung nach Serienmörderin«.

Nachdem sie die Fahndungsfotos im Internet gesehen hat, geht Maria Morata kurz entschlossen zum nächsten Friseursalon, lässt sich die Haare kürzer schneiden und dunkelbraun färben. Mit dieser Aufmachung soll sie niemand mehr erkennen können. Doch was nun? Missmutig verlässt sie das Café und stromert ziellos durch die Stadt.

Am späten Vormittag sitzt sie, vollkommen in Gedanken, auf einer Parkbank und lässt ihr verpfuschtes Leben Revue passieren: die freudlose Kindheit in Mexiko, die ersten negativen Erfahrungen als Teenager mit jungen Männern, die schwierige Zeit in Spanien, die dramatisch gescheiterten Liebesbeziehungen, der zweieinhalbjährige Aufenthalt in Deutschland, danach Österreich, Holger, Manfred, Herbert, das Baby! Ein Scherbenhaufen, ein Desaster. Maria Morata überlegt ernsthaft, ob und wie sie sich das Leben nehmen soll. Warum einen Kampf fortführen, der nicht zu gewinnen ist? Warum nicht besser allem ein Ende setzen? Ein Schnitt … Ein Schuss … Ein Sprung … Vorbei! Erlösung! Endlich frei!

Denk an das Baby! Erst als Maria Morata sich ihrer Verantwortung dem ungeborenen Kind gegenüber bewusst wird, schöpft sie neuen Lebensmut, neue Hoffnung, trotzig vertraut sie darauf, dass es mit ihr schon weitergehen wird, irgendwie eben. Damit ihr dies auch gelingt, muss sie möglichst schnell einen Mann finden, der sie mag, der ihr vertraut, der ihr behilflich sein will, bei dem sie unterkommen kann und der keine Gefahr darstellt. Besonders wählerisch darf sie dabei aber nicht sein.

Und so fällt ihr Blick auf einen Mann, etwa Mitte 20, der wenige Meter von ihr entfernt unbeachtet Gitarre spielt: ein verkrachter Straßenmusikant, der so aussieht, als würde er, wie sie auch, am Rand der Gesellschaft stehen, ein hagerer Typ in zerlumpten Klamotten mit langen, zotteligen, verfilzten Haaren, die größtenteils von einem löchrigen Strohhut verdeckt werden. Maria Morata geht auf den Mann zu, ein Wort gibt das andere. Kontakt. Costa heißt er und spricht sogar ein wenig Deutsch.

Maria Morata verwickelt den Mann schnell in ein Gespräch, sie will, sie muss ihn für sich gewinnen, wie immer, wenn sie in Not gerät, mit einer skurrilen, mitleiderregenden Räuberpistole. Und die geht so: Sie sei vor kurzem von ihrem Ehemann schwer misshandelt worden und in Panik aus dem Haus geflüchtet, empört sie sich mit stockender Stimme und Tränen in den Augen, ohne Ausweispapiere und mit nur 130 Euro in der Tasche sei sie einfach fortgelaufen; während der letzten Tage habe sie nicht einmal duschen können, es sei die Hölle auf Erden, zudem müsse sie in ständiger Angst leben, denn ihr Mann, ein hochrangiger und einflussreicher Polizist, würde gewiss bereits nach ihr suchen und könne urplötzlich auftauchen, jederzeit, überall, das wäre wohl das Ende, denn sie müsse ernsthaft befürchten, er könne die Beherrschung verlieren, wie so viele Male zuvor schon, und ihr etwas antun; sie habe sogar schon darüber nachdenken müssen, ihm zuvorzukommen und sich das Leben zu nehmen. »Darf ich bei dir übernachten?« Costa nickt spontan.

Der ungepflegt wirkende Mann wohnt im 6. Stock eines Plattenbaus am Rand der Stadt. Die beengte Behausung ist nahezu komplett zugemüllt, Ratten und Ungeziefer machen sich über die am Boden liegenden Nahrungsmittelreste her, es stinkt erbärmlich. Maria Morata möchte am liebsten sofort kehrtmachen, doch es gibt keine Alternative.

Ihr erster Weg führt sie auf die schmuddelige Toilette. Ihr Spiegelbild zeigt ein eigentümlich verzerrtes, maskenhaft wirkendes Gesicht: müde, ausdruckslose, tiefliegende Augen, starrer

Blick, ein körperlich erschöpfter, sozial und zwischenmenschlich gescheiterter Mensch, an sich selbst (ver)zweifelnd, von Gedanken an Selbstmord verunsichert. Perspektivlos. Erst als Maria Morata die Hände behutsam auf ihren Bauch legt, hegt sie einen Hauch von Hoffnung: mein Kleines, mein Alles, wir schaffen das!

Nachmittags putzt sie Costas verdreckte Zwei-Raum-Wohnung, räumt auf, entsorgt den Müll, abends kocht sie für sich und ihren Gastgeber. Das ungleiche Paar isst von abgewetzten Holztellern, ohne Besteck, mit den Händen stopfen sie sich das Hühnerfleisch in den Mund, trinken dazu billigen Wein aus der Flasche.

Anschließend sitzen sie auf dem ramponierten Sofa. Costa will Maria Morata auf seine Art betören, wie hübsch sie doch sei, säuselt er, so ein attraktiver Körper, so schöne Beine und ihr sexy Schmollmund, sie schaue aus wie Angelina Jolie. Costa rückt näher heran. »Komm, ich will dich ficken!«

Maria Morata ist angewidert. Am liebsten würde sie diesem Typ Gewalt antun. Bevor Costa sie angrabschen kann, erzählt sie ihm von ihrer Schwangerschaft, das gehe jetzt nicht, wendet sie ein, leider, dafür müsse er Verständnis haben. Hat Costa aber nicht. Er will Sex. Jetzt. Er wiederholt seine eindeutigen Absichten zwar nicht, doch sein Blick und seine Körperhaltung signalisieren genau das. Wahrscheinlich würde er sich etwas zurückhaltender geben, wenn er wüsste, das er eine Frau begehrt, über die später der Staatsanwalt sagen wird: »Wer ihr im Weg stand, wurde weggeräumt.«

Knapp 500 Kilometer entfernt in Maria Moratas ehemaliger Wahlheimatstadt etwa zur selben Zeit. Mittlerweile sind die rechtsmedizinischen Untersuchungen abgeschlossen worden. Demnach trafen Holger Brandt zwei Schüsse in den Hinterkopf, ein weiterer in die rechte Schläfe, jeweils aus zehn bis 20 Zentimeter Entfernung; auf Manfred Oberleitner wurden aus nahezu identischer Position und Entfernung vier Projektile abgefeuert, allesamt tödlich. In beiden Fällen wurde jene Beretta-Pistole benutzt, die man in Maria Moratas Wohnung gefunden hat, dies belegt eine ballistische Expertise.

Maria Morata ist spätestens jetzt dringend verdächtig, mit den Tötungen der Männer in Zusammenhang zu stehen, unklar ist nur, welche Rolle sie dabei gespielt haben könnte: Täterin? Anstifterin? Gehilfin? Oder in unterschiedlichen Funktionen bzw. Konstellationen? Und wie passt Herbert Knaus ins Bild, der werdende Vater? Sind den Taten jeweils diskrete Dreiecksbeziehungen vorausgeeilt, die letztlich nicht mehr geheim zu halten waren und eskalierten?

Doch genau diese Überlegung müssen die Ermittler schon bald anzweifeln. Denn: Holger Brandt war bereits vor seinem gewaltsamen Tod von Maria Morata geschieden worden, und Manfred Oberleitner hatte die Beziehung zu ihr nur noch formal aufrechterhalten. Zudem berichten Zeugen der Kripo zum Verhältnis der Genannten übereinstimmend, es habe wohl gelegentlich Streit gegeben, allerdings sei es dabei nicht zu gewaltsamen Auseinandersetzungen gekommen, und nach der Trennung habe sich die Beziehung auf die gemeinsame Bewirtschaftung des Eiscafés beschränkt. Letztlich wird nur Maria Morata selbst Licht ins Dunkel bringen können, sollte man ihrer habhaft werden und sollte sie sich wahrheitsgemäß äußern.

Italien, Udine. Maria Morata hat Costa nicht töten müssen, weil sie ihm vorgelogen hat, er würde sicher auch auf der Todesliste ihres Mannes landen, sollte er sich ihr sexuell nähern – und das hat Eindruck gemacht. Doch mittlerweile scheint Costa misstrauisch geworden zu sein, jedenfalls stellt er entsprechende Fragen:

»Warum bist du wirklich von deinem Mann weggelaufen?«, »Was ist dein Beruf?«, »Warum gehst du nicht zur Bank und besorgst dir Geld?«, »Warum gehst du nicht zur Botschaft und lässt dir einen neuen Pass ausstellen?«

Obwohl Maria Morata ihren Freund in der Not eher für einen harmlosen Spinner hält, muss sie seinen Argwohn ernst nehmen, andernfalls könnte sie in ernsthafte Schwierigkeiten geraten. Deshalb erweitert sie ihre Legende und lügt, ihr Mann habe sie sicher schon zur Fahndung ausgeschrieben, als Kriminalpolizist sei das für ihn kein Problem, überhaupt würden er und seine Kollegen unter einer Decke stecken und krumme Dinger drehen, darüber dürfe sie aber nicht sprechen, sonst würde sie ihn, Costa, ebenfalls in Gefahr bringen. »Verstehst du das?« Sichtliches Erstaunen. Lautes Schweigen. Stille Übereinstimmung.

Um den Mann auf andere Gedanken zu bringen, schlägt Maria Morata vor, gemeinsam shoppen zu gehen, sie benötige dringend neue Kleidung, und er könne sie beraten. Costa geht kommentarlos mit. Maria Morata kauft sich Unterwäsche, eine Jeans und zwei T-Shirts; die restliche Zeit bis zum Abendessen vertreiben sie sich mit Kaffeetrinken und einem Kinobesuch.

Nach ihrer Rückkehr in Costas Wohnung überfällt Maria Morata wieder dieses unangenehme Gefühl der Unwissenheit und der Ungewissheit, wenn sie doch nur einschätzen könnte, an welchen Orten nach ihr gesucht wird, welche Hinweise es gibt, wie ihre Chancen stehen. »Costa, kann ich mal dein Handy haben?« Augenblicke später googelt Maria Morata die neuesten Schlagzeilen: »Verdächtige legte falsche Spuren«, »Unfassbar! Die Doppelmörderin ist schwanger!«, »Sie zerteilte ihre Opfer in 4,5-Kilo-Stücke«, »Wie oft hat sie wirklich getötet?«, »Ist Maria Morata schon in Mexiko?«.

Costa gibt sich am späten Abend genügsamer als von Maria Morata erwartet. Er hat offenbar keine Lust mehr auf Sex mit ihr und schaut sich lieber die Fernsehübertragung eines Fußball-spiels an. Erst in der Halbzeitpause wird es für Maria wieder brenzlig, als Costa wissen will, wonach sie denn eben im Internet gesucht habe, was denn wieder so wichtig gewesen sei, dass es nicht auch bis morgen habe warten können. »Private Angelegen-heit!« Costa müsste jetzt nachfragen, doch er tut es nicht. Er sagt nichts mehr dazu. Merkwürdig.

Zwischen Maria und Costa hat sich in den letzten Tagen ein diffus anmutendes Spannungsverhältnis entwickelt: Sie belauert ihn, er beargwöhnt sie. Ahnt er etwas? Weiß er längst Bescheid? Oder wähnt er die hübsche Frau in Gefahr, weil sie mitunter de-pressiv erscheint und wiederholt über Selbstmord gesprochen hat? Weckt sie seinen Beschützerinstinkt? Maria Morata zweifelt mittlerweile an der Unbedarftheit und Aufrichtigkeit ihres Gast-gebers. Der ist doch nicht blöd! Er muss doch wissen, dass ich ihn angelogen habe, dass es andere Gründe für meine Flucht gibt! Das kann doch nicht sein! Aber was mache ich jetzt? Was mache ich jetzt mit ihm?

Am nächsten Morgen steht Costa unvermittelt an Marias Bett. Er kündigt etwas ganz und gar Ungewöhnliches an: »Ich bringe nur eben den Müll runter, komme gleich wieder.« Maria glaubt ihm kein Wort. Spätestens als sie hört, wie die Wohnungstür zu-gedrückt wird, müsste sie aus dem Bett springen, sich anziehen, ihre Sachen zusammenraffen und schleunigst die Wohnung ver-lassen. Von wegen, Müll wegbringen! Maria Morata ahnt, dass ihr nicht mehr viel Zeit bleibt, will sie ihre Flucht fortsetzen, doch sie erstarrt förmlich, unternimmt nichts, bleibt regungslos im Bett liegen. Und wartet ab. Atemlose Spannung.

Die löst sich erst wieder, als 20 Minuten später unvermittelt die Wohnungstür aufgesperrt wird. Es ist aber nicht Costa, der in-zwischen den Müll entsorgt hat und zurückkehrt ist, vielmehr betreten eine Frau und drei Männer in blauen Uniformen die

Wohnung. »Polizia!« Maria Morata versteht zwar nicht, was auf Italienisch zu ihr gesagt wird, doch die Botschaft kommt trotzdem an: anziehen, packen, mitkommen!

Costa hat die Carabinieri informiert, weil er die geäußerten Selbstmordabsichten sehr ernst genommen und befürchtet hat, Maria Morata könne sich tatsächlich das Leben nehmen. Von den Morden in ihrer Heimatstadt indes weiß er nichts. Und auch die italienischen Polizisten erfahren erst davon, als man Maria Moratas Personalien routinemäßig in den Datenbanksystemen überprüft und der Computer auf einen europäischen Haftbefehl hinweist: Die Frau steht im Verdacht, zwei Männer ermordet zu haben, und soll nach Österreich ausgeliefert werden. Erst jetzt klicken die Handschellen. Das Versteckspiel hat ein Ende.

Nachdem sich die italienischen Ermittler mit ihren österreichischen Kollegen abgestimmt haben, wird Maria Morata mit den Mordvorwürfen konfrontiert, sie soll eine Aussage machen. Doch die Beschuldigte weigert sich, sie wolle und werde nichts sagen, schimpft sie, das ergebe doch keinen Sinn, überhaupt gehe es ihr miserabel, das könne man ihr doch ansehen, warum man denn keine Rücksicht nehmen wolle, man möge doch auch an das ungeborene Kind denken!

Die Beamten geben sich fortwährend unbeeindruckt, hartnäckig stellen sie bohrende Fragen, die zunächst unbeantwortet bleiben, Maria Morata indes wankelmütig werden lassen. Die Fragen säen Zweifel, machen aber gleichzeitig auch Hoffnung, sich alles von der Seele reden und durch ein Geständnis mit allem abschließen zu können. Nach zweieinhalb Stunden Widerstand beugt Maria Morata sich schließlich der Staatsgewalt und beginnt erstmals in ihrem Leben über die Morde an Holger und Manfred zu sprechen. Endlich kommt Licht ins Dunkel. Es werden düstere Verbrechen beleuchtet, die jahrelang unerkannt geblieben waren, von denen nur Maria Morata gewusst hatte.

Die Tötung von Holger Brandt

Im Sommer des Jahres 2007, Maria war seit drei Jahren mit Holger Brandt verheiratet, habe sie bei der Eröffnung ihres Eiscafés »Venezia« Manfred Oberleitner kennengelernt, erzählt Maria Morata. Er sei ein großgewachsener, charmanter, eloquenter, attraktiver Mann gewesen, und kurz nach dem Kennenlernen habe sie eine Affäre mit ihm begonnen. Manfred habe sie schließlich nicht nur ermuntert, sich von Holger Brandt scheiden zu lassen, sondern sei auch die treibende Kraft gewesen.

Als die Scheidung bereits vollzogen war, habe Holger Brandt sich noch in ihrer Wohnung aufhalten dürfen, zumindest zeitweise. »Das war ein großer Fehler!« Denn ihr Ex-Mann habe sie nach wie vor bei jeder sich bietenden Gelegenheit kritisiert, gegängelt, beleidigt und ihr das Gefühl vermittelt, seiner nicht würdig zu sein.

Und so soll es zur Tat gekommen sein: Maria Morata sei gegen 15 Uhr nach Hause gekommen, Holger Brandt habe vor dem Computer gesessen und sich mit einem Ego-Shooter-Spiel beschäftigt. Währenddessen sei er immer aggressiver geworden und habe Streit gesucht, seine Ex-Frau fortwährend provoziert und beleidigt: »Wie konnte ich nur so dumm sein und dich heiraten?«, »Du verdammte Schlampe, du bist doch das Letzte!«, »Ohne mich bist du ein Nichts, ohne mich bist du doch gar nicht lebensfähig, ohne mich gehst du unter!«.

Maria Morata habe sich gegen diese Erniedrigungen nicht zur Wehr setzen können, sagt sie, dies sei ihr einfach unmöglich gewesen, wie immer, wenn es zwischen ihnen Streit gegeben habe; schließlich sei es ihr zu viel geworden, sie habe sich letztlich gefügt und wutentbrannt fantasiert, wie es wohl wäre, wie es sich anfühlen würde, wenn sie ihrem Peiniger eine Pistole an den Kopf halten und abdrücken würde. Diese Mordfantasien hätten ihr viele Male zuvor schon geholfen, den unausgesprochenen und unverarbeiteten Hass zu mildern, die Situation emotional zu entschärfen und sich wieder zu beruhigen.

Nur an diesem Abend habe sie sich nicht mehr beherrschen können, bei der Tötung sei sie jedoch fremdbestimmt gewesen. »Etwas Böses übernahm die Kontrolle über mich. Es war, als würde ein Regisseur in meinem Gehirn Platz nehmen und damit beginnen, meine Gedanken zu steuern«, erklärt sie den verdutzten Kriminalbeamten. »Ich wollte Holger nicht umbringen. Ich kämpfte gegen meine Vernichtungsgedanken an. Es gelang mir aber nur bis zu diesem Moment, als Holger brüllte: ›Maria, du bist Abschaum! Du wirst nie wieder einen Mann finden!‹ Da machte es klick.« Zwei Gewehre und zwei Pistolen hätten, wie so häufig, auf dem Wohnzimmertisch offen herumgelegen. »Ich nahm die Beretta, stellte mich hinter Holger, hielt ihm die Pistole an den Kopf und drückte ab. Drei Mal. Es ist nicht schön, einen Menschen zu erschießen.«

Die Tötung von Manfred Oberleitner

Auch in diesem Fall will Maria Morata bereits Monate vor der Tat Tötungsfantasien entwickelt haben, weil sie fortwährend von ihrem Freund betrogen worden sei. Sie habe sich zwar gegen diese destruktiven Impulse gewehrt und befürchtet, eine abermalige Tötung würde sie nur noch unglücklicher machen, aber nachdem alle verzweifelten Versuche gescheitert seien, Manfred zu einem anderen Verhalten zu bewegen, habe sie keine andere Möglichkeit gesehen: »Der böse Teil in mir wurde ungeheuer stark.«

Schließlich habe sie Manfred Oberleitner im November 2010 getötet. Ausgangspunkt dieses Verbrechens seien seine allzu häufigen nächtlichen Aktivitäten im Internet gewesen. Als ihr Freund am nächsten Morgen nach dem Frühstück die Wohnung verlassen habe, sei sie wieder wütend und eifersüchtig gewesen, weil Manfred auf wiederholte Nachfrage, was er denn die ganze

Nacht vor dem PC getrieben habe, nur aufbrausend geworden sei und sie obendrein übel beschimpft habe. Darum habe sie sich an den Computer gesetzt und den Internetverlauf kontrolliert. Dabei sei sie nur noch zorniger geworden, weil Manfred sich bei einer Singlebörse registriert hatte: »Ich saß da und las das Profil seiner Traumfrau. Die war völlig anders als ich. Ich wurde wütend, schrecklich wütend, und es passierte wieder. Das Böse in meinem Kopf übernahm die Kontrolle über mich.«

Letztlich hätten alle Ablenkungsmanöver (Gespräche mit Freunden, längeres Verweilen im Eiscafé, Urlaubspläne für einen Besuch der Familie in Barcelona) keinen Erfolg gebracht, denn sobald sie nicht beschäftigt gewesen sei, habe sie sich vorstellen müssen, wie Manfred getötet werden könne, ohne Aufsehen zu erregen. Deshalb sei sie auf die Idee gekommen, Manfred Oberleitner am kommenden Wochenende zu töten, weil er zu dieser Zeit von einer Dienstreise zurückkehren würde und von ihren Vorbereitungen nichts bemerken könne: »Ich fuhr zu einem Baumarkt, besorgte Zement und Plastikfolien. Dazu kaufte ich eine Motorsäge von genau demselben Typ, die ich schon bei der Zerstückelung von Holger benutzt hatte. Und aus dem Kellerabteil holte ich die Beretta und deponierte sie in einer Lade im Vorzimmer meiner Wohnung.«

Allerdings will Maria Morata von ihren Mordplänen zunächst zurückgetreten sein, weil sie sich nach Manfreds Rückkehr mit ihm überraschend gut verstanden habe, die gemeinsamen Stunden seien harmonisch verlaufen, abends sei man ausgegangen, habe sich mit Freunden auf einem Straßenfest getroffen und dort reichlich Glühwein getrunken. Heile Welt.

»Und dann die alte Leier: Er schaute Frauen hinterher, die an uns vorbeigingen. Plötzlich war ich Luft für ihn. Es war zum Kotzen. Ich wurde richtig wütend.« Doch erst nachdem sie gegen Mitternacht in ihre Wohnung zurückgekehrt seien, habe sie ihn zur Rede gestellt, sich bitter beschwert, ihn sogar angeschrien, dass sie sein ständiges Fremdgucken und Fremdgehen nicht mehr tolerieren könne, das müsse jetzt aufhören. Empört sei er gewesen, als sie ihm eine Therapie zur Bedingung gemacht und andernfalls mit einer Trennung gedroht habe. Seine Antwort darauf: »Du bist doch ohne mich nicht überlebensfähig. Du wirst es ohne mich sowieso nicht schaffen, dafür bist du doch zu blöd.« Anschließend habe er sich wortlos schlafen gelegt.

Nach dieser abermaligen Demütigung seien ihre abgründigen Fantasien wieder aufgeflammt: »Ich sagte nein, mein Regisseur ja.« Kurz entschlossen habe sie die Plastikfolien hervorgeholt und neben Manfreds Bett ausgebreitet, zusätzlich die Wände abgedeckt, damit keine verräterischen Spuren entstehen konnten. Anschließend sei sie an das schlafende Opfer herangetreten: »Ich feuerte Manfred vier Kugeln in den Kopf. Von hinten. Er war sofort tot.«

Einige Wochen nach ihrem Geständnis wird Maria Morata nach Österreich ausgeliefert und dort von Ermittlern, aber auch einer forensischen Psychiaterin insbesondere zu Lebenslauf und Lebensgewohnheiten befragt. Das Ergebnis: Maria wird in Mexiko als erstes Kind eines Psychologen und einer Dolmetscherin geboren. Weil ihr regimekritischer Vater als Journalist in seinen Veröffentlichungen immer wieder Korruption anprangert, werden er und seine Familie mehrfach überfallen, sogar mit dem Tode bedroht; als Maria fünf Jahre alt ist, flüchtet die Familie nach Spanien und wird in Barcelona heimisch.

Die ersten Jahre dort sind geprägt von erheblichen finanziellen Einschränkungen und daraus resultierenden Existenzängsten, doch nachdem ihre Eltern beruflich Fuß gefasst haben, entspannt sich die Situation. Rückblickend sagt Maria über ihre Kindheit: »Ich hatte immer genug zu essen, einen sauberen Schlafplatz und

Eltern, die mich liebten und dafür sorgten, dass ich eine gute Ausbildung bekam. Trotz der vielen Probleme, die wir hatten.«

Äußerlich erscheint das Verhältnis zu ihren Eltern intakt, doch Maria leidet auch unter ihrem despotischen Vater: Er gibt die Regeln vor, pocht unnachgiebig auf deren Einhaltung, duldet keinen Widerspruch. »Ich durfte nie laut sein, ich durfte quasi gar nicht existieren. Er schrieb seine Artikel zu Hause, darum wollte er seine Ruhe haben. Er setzte seine Meinung durch und ließ mich nicht zur Entfaltung kommen! Handgreiflich wurde er aber nur selten.«

Ihre Mutter hingegen ist beruflich stark eingespannt und muss sich allein um den Haushalt kümmern, da bleibt für die Belange der Tochter kaum Zeit. Wenn es, was selten vorkommt, zu einem offen ausgetragenen Zerwürfnis zwischen Vater und Tochter kommt, stellt sich die Mutter konsequent auf die Seite ihres Ehemanns. Maria hat sich gefälligst zu fügen, selbst ihr Berufswunsch (Schönheitschirurgin) wird der jungen Musterschülerin ausgeredet, sie muss nach dem mit Bestnoten bestandenen Abitur wohl oder übel ein Wirtschaftsstudium beginnen. Basta!

Während der Studienzeit lernt Maria Morata einen jungen Mann aus gutem Hause kennen, der ihr schon wegen seiner sozialen Herkunft imponiert, dem sie sich ihrem Naturell entsprechend auch still unterordnet. Der notorische Partygänger und Fremdgeher ist jedoch ausgesprochen besitzergreifend, arrogant, dominant, unzuverlässig, er hat gänzlich andere Vorlieben und kann sich ein Familienleben mit Kindern nicht vorstellen. Maria Morata leidet still, sie resigniert, kapituliert. Anstatt für sich und ihre Beziehung zu kämpfen, sich im Widerstreit der Gefühle und Argumente zu positionieren und zu behaupten, schleicht sie sich förmlich aus der Beziehung heraus, bricht das Studium ab, verlässt ihre Wahlheimat und versucht in Deutschland einen Neubeginn.

Sie zieht in die Nähe von Heidelberg, wohnt kostenfrei bei einer fünfköpfigen Akademikerfamilie, muss dafür aber den Kindern ihrer Gastgeber Nachhilfe in Spanisch geben und das Haus putzen: »Mir war klar, dass ich ausgenutzt werde, aber ich war weg von diesen schrecklichen Erlebnissen in Spanien, endlich unabhängig!« Ein halbes Jahr später tritt Maria Morata, jetzt 22 Jahre alt, eine Stelle als Eisverkäuferin in Altdorf an, einer Kleinstadt in der Nähe von Nürnberg.

Eines Morgens steht Holger Brandt vor ihr an der Eistheke, ein großgewachsener, blonder Mann, der ihrem spanischen Ex-Freund in gewisser Weise ähnlich sieht, Gartenartikel verkauft und sechs Jahre älter ist als sie. Dann geht alles sehr schnell: Sie stimmt zu, als er sie um ein erstes Treffen bittet; sie willigt ein, als er schon beim ersten Rendezvous Sex will; und sie sagt ja, als er sie nur ein paar Wochen später fragt, ob sie seine Frau werden will. »Ich dachte, das ist ein Kerl, der es ehrlich meint, der mich akzeptiert, wie ich bin. Und die tiefer gehenden Gefühle für ihn werden schon noch kommen.«

Doch diese Hoffnung erfüllt sich nicht. Schon nach wenigen Monaten fühlt Maria Morata sich weder angenommen noch akzeptiert. Holger kritisiert nicht nur ihr Verhalten, sondern sogar ihr Aussehen. Auch unterstützt er seine Frau finanziell kaum; während er nur gelegentlich bei wechselnden Firmen arbeitet und sich häufig als Müßiggänger gefällt, muss sie tagtäglich in den Eissalon und kellnern. Obendrein speist er Maria mit einem Taschengeld ab, ihren Lohn reklamiert er für sich, weil seine Frau angeblich zu jung sei und mit Geld nicht umgehen könne. Maria Morata lässt sich alles klaglos gefallen und leidet still, nur in Gedanken begehrt sie auf. Eine Scheidung kommt für sie partout nicht in Frage, dies verbietet schon ihr Glaube. Endstation Ehehölle.

Erst im Frühjahr 2005 verbessert sich die Beziehung zu Holger, als der vorschlägt, gemeinsam nach Wien zu ziehen und dort einen Eissalon zu eröffnen. Maria ist von dieser Idee sehr angetan: Endlich nicht mehr nur für andere schuften müssen, ein Eiscafé in ihrer Traumstadt, vielleicht wird jetzt doch alles gut, hofft sie.

In einem von Touristen eher gemiedenen Außenbezirk von Wien finden sie geeignete Räumlichkeiten, die auch ihren Erwartungen durchaus entsprechen, zwar nicht der ganz große Wurf, aber doch ein hoffnungsvoller Anfang. Maria und Holger wohnen in einem zur Wohnung umgebauten ehemaligen Lager im Nachbarhaus ihres Eiscafés, das sie »Venezia« nennen.

Doch Marias anfängliche Euphorie verfliegt schnell. Denn: Holger unterstützt sie bei der Bewirtschaftung des Lokals eher halbherzig, lieber bleibt er zu Hause, sieht fern, spielt am Computer oder kauft sich Waffen und macht Schießübungen, während seine Frau hinter der Theke des gemeinsamen Geschäfts steht und die wenigen Kunden bedient, die kommen. Als wäre das nicht genug, zerplatzen Marias Familienträume jäh – Holger will jetzt doch keine Kinder, jedenfalls in den kommenden Jahren nicht, vielleicht später einmal, wann genau, darauf will er sich nicht festlegen lassen. Maria fühlt sich zunehmend gegängelt und gedemütigt, sie kann ihrem Mann, den sie als übermächtig erlebt, nichts rechtmachen, nichts entgegensetzen, selbst der wirtschaftlich mäßige Erfolg des Eissalons wird allein ihr angelastet. Maria, angebliche Lebensversagerin und Taugenichts, wähnt sich in einer Beziehungsfalle, heimlich geht sie in die Kirche, bittet, betet, fleht, weint, hofft – doch es ändert sich: nichts.

Schließlich flüchtet sie sich in die Affäre mit Manfred Oberleitner, den sie seit zwei Jahren aus beruflichen Gründen kennt, weil er Eismaschinen verkauft. Endlich glaubt sie, einen Mann gefunden zu haben, der ihr vorurteilsfrei begegnet, sie bedingungslos unterstützt und darin bestärkt, sich von ihrem Mann baldmöglichst scheiden zu lassen. Genau so wird es gemacht. Doch obwohl eine formale Trennung erfolgt ist, darf Holger weiter in der ehemals gemeinsamen Wohnung bleiben. Und so nimmt ein Drama seinen Lauf, an dessen Ende zwei Menschenleben ausgelöscht werden.

Ein halbes Jahr nach Maria Moratas Festnahme in Italien. Sie muss sich in Wien im vielbeachteten »Kellerleichen-Prozess« vor Gericht verantworten, ein gefundenes Fressen für den Medienmob, wie so häufig bei Serienmörderinnen. Aufgeführt wird das Stück »Das schöne Biest«. Die Objektive der Kameras kennen keine Zurückhaltung, atomisieren die Intimsphäre der Angeklagten, alles ist interessant und wird schamlos-gnadenlos ausgeleuchtet: Beine, Po, Busen, Hände, Nase, Augen, Ohren, Haare – und natürlich der Schmollmund.

Eyecatcher. Die Delinquentin in Nahaufnahme als Köder für die sensationslüsterne Masse, zum Objekt der allgemeinen Begehrlichkeiten verdinglicht, ihr makelloser Körper als Gemeinschaftsgut. Jedes Foto erbringt den Beweis der Gefühlskälte, der Kaltblütigkeit, der Bestialität. Jede Geste, selbst das Zucken eines Mundwinkels, jeder Blick, auch wenn er ins Leere geht, ist bedeutsam, muss gedeutet und moralisch eingeordnet werden. Die öffentliche Zurschaustellung ist dem Verlangen der Schaulustigen und Vergeltungsbedürftigen geschuldet, eine mediale Exekution, das vorweggenommene Urteil – schuldig im Sinne der Anklage.

Die sieht in Maria Morata eine gewissenlose und selbstsüchtige Serienmörderin, die zwei Männer umgebracht habe, um neue Beziehungen beginnen bzw. fortführen zu können. Dieser schwerwiegende Vorwurf resultiert aus den Angaben der Angeklagten und dem Gutachten der psychiatrischen Sachverständigen. Demnach sei Maria Morata eine schlichte Trennung von Männern, die sie nicht zufriedengestellt bzw. glücklich gemacht hätten, nicht möglich gewesen, denn ein solches Verhalten habe sie nicht gelernt. Zurückzuführen sei diese hochabnorme Vorgehensweise insbesondere auf eine gravierende, umfassende und vielgestaltige Störung der Persönlichkeit, die von dissozialen (in diesem Fall: herzloses Unbeteiligtsein an Gefühlen anderer und geringe Frustrationstoleranz), histrionischen (übertriebene Emotionalität und übermäßiges Bedürfnis nach Anerkennung, Aufmerksamkeit, Bestätigung und Lob) und narzisstischen Merkmalen (schwach ausgeprägtes Selbstwertgefühl und übermäßiger Selbstbezug bzw. Geltungsdrang) geprägt werde.

Die Ehe mit Holger Brandt sei nicht wie erhofft verlaufen, der Mann habe sich ihrem Kinderwunsch verweigert und sie als Person nicht positiv bestätigt. Letztlich habe das Opfer in ihrem Denken das Zusammensein mit Manfred Oberleitner blockiert, und zwar durch seine schlichte Anwesenheit. Die Angeklagte sei unfähig gewesen, Holger Brandt mit Worten zu überzeugen, sich eine eigene Wohnung zu suchen, stattdessen habe sie gehofft, er werde freiwillig gehen, was er aber nicht tat. In dieser Situation sei Maria Morata auf die Idee gekommen, Holger Brandt zu töten. Diese Lösungsmöglichkeit habe sie zunächst längere Zeit gedanklich durchgespielt und schließlich von einer Fantasie zur Gewissheit entwickelt. Unmittelbar vor der Tat sei die Angeklagte auf die Tötung geradezu fixiert gewesen, Alternativen habe sie nicht zulassen können. Gleichwohl sei es keine Tötung im Affekt gewesen, sondern eine geplante und kaltblütige.

Ähnlich blockiert habe Maria Morata sich durch ihren Lebensgefährten Manfred Oberleitner gefühlt. Auch in diesem Fall sei sie an einen Mann gebunden gewesen, der ihr weder Akzeptanz noch Nähe vermittelt, sondern Zuwendung entzogen habe. Wieder seien wellenartige Eliminierungsfantasien aufgetreten, und Maria Morata habe aufgrund der vormaligen Erfahrung in dem Bewusstsein gehandelt, zu einer Tötung fähig zu sein und damit durchzukommen. Im Unterschied zum ersten Mal habe sie die Tat diesmal gewissenhaft vorbereitet und die verräterischen Folgen der Tötung wesentlich rascher und effizienter beseitigt. Insofern sei in beiden Fällen von einer voll erhaltenen Schuldfähigkeit auszugehen.

Nach nur vier Verhandlungstagen wird das Urteil im Namen des Volkes verkündet: lebenslange Haft wegen zweifachen Mordes, Einweisung in eine Anstalt für abnorme Rechtsbrecher – Höchststrafe. Bei der Strafzumessung werden Maria Moratas Geständnis und eine »erhebliche psychische Beeinträchtigung« zwar mildernd berücksichtigt, doch sollen die schulderschwerenden Umstände überwiegen, denn die Angeklagte habe planmäßig, heimtückisch und besonders gemütsarm gehandelt. Überdies bestehe dauerhaft eine hohe Rückfallgefahr.

Während es im Zuge der Hauptverhandlung gelang, Maria Moratas Mordmotivation und ihre pathologische Persönlichkeitsstruktur zufriedenstellend herauszuarbeiten, wurden die Ursachen für ihr abweichendes Verhalten nur am Rande gewürdigt. Um diesen außergewöhnlichen Kriminalfall und seine Hauptprotagonistin besser verstehen zu können, bedarf es einer vertiefenden kriminalpsychologischen Nachbetrachtung, die insbesondere auf Aspekte beobachtbarer Handlungen und Äußerungen der Täterin gerichtet ist.

Sozialverhalten

Schon als Kind lernt Maria, wie es ist, wie es sich anfühlt, wenn man nicht dazugehören darf und ausgegrenzt wird, als sie mit ihrer Familie notgedrungen von Mexiko nach Spanien auswandern muss. Da ist sie erst fünf Jahre alt. Plötzlich gehört Maria der sozialen Unterschicht an. Sie ist das lediglich geduldete Ausländerkind, mit dem man sich besser nicht abgibt, von dem man sich fernhält, mit dem man nur redet, wenn es unbedingt sein muss. Letzteres ist selten der Fall. Und wenn es Maria gelingt, trotzdem eine freundschaftsähnliche Beziehung herzustellen, wird gegen sie kurzerhand eine elterliche Kontaktsperre verhängt, sobald sie sich zu ihrer mexikanische Herkunft bekennen muss. Der Trost ihrer Mutter erreicht sie nicht, die persönliche Stigmatisierung hinterlässt Spuren: »Ich fühlte mich wie ein Stück Dreck.«

Auch als Maria die Schule besucht, bleibt ihr sozialer Status zunächst unverändert trostlos. Ihre Mitschüler orientieren sich in erster Linie am Verhalten der Lehrer und bleiben auf Distanz. Erst als sich die finanzielle Situation der Familie spürbar verbessert und Maria eine Privatschule besuchen kann, erfährt sie soziale Zuwendung: Nach anfänglicher Zurückhaltung wird sie von Mädchen auf Partys eingeladen, geht mit ihnen ins Kino oder in die Stadt, um sich zu amüsieren. Allerdings bleiben diese sozialen Kontakte oberflächlich und beliebig, denn Maria traut sich nicht, über ihre Gefühle, Bedürfnisse oder Wünsche offen zu sprechen, sie hat Angst, erneut zurückgewiesen zu werden: »Ich wollte meine Sehnsüchte für mich behalten.« So bleibt gegenseitiges Vertrauen für sie eine einseitige Angelegenheit, ein Muster ohne Wert. Selbst ihren Eltern gelingt es nicht, Maria aus dem zwischenmenschlichen Niemandsland herauszulocken, sie bleibt lieber für sich, allein, unnahbar, unangreifbar, unverletzbar. Deshalb wird sie zeitlebens nicht erfahren, was es heißt, Freundschaften zu schließen, jemanden an seiner Seite zu wissen, auf den unbedingt Verlass ist.

Die Rolle der gehorsamen Befehlsempfängerin und verhaltensunauffälligen Außenseiterin wird bei Maria Morata früh angelegt, denn ihr Vater gibt nicht nur die Regeln des sozialen Miteinanders vor – »brav sein, fleißig sein, bloß nichts falsch machen, bloß nicht auffallen« –, sondern ahndet jede Regelverletzung unnachgiebig. Von ihrer Mutter indes kann sie keine Hilfestellung erwarten, weil die sich im Konfliktfall grundsätzlich auf die Seite des Vaters schlägt. Die elterliche Übermacht erscheint erdrückend, jeder Widerstand zwecklos. Während Maria Morata teils erstaunliche schulische Leistungen erbringt, verkümmert ihre soziale Identität und gleicht einem Fluss, dem langsam das Wasser entzogen wird und der ganz allmählich versandet. Selbst als es darum geht, ihren Berufswunsch zu realisieren, gibt sie klein bei und studiert nach Vorgabe der Eltern, ohne aufzubegehren oder auch nur den Versuch zu unternehmen, eine eigene Position zu vertreten und die Autorität vom Gegenteil zu überzeugen. Sie versteckt sich lieber hinter einer normativen Fassade, ihr soziales Wesen bleibt merkwürdig konturlos, leblos. Diese ausgeprägte Sprach- und Wehrlosigkeit und diese manisch anmutende Bescheidenheit sind gleichbedeutend mit fehlender sozialer Kompetenz und bereiten den Boden für weitere Fehlentwicklungen und Entbehrungen.

Konfliktverhalten

Maria Moratas abnorme Persönlichkeit, ihr schwach ausgeprägtes Selbstwertgefühl, die selbstgewählte soziale Abgrenzung, ihre überzogenen Erwartungen, aber auch die allseits zu beobachtende Verschlossenheit sogar den Eltern gegenüber beinhalten großes Konfliktpotenzial. Erschwerend kommt hinzu, dass sie sich letztlich durch echte oder vermeintliche Autoritäten in ihrer sozialen Rolle fremdbestimmen lässt. Kurz gesagt: Sie muss das tun, was andere wollen – ein dauerhafter Dissens auf verschiedenen Ebenen, der bei ihr ein spezifisches Konfliktverhalten hervorruft. »Immer wenn es Probleme gab, war ich unfähig, Widerstand zu leisten.«

Obwohl ihr Leben äußerlich geordnet erscheint (Familie, Abitur, Studium, Partnerschaften), leidet Maria Morata unter ihrer fehlenden Wehrhaftigkeit. Das hieraus resultierende Konfliktverhalten ist stereotyp: Entweder geht sie Problemen aus dem Weg, oder sie fügt sich, wenn unterschiedliche Interessen miteinander konkurrieren. Auch lehnt sie zeitlebens jede Hilfestellung kategorisch ab (»Ich gewöhnte mich daran, nicht über meine Probleme zu sprechen«), selbst ihren Eltern gelingt es nicht, diesen Widerstand zu überwinden.

Nicht zuletzt fehlt ihr auch ein Verhaltenskonzept, das sie im Konfliktfall in die Lage versetzen würde, eigene Vorstellungen und Einstellungen durchzusetzen bzw. zurückzuweisen (»Für mich war Manfred wie ein Gott, ich konnte mich nicht gegen ihn stemmen«). Stattdessen flüchtet sie, wenn es zu einem Interessenkonflikt kommt bzw. gekommen ist, in eine imaginäre Parallelwelt: Tagträume. Dort ist alles leicht, alles möglich. Dort ist sie die Regisseurin, ihre realen Kontrahenten lediglich Komparsen. Sie selbst hat es einmal so formuliert: »Ich gewöhnte mich rasch daran, still zu sein und in Fantasiewelten zu flüchten.« Maria Morata ist nicht in der Lage, Konflikte auszuhalten und einen Kompromiss auszuhandeln, notfalls sogar für das eigene Bedürfnis zu kämpfen, ohne den anderen dabei seelisch zu verletzen. Stattdessen gilt für sie ein eherner Grundsatz: entweder (du) oder (ich).

Gerade bei Problemen in einer Partnerschaft gelingt es Maria Morata nicht, die gegenseitige Aggressionssteigerung zu durchbrechen, ihre Konflikthandhabung ist ausschließlich destruktiv, eine Problembewältigung nicht möglich. Verdrängung statt Verständnis. Kapitulation statt Kooperation. Allein in der abseitigen Fantasie gelingt es ihr, negative Gefühle zu bündeln und auszuleben (schon bei ihrem ersten Freund in Spanien plant sie, ihn durch das Zerschneiden der Bremsschläuche seines Autos zu töten). Zu einer Gefahr für ihre Partner wird Maria Morata aber erst dann, wenn sie die Eliminierung des Widersachers gedanklich akzeptiert und als Konfliktlösung in der sozialen Realität favorisiert. Letztlich kann diese radikale Form der Problembeseitigungsstrategie nicht aufgehen, nicht funktionieren, weil auch nach der Tötung der Männer Maria Moratas persönlichkeitsimmanente Pathologie weiter fortbesteht und fortwährend neues Konfliktpotenzial generiert.

Beziehungsverhalten

»Der Drang, mich zu unterwerfen, entwickelte sich schon sehr früh. Frauen waren die, die zu gehorchen hatten. Die Männer bestimmten, was geschah.« Schon in ihrer Familie wird Maria Morata männliche Dominanz als unumstößliches Leitbild vorgelebt. Die Rolle der Frau hingegen besteht darin, attraktiv, angepasst und unterwürfig zu sein. Mann und Kind sind für Maria Morata keine Selbstverständlichkeit, sondern Selbstwertstabilisatoren. Wer keinen Mann hat, keine Kinder, keine Familie, der kann weder zufrieden sein noch glücklich werden, jedenfalls nicht im verschrobenen Weltbild dieser Frau.

Auch ihre Erwartungshaltung an den Partner ist maßlos überzogen, märchenhaft unrealistisch. Maria sieht sich als Froschkönigin, die wachgeküsst und von ihrer sozialen Beliebigkeit erlöst werden möchte, auf Händen getragen, auf Rosen gebettet. Um diesen Zustand des Glücks zu erreichen, muss sie sich dem Mann nur bedingungslos beugen, jeden seiner Wünsche erfüllen, was immer er begehrt, auch sexuell. Bei diesem suchtartig anmutenden Beziehungsverhalten werden Partner nicht als Person, sondern als Projektion wahrgenommen: erst Wunschbilder, dann Zerrbilder.

Doch die Männer reagieren nicht verabredungs- bzw. erwartungsgemäß, sie ignorieren oder instrumentalisieren Maria Moratas Bedürfnisse (überwölbend über allen Beziehungen schwebt damoklesschwertartig ihr Kinderwunsch), behandeln sie abschätzig und dominieren sie in sämtlichen Lebensbereichen mit größter Selbstverständlichkeit und Selbstvergessenheit. Der einzige Ausweg aus diesem Beziehungskäfig, den Maria sieht, wird von dem unliebsam gewordenen, unbeugsamen Partner blockiert; die Flucht in eine andere Partnerschaft wird somit unmöglich, und Maria ist gefangen im Elfenbeinturm der eigenen Unnahbarkeit und Unbedarftheit.

Solange das Familienleitbild noch intakt ist und erreichbar erscheint, werden die eigenen Bedürfnisse diesem untergeordnet; bleiben sie jedoch unerfüllt, werden sie über alles andere gestellt. Anfangs ist die Tötung des übermächtig erscheinenden Intimpartners lediglich ein verlockendes Gedankenspiel, dient als emotionales Ventil und stabilisiert ihre poröse Persönlichkeit. Erst wenn sich dieser Effekt abgenutzt hat und das seelische Gleichgewicht vollends außer Kontrolle gerät, wird die tödliche Gewaltanwendung zu einer ernsthaften Lösungsalternative. Und weil Maria Morata aufgrund ihrer pathologischen Persönlichkeit und Weltsicht nur sehr bedingt Entscheidungsspielraum wahrnimmt, erscheint ihr die radikale Lösung als die einzig erfolgversprechende. Letzter Ausweg: Mord. Bei nächster Gelegenheit nimmt sie die Waffe in die Hand, tritt von hinten an ihr Opfer heran und drückt ab.

DIE VENUSFALLE

»Hier haben sich zwei Menschen gefunden,
die sich besser niemals begegnet wären.«

»Sie hat ihr ganzes Streben und außergewöhnliches
geistiges Potenzial diesen perfekten Verbrechen gewidmet.
Die hat eine kriminelle Energie wie drei Atomkraftwerke.«

»Mitleid – was ist das überhaupt?
Da wird man doch arm bei!«

Das Mofa knattert durch die Straßen von Bodenfelde, einer 3100-Seelen-Gemeinde im Landkreis Northeim, idyllisch gelegen zwischen den Mittelgebirgen Solling im Norden und dem Reinhardswald im Süden. Die zehn Jahre alte »Sachs Hercules 503« wird gesteuert von Moritz Achterfeld. Der 54-Jährige ist im Dorf bekannt wie ein bunter Hund, schon sein äußeres Erscheinungsbild hat einen hohen Wiedererkennungswert: kleinwüchsig, drahtig, rothaarig, pausbackig, Überbiss. Deshalb wird er abschätzig »Pumuckl« genannt. Und wer sich mit ihm einmal, wenn auch nur kurz, unterhalten hat, der weiß, dass dieser Mann zeitlebens ein Schattendasein geführt haben muss, fernab einer gesicherten sozialen Existenz, ein armer Tropf, ein Loser, notdürftig untergebracht in einer heruntergekommenen Gartenlaube ohne fließendes Wasser, für die er monatlich 100 Euro Miete zahlen muss. Das Geld verdient er sich mit Gelegenheitsjobs, mal als Landarbeiter, mal als Weihnachtsbaumverkäufer oder Hundeausführer.

Lange hat Moritz Achterfeld über die Sache nachgedacht, die ihm so sehr zu schaffen macht, ihn nicht mehr zur Ruhe kommen, nicht mehr schlafen lässt. In der ersten Zeit hat er seine dunklen Gedanken noch zurückdrängen können, doch irgendwann waren sie wieder da, als hätte ihn ein Bumerang getroffen. Seit Jahren geht das nun schon so. Jetzt ist Schluss damit!, hat er beschlossen. Endgültig Schluss! Zu dieser Entscheidung wäre er wohl schon viel früher gekommen, doch wer hätte sich dann um seine Haustiere kümmern sollen? Nun sind »Brummer«, der Mops, und »Bommel«, die Katze, beide waren ihm zugelaufen, im Abstand von nur zwei Monaten gestorben. Seitdem muss er keine Rücksicht mehr nehmen, der Weg ist frei, auch wenn ihm durchaus bewusst ist, dass es eine Reise ohne Wiederkehr sein wird.

Vielleicht hätte er sich das gar nicht getraut, den direkten Weg zur Polizeistation zu wählen, doch als er kürzlich die Vorladung zur Vernehmung erhalten hat, ist es ihm vorgekommen wie eine Fügung des Schicksals: erst meine Haustiere, nun ich. Dabei dreht sich die polizeiliche Ermittlung gar nicht um ihn selbst; belastet wird vielmehr der ältere Sohn seiner Vermieterin, der, so behauptet es jedenfalls Marianne Wild, die Mutter des Beschuldigten, vor einigen Jahren seine Freundin ermordet haben soll. Irgendwo. Irgendwie. Eine Räuberpistole?

Im Hintergrund schwelt jedenfalls ein bizarr anmutender Familienstreit, die 65-jährige Mutter kämpft seit geraumer Zeit vergeblich um das Sorgerecht für ihr Enkelkind, mit allen erlaubten und unerlaubten Mitteln; sie geht dafür sogar durch sämtliche juristischen Instanzen, koste es, was es wolle, Hauptsache, sie muss am Ende das Mädchen, für das sie in der jüngeren Vergangenheit gesorgt hat, nicht in die Hände des missratenen, gewalttätigen und drogensüchtigen Sohnes zurückgeben, der indes die

Anschuldigungen seiner Mutter vehement zurückweist: »Alles erfunden! Alles Quatsch!«

Es ist 9.55 Uhr, als Moritz Achterfeld sein Mofa vor der Polizeistation abstellt. Er hat sich für diese besondere Begegnung, die nicht nur sein Leben verändern soll und es auch tun wird, sogar die Haare gewaschen und geföhnt. Er verströmt auch, wie sonst üblich, keinen üblen Körpergeruch. An diesem wolkenverhangenen Morgen des 27. August 2007 soll alles anders werden, berechenbarer, leichter, besser und auch ein Stück weit gerechter. Vor einigen Monaten hat er sich bereits einem Bekannten offenbart, ihm alles erzählt, doch dieser hat nur amüsiert abgewunken und gemeint: »Du bist doch bekloppt!«

Erwartet wird er von Hauptkommissar Josef Unger, dem einzigen Beamten der Polizeistation. Der 58-Jährige, drei Jahre sind es noch bis zu seiner Pensionierung, kümmert sich gewöhnlich um Laden-, Fahrrad- und Viehdiebstähle, kleinere Einbrüche oder Umweltdelikte, etwa, wenn wieder einmal jemand seinen Hausmüll in den Waldgebieten der Region oder an den Ufern der Weser entsorgt hat. Alltagskriminalität. Jetzt also Moritz Achterfeld, der Auskunft darüber geben soll, ob und gegebenenfalls was er über die behauptete Tötung einer jungen Frau weiß, deren Leiche bisher nicht gefunden worden ist. Alles nur falsche Anschuldigungen, um den Verdächtigen in Misskredit zu bringen?

Josef Ungers Büro misst nicht einmal 15 Quadratmeter, die Möblierung ist spärlich, an der Wand hängen nur einige Erinnerungsfotos und ein Kalender vom vorletzten Jahr. Moritz Achterfeld möchte am liebsten gleich losplappern, doch der Polizist lässt ihn gar nicht erst zu Wort kommen und blättert eher teilnahmslos in den Akten. Schließlich wird es Moritz Achterfeld zu viel. »Wenn ich hier fertig bin, klicken die Handschellen«, sagt er und schaut den Beamten erwartungsvoll an. Doch der geht auf das

Gesagte gar nicht ein, sondern bittet den Möchtegern-Geständigen, in zwei Tagen wiederzukommen, dann sei Zeit genug, alles in Ruhe zu besprechen. Moritz Achterfeld tut das, was er immer tut: Er gehorcht und trollt sich.

Zum vereinbarten Termin sitzen die beiden Männer sich wieder gegenüber. Jetzt hat der Polizist Zeit für ihn. Moritz Achterfeld ist erkennbar nervös, er schwitzt stark, fährt sich gelegentlich mit der Hand durchs Gesicht, als wolle er die ungeheure Aufregung einfach wegwischen. Und dann fängt er an zu plaudern, ohne gefragt worden zu sein, redet sich um Kopf und Kragen, immer wieder fallen Sätze, die wie Giftpfeile auf seine Vermieterin Marianne Wild abzielen und erklären sollen, wie diese Frau es zu einem eigenen Haus, diversen Witwenrenten und einem Mercedes SL Coupé gebracht und wie er, Moritz Achterfeld, ihr dabei geholfen habe. Es ist die Stunde der Wahrheit. Es ist die Stunde des Mörders, der nicht nur einmal, sondern immer wieder getötet haben will. Es geht aber auch um Gerechtigkeit und um die Abrechnung mit einer Frau, die, glaubt man Moritz Achterfelds Beteuerungen, sogar dem Teufel Konkurrenz machen könne.

Was Josef Unger zu hören bekommt, mag er kaum glauben, es sprengt sein Vorstellungsvermögen, auch als Polizist. Immer wieder fragt er nach, will wissen, in welchem Verhältnis er zu Marianne Wild gestanden habe: Lebenspartner? Liebhaber? Freund? Komplize? Gehilfe? Laufbursche? Moritz Achterfeld weiß es selbst nicht so genau, zu einer präzisen Einordnung oder Definition dieser langjährigen Beziehung ist er nicht fähig; wesentlich konkreter wird er indes, wenn es um die Tötungen geht. Er kennt das genaue Datum, die Uhrzeit, den Tatort, er weiß, unter welchen Umständen das Opfer gestorben und wo es begraben bzw. entsorgt worden ist. Zwar wirkt er bei seinen mitunter verworren anmutenden Schilderungen ein wenig verlegen, fängt an zu stottern, rudert auch mal mit den Armen, als wolle er davonschwimmen, doch in solchen Momenten der inneren Bedrängnis versichert er gebetsmühlenartig: »Das ist wirklich passiert! Das stimmt so, können Sie mir glauben! Das müssen Sie nachprüfen!«

Stundenlang bombardiert er Josef Unger förmlich mit vermeintlichen Fakten, Ortsbeschreibungen, skurril anmutenden Tatverläufen, und zeichnet dabei das verabscheuungswürdige Bild einer Frau, die ihn zu diversen Morden angestiftet haben soll, der er andererseits zeitweise sehr nahegestanden haben muss. Noch während der mehrtägigen Vernehmungen beginnen intensive Ermittlungen der Mordkommission. Moritz Achterfelds Geständnis umfasst schließlich auch seine Vita, seine ungeschönten Aussagen sind aber auch der Schlussstrich unter eine ungewöhnliche Beziehung, die unter sehr gewöhnlichen Bedingungen entstanden und doch so folgenreich verlaufen ist.

Im Sommer 1987 strandet Moritz Achterfeld in der etwa 14 000 Einwohner zählenden Kleinstadt Uslar, nur wenige Kilometer von Göttingen entfernt. Er fristet dort ein tristes Dasein und Sosein als unbeachteter und ungeachteter Sozialhilfeempfänger in einem Mehrfamilienhaus, in dem auch Marianne Wild mit ihren beiden halberwachsenen Söhnen wohnt. Man lernt sich zwangsläufig kennen. Ihn stört nicht, dass seine Nachbarin als Prostituierte in einem Wohnwagen arbeitet, der im nahegelegenen Bad Karlshafen auf einem Parkplatz steht, und sie stört nicht, dass er zu viel trinkt, Kette raucht, seine Wohnung verwahrlosen lässt und in den Tag hineinlebt.

Den Beginn ihrer Beziehung markiert nicht gegenseitige Sympathie oder Respekt, sondern gegenseitiger Nutzen. Moritz Achterfeld kümmert sich gelegentlich um Marianne Wilds Hund, geht für sie einkaufen, schleppt Möbel oder hilft im Garten. Sie lädt ihn dafür zum Frühstück oder Mittagessen ein, bemuttert den Mann, der sonst keine Bezugsperson hat. Dann ist die Welt für ihn in Ordnung, Moritz Achterfeld fühlt sich – endlich einmal! – angenommen und nicht abgestoßen oder ausgestoßen.

Marianne Wild indes sieht in ihm nur ein »Mädchen für alles«, einen Laufburschen, der sich bereitwillig ansprechen und ausbeuten lässt und kein Geld kostet. Moritz Achterfeld ist intellektuell zu stark eingeschränkt und auch zu gutmütig, um die eigentlichen Absichten seiner Nachbarin zu durchschauen und sich ihren Wünschen notfalls zu widersetzen. Aus seiner Sicht entwickelt sich eine Freundschaft, nur wird er zeitweilig auch übel beschimpft, wenn ihm mal etwas danebengeht oder seine Hilfe benötigt wird und er nicht zur Verfügung stehen kann. Marianne Wild kann sehr besitzergreifend sein und leiht Moritz Achterfeld, der chronisch klamm ist, kleinere Geldbeträge, die sie nicht unbedingt zurückerwartet, sondern als Druckmittel einzusetzen weiß, sollte der Schuldner sich bockig zeigen und ihr nicht gefällig sein wollen, egal aus welchem Grund. Wie in seinem bisherigen Leben auch steht Moritz Achterfeld in dieser Zeit auf verlorenem Posten, stets muss er gehorchen, sich fügen, will er überhaupt zur Kenntnis genommen werden, sozial existieren.

Dass es so kommen würde, hat sich schon früh abgezeichnet. Als letztes von sieben Geschwistern geboren, findet er wenig Anschluss in der Familie, sein Vater, von Beruf Maurer, kümmert sich kaum um die Kinder, die Mutter ist mit ihrer Rolle als Erzieherin und Hausfrau mitunter überfordert. Moritz ist von Beginn an ein schlechter Schüler, weil er bekennend faul ist und keine Lust hat, etwas zu lernen. Als der Unbelehrbare in der Volksschule über Monate hinweg nahezu jeden zweiten Tag schwänzt und seine Eltern ihn erzieherisch nicht mehr erreichen können, wird er schließlich in eine Sonderschule gegeben. Doch auch dort verhält er sich nicht anders. Das Jugendamt interveniert abermals, der jetzt 11-Jährige wird in ein Heim gesteckt.

Am Ende dieses Irrwegs verlässt Moritz mit 15 die Schule ohne Abschluss und Perspektive. Besondere Kenntnisse: keine. Besondere Fähigkeiten: Fehlanzeige. Viel weniger kann man nicht erreichen. Das selbsternannte schwarze Schaf der Familie muss als Bauhelfer körperliche Schwerstarbeit leisten und findet keine Freunde, weil er stinkt, ihm permanent der Rotz aus der Nase läuft und ein Gespräch mit ihm nur bedingt möglich ist. Niemand will Moritz Achterfeld zu nahe kommen oder ihm nahe sein. Ein Außenseiter wie aus dem soziologischen Lehrbuch.

Diese negativen und prägenden Erfahrungen führen über den Umweg, auch bei Frauen partout keinen Erfolg zu haben, direkt in die Alkoholabhängigkeit. Nur wenn er reichlich »Export« trinkt, seine Lieblingsmarke, dann kann er dieser Tristesse entfliehen, wenigstens für einige Stunden, bis die berauschend-betäubende Wirkung nachlässt und der Katzenjammer seine Fortsetzung findet.

Die Zimmer, in denen Moritz Achterfeld haust, verkommen schnell, des Öfteren wird ihm gekündigt, weil sich Nachbarn über Lärm, Gestank und Unrat beschweren. So zieht er notgedrungen von Haus zu Haus, von Ort zu Ort, malocht mal als Erntehelfer, mal verdingt er sich als Hilfsarbeiter oder Gabelstaplerfahrer. Nichts gelingt Moritz Achterfeld wirklich, niemand möchte von ihm Notiz nehmen – bis er, der Zufall will es so, Marianne Wild über den Weg läuft, die ihm wenigstens den Anschein von menschlicher Wärme vermittelt. Und dafür ist er ihr unendlich dankbar. Deshalb ist er auch gerne bereit, Marianne Wild zu begleiten, wenn sie wieder einmal ein Rendezvous mit einem älteren Mann hat.

Seit 1975 inseriert sie und betreut als selbsternannte Altenpflegerin betagte Herren, die allerdings vermögend sein müssen, sonst sind sie unerwünscht und uninteressant. Nach zwei katastrophalen Ehen mit einem Säufer und einem Schläger hat sie beschlossen, Männer nur noch als Geldquelle zu betrachten und entsprechend auszunutzen. Gefühle werden lediglich vorgespielt, Sexualität bleibt stets ausgespart. Moritz Achterfeld ist auf die Kundschaft seiner Freundin nicht eifersüchtig, weil er Marianne Wild sexuell nicht begehrt, sie und ihre Söhne sind für ihn eine Art Ersatzfamilie, ein Hort der Sicherheit und Geborgenheit. Ähnlich empfinden jene älteren Männer, die Marianne Wilds Charme erliegen und glauben oder wenigstens hoffen, in ihr eine liebenswürdige Vertrauensperson gefunden zu haben. Moritz Achterfeld kennt sie alle.

Leonhard Gruber, Jahrgang 1901, geht Marianne Wild im Sommer 1983 ins Netz. Der ehemalige Ministerialbeamte wohnt in Hessen und passt haargenau in ihr Beuteschema: 82 Jahre alt, vermögend. Und sie entspricht in besonderem Maße seinen Vorstellungen: aktiv, attraktiv. Im September 1985 setzt Leonhard Gruber seine Pflegerin als Universalerbin ein, überschreibt ihr elf Grundstücke. Dreieinhalb Monate später stirbt der Mann, nachdem sich sein Gesundheitszustand binnen weniger Monate überraschend rapide verschlechtert hat. Seinen Kindern kommt dieser Krankheitsverlauf seltsam vor, sie verdächtigen Marianne Wild, beim Sterben nachgeholfen zu haben, und erstatten Anzeige. Die Ermittlungen führen letztlich zu keinem Ergebnis und müssen Monate später eingestellt werden. Die vormals Beschuldigte erbt 164 000 D-Mark.

Einer der nächsten Pflegefälle wird Marianne Wilds Leben finanziell auf eine andere Ebene stellen. Es ist Walter Schmitt, Bäckermeister aus Werdohl im Sauerland, der an seine Traumfrau 1987 über eine unscheinbare Kontaktanzeige in *Heim und Welt* gerät: »Sie, 45, Witwe, sucht älteren Herrn zwecks Altenpflege.« Der 76-Jährige zieht bald nach Bodenfelde, kehrt jedoch wenige Wochen später frustriert in seine Heimat zurück. Seine Kinder raten ihm, sich von Marianne Wild künftig fernzuhalten, doch die Venusfalle hat bereits zugeschnappt. Es entsteht eine Fernbeziehung, Marianne Wild besucht den älteren Mann regelmäßig und macht sich so unentbehrlich. Zum Dank schenkt Walter Schmitt ihr einen Mercedes und insgesamt 420 000 D-Mark. Mit diesem Geld kauft Marianne Wild ein Anwesen in Bodenfelde, bestehend aus einem Vorder- und Hinterhaus sowie einem großen Garten. Im hinteren Wohnbereich werden fortan die Pflegefälle untergebracht, sollten sie Marianne Wilds unverrückbaren Vorstellungen entsprechen: beziehungslos, anspruchslos, vor allem aber vermögend.

Im Frühjahr 1990 lernt Marianne Wild einen ehemaligen Piloten der Bundeswehr kennen, der sie ihren ehernen Vorsatz, Männer lediglich als Wirtschaftsfaktor zu betrachten und zu benutzen, schnell vergessen lässt. Dem 51-Jährigen gegenüber zeigt sie sich sehr großzügig, schenkt dem Mann ein Auto, finanziert einen gemeinsamen Urlaub und tut etwas Außergewöhnliches: Sie vertraut sich ihrer großen Liebe an. Und so erfährt der Mann, dass seine Freundin seit Jahren ganz Deutschland bereist, um ältere Herren kennenzulernen und sich deren Vermögen einzuverleiben. Marianne Wild erzählt von ihren unlauteren Absichten und rüden Methoden ganz ungeniert. Sie ist das Licht, und die Männer werden magisch angezogen wie fette Motten, die nichtsahnend in den Tod fliegen.

Schließlich wird es ihrem Freund zu viel, er fühlt sich von dieser Frau nicht mehr angezogen, sondern ist angewidert. Trennung. Obendrein erstattet der Mann kurz darauf Strafanzeige gegen seine Ex-Freundin. Die Ermittlungen verlaufen jedoch im Sande, Marianne Wild bleibt unangetastet und kann ihre Masche fortführen.

Um finanziell ans Ziel zu gelangen, ist sie jetzt auch bereit, die pflegebedürftigen Männer zu heiraten. So wird Peter Pfrontner,

Jahrgang 1907, ein vermögender Ex-Banker aus Bad Ems, im August 1990 ihr Ehemann Nummer drei. Da führen sie gerade mal seit neun Tagen eine Beziehung. Der Deal geht so: Er hat eine Frau, die sich um ihn kümmert, und sie hat eine Rente, wenn er stirbt. Sein Tod tritt bereits acht Monate später ein, Peter Pfrontner wird in seiner Wohnung von zwei Männern aus Habgier erschlagen.

Der einzige Mann in Marianne Wilds Umfeld, der bleibt, ist Moritz Achterfeld. So wird er regelmäßig Zeuge, wie sie mit den Männern, die sich in ihre Obhut begeben haben, umspringt, wenn sie unbequem oder lästig erscheinen, Ansprüche stellen oder gar Sex begehren. Wer sich nicht wie gewünscht entsprechend devot und anspruchslos zu verhalten weiß, der wird unverhohlen unfreundlich behandelt oder muss auf seinem Zimmer bleiben. Wen diese Maßnahme nicht vorsichtiger oder einsichtiger oder nachsichtiger werden lässt, der ist unerwünscht, der wird kurzerhand ausquartiert und muss ihr Anwesen verlassen.

Im September 1992 heiratet Marianne Wild zum vierten Mal. Alfred Minnich, 87 Jahre alt, verbringt seinen Lebensabend in Dénia an der Costa Blanca, einer Kleinstadt, die besonders bei deutschen Rentnern beliebt ist. Marianne Wild lebt dort nur für einige Monate, dann ist die Ehe gescheitert, Alfred Minnich will von seiner herrischen und mürrischen Frau nichts mehr wissen und schickt sie zurück nach Deutschland. 1994 wird die Ehe geschieden. Weil Alfred Minnich aber noch vor der Rechtskraft des Urteils stirbt, bezieht Marianne Wild fortan eine üppige Witwenrente.

Irgendwann wird es Moritz Achterfeld doch zu bunt. Er will nicht länger unter der Fuchtel von Marianne Wild stehen, die ihn mehr und mehr als Vasallen sieht und auch so behandelt. Also zieht er nach einem heftigen Streit kurzerhand zu seiner unterdessen verwitweten Mutter nach Uslar. Als die anderthalb Jahre später ins Altersheim muss, steht ihr Sohn abermals auf der Straße und sucht letztlich doch wieder Zuflucht bei dem einzigen Menschen, dem er sich anvertrauen mag, wenn auch unter ungünstigen Vorzeichen. Doch Marianne Wild hat ihm längst verziehen, das sagt sie jedenfalls, und nimmt ihn wieder unter ihre Fittiche, lässt Moritz Achterfeld für kleines Geld in einer Gartenlaube wohnen. Das Grundstück gehört ihr. Und damit gehört auch er ihr.

Moritz Achterfeld ist spätestens ab diesem Zeitpunkt der Mann vom Dienst, erledigt für seine Gönnerin alle Botengänge, besorgt die Post, Geld, Rezepte oder Medikamente. Wenn er alles zufriedenstellend erledigt, ist Marianne Wild freundlich zu ihm, andernfalls wird es ungemütlich, dann ist er nur noch der »verdammte Penner«, das »blöde Arschloch«. So entwickelt sich eine seltsam anmutende symbiotische Beziehung, Marianne Wild macht Moritz Achterfeld auch zu ihrem Komplizen, wenn wieder einmal ein älterer Herr auf eine ihrer unzähligen Kontaktanzeigen antwortet, wenn er besucht und auf seine finanzielle Potenz hin abgeklopft werden muss. Marianne Wild hat mittlerweile ein simples Geschäftsmodell entwickelt, so etwas wie eine Ich-AG. Die einzige Investition sind Kleinanzeigen in Regenbogenblättchen, die von Fall zu Fall hohe Renditen erbringen. Und Moritz Achterfeld ist ihr Adlatus, die helfende Hand, auch der Mann fürs Grobe. Einer, der notfalls über Leichen geht. Gehen muss.

Im Juni 1994 tritt erstmals der Ernstfall ein. Gerhard Starke, ein gelernter Steinsetzer aus Südhessen, entspricht zunächst Marianne Wilds Anforderungsprofil: alleinstehend, vermögend, pflegebedürftig. Deshalb darf der 74-Jährige schon bald zu ihr ins Hinterhaus ziehen. Allerdings möchte der Mann nicht nur gepflegt werden, sondern sehnt sich auch nach körperlicher Zuwendung. Anstatt auf die Wünsche des Mannes einzugehen, verabreicht Marianne Wild ihm mit den Mahlzeiten täglich Beruhigungstabletten, damit er von diesen Gedanken abkommt. Doch bereits nach einigen Tagen beschwert sich Gerhard Starke lauthals, er möchte herausfinden, warum er neuerdings immer so taumelig und schläfrig ist, und will dafür einen Arzt aufsuchen.

Alarmstufe Rot! Marianne Wild befürchtet, ihre gesundheitsgefährdende Medikamentenvergabe könnte bei einem Arztbesuch entdeckt werden und folgenreich sein. Plötzlich steht alles auf dem Spiel. Sie ist angesichts dieser latenten Bedrohung sehr beunruhigt und bestellt Moritz Achterfeld zu sich. Nach einer kurzen Problembeschreibung folgt ihr Lösungsvorschlag. »Dann kommt das ja raus«, sagt sie, »der muss weg.« – »Wie, weg?«, fragt Moritz Achterfeld, und sie: »Ganz weg!« Er sagt nichts davon, dass er entsetzt sei, dass er keine schwere Straftat begehen wolle, er fragt seine »Chefin« auch nicht, ob sie denn verrückt geworden sei, ob das denn nicht zu weit gehe, ob sie mal darüber nachgedacht habe, was passieren würde, sollte alles herauskommen. Stattdessen sagt er nichts und fügt sich.

Nachdem alle Vorbereitungen für die Beseitigung des unliebsam gewordenen Rentners getroffen worden sind, bekommt Gerhard Starke zwei Tage später seine Henkersmahlzeit: Erbsensuppe, der etwa 20 Schlaftabletten beigemischt sind, die auch bald zu wirken beginnen. Das Opfer wird bewusstlos und von Moritz Achterfeld in das gemietete Wohnmobil gehievt, das zuvor mit Teppichen ausgelegt worden ist. Er setzt sich auf den Beifahrersitz, Marianne Wild steuert den Wagen.

Die Fahrt geht zunächst über die Landstraßen der Region, nach etwa einer Viertelstunde wechselt man auf die Autobahn Richtung Kassel. Etwa eine Stunde später kommt Gerhard Starke wieder halbwegs zu Bewusstsein, spricht verwaschen, lallt, und macht Anstalten, sich aufrichten zu wollen. »Kannst du es jetzt machen?«, fragt Marianne Wild. Moritz Achterfeld kann, geht nach hinten, zieht dem Wehrlosen eine Plastiktüte über den

Kopf und hält seinem Opfer Mund und Nase zu, bis Gerhard Starke sich nicht mehr rührt.

Nun muss der Leichnam nur noch entsorgt werden. Eine günstige Gelegenheit bietet sich kurz darauf an einem Parkplatz nahe der A7 bei Lutterberg. Dort wird der tote Körper aus dem Wagen gewuchtet und samt Teppich mit Rasenmähersprit angezündet. Marianne Wild schneuzt sich noch die Nase und wirft das Papiertaschentuch achtlos neben den brennenden Leichnam. Dann steigt sie wieder ein, und es geht zurück nach Bodenfelde.

Kurze Zeit später wird das Feuer von einem Jogger entdeckt, der zunächst vermutet, es handle sich um eine brennende Schaufensterpuppe. Erst nach näherer Betrachtung packt ihn das nackte Grauen. Die aufwendig geführten Ermittlungen der Kripo ergeben lediglich, dass der Mann erstickt worden ist und nicht am Fundort getötet worden sein dürfte. Ansonsten bleibt der Fall lange Jahre rätselhaft und ungelöst, weil es nicht einmal gelingt, die Identität des Opfers herauszufinden – Gerhard Starke lebte vor seiner Ermordung bereits seit längerer Zeit von seiner Familie getrennt, hatte jeden Kontakt abgebrochen, war mehrfach umgezogen. Also vermisste ihn auch niemand. Freie Bahn für Marianne Wild und Moritz Achterfeld.

Mord Nummer eins ist die Blaupause für Mord Nummer zwei. Das Opfer: Martin Baumann, alleinstehend, ehemaliger Bauunternehmer aus Zweibrücken, wohlhabend. Für Marianne Wild ist der 82-Jährige deshalb so interessant, weil der Mann zwar rentenberechtigt ist, aber noch keinen Antrag gestellt hat, weil er über eine beträchtliche Summe Schwarzgeld in Luxemburg verfügt und das Finanzamt davon nichts erfahren soll.

Martin Baumann hat sich im Januar 1985 auf Marianne Wilds Anzeige gemeldet, nach Überprüfung seiner Lebensumstände und Vermögenssituation ist er im Haus von Gerhard Starke untergebracht worden, über dessen Schicksal zu diesem Zeitpunkt nur seine Mörder Bescheid wissen. Martin Baumann stirbt nur drei Monate nach seinem ersten Kontakt mit Marianne Wild wie sein Vorgänger: Erbsensuppe zum Mittagessen, dazu Schlaftabletten, Tüte über den Kopf, zudrücken und ersticken. Die Leiche wird im thüringischen Volkerode in einem Graben abgelegt und angezündet.

Marianne Wild füllt schon am nächsten Tag den Rentenantrag aus, bringt ihre Schwiegertochter dazu, die Unterschrift des Ermordeten zu fälschen, der sich angeblich für längere Zeit im Ausland aufhält (als Marianne Wild diese Zeilen schreibt, muss sie spontan laut lachen), reicht das Schreiben bei der Deutschen Rentenversicherung in Baden-Württemberg ein und lässt sich fortan jeden Monat 2050 D-Mark auf ihr eigenes Konto überweisen.

Martin Baumanns Leiche wird am 23. April 1985 am Wasserdurchlass eines Straßengrabens gefunden und ist zu großen Teilen verkohlt. Das Opfer hat kein Gesicht mehr, weil die Plastiktüte durch den Brand mit der Haut verschmolzen ist. Es gibt keine Vermisstenfälle, die mit dem Toten in Verbindung gebracht werden können. Der Grund hierfür wird sich erst viel später herausstellen. Martin Baumann lebte lange Zeit in Spanien und Ecuador. Er war ohne jeden sozialen Kontakt nach Deutschland zurückgekehrt, aber nicht in seinen Heimatort. Ideale Voraussetzungen für einen Mord: ein Opfer, das niemand kennt und das demzufolge auch nicht vermisst werden kann. Selbst über eine Gesichtsrekonstruktion durch Experten des amerikanischen FBI gelingt es den Ermittlern nicht, den Getöteten zu identifizieren. Wieder sind Marianne Wild und Moritz Achterfeld ungeschoren davongekommen.

Latrodectus mactans. Die sogenannte Schwarze Witwe ist eine Giftspinne mit roter Färbung auf der Unterseite des Hinterleibs. Die Weibchen locken einen Partner an, lassen sich begatten und spritzen ihm danach Gift in den Körper, um ihn auszusaugen. Ähnlich agiert Marianne Wild. Schritt eins: Ein möglichst lebensälteres, möglichst einsames und vor allem möglichst betuchtes Opfer wird per Kontaktanzeige angelockt. Schritt zwei: Das Opfer wird umgarnt und mit Liebenswürdigkeiten abhängig gemacht, anschließend finanziell ausgebeutet. Schritt drei: Unbequeme, lästige Opfer werden mit Medikamenten ruhiggestellt und auf ihr Zimmer verbannt. Schritt vier: Opfer, die ihr gefährlich werden können oder sich nicht freiwillig ausnehmen lassen, werden getötet.

Wohlweislich nimmt Marianne Wild am gesellschaftlichen Leben in Bodenfelde nicht teil, selbst zu den Nachbarn hat sie keinen näheren Kontakt. Niemand weiß die Frau einzuschätzen. Niemand weiß, wie sie zu Geld gekommen ist, offenkundig ist nur, dass sie welches besitzt. Auch wenn zu beobachten ist, dass im Hinterhaus ihres Anwesens regelmäßig ältere Männer verkehren, muss dies kein Alarmsignal sein – warum denn auch, solange kein Verdacht geäußert wird.

Auch ihre Söhne finden das ständige Kommen und Gehen der Alten und Siechen nicht sonderbar, irgendwann ist das alles ganz normal, man hat sich eben daran gewöhnt. Ungewöhnlich indes ist, dass Marianne Wild ihrem älteren Sohn einmal anvertraut, kürzlich mit tatkräftiger Unterstützung von Moritz Achterfeld einen älteren Herrn umgebracht, weggefahren und angezündet zu haben. Der junge Mann glaubt an einen makabren Scherz seiner Mutter, mit der er sich zu dieser Zeit gut versteht, und reagiert entsprechend: gar nicht.

Und so bietet sich die Gelegenheit für Mord Nummer drei. Es trifft Günther Gloger, einen gutsituierten ehemaligen Landwirt, der noch in seinem Haus in der Nähe von Völksen bei Hannover lebt, natürlich allein und vereinsamt. Um an das beträchtliche Vermögen des 71-Jährigen zu gelangen, muss er sterben, hat Marianne Wild beschlossen und Moritz Achterfeld abermals davon überzeugen können mitzumachen.

Am 13. Juli 2000 ist es so weit. Man besucht das Opfer gemeinsam, Marianne Wild kocht Erbsensuppe und gibt reichlich Schlaftabletten dazu. Günther Gloger wird bald müde. Doch als Moritz Achterfeld ihm die obligatorische Plastiktüte über den Kopf zieht, beginnt der Mann sich zu wehren, und zwar so heftig, dass Marianne Wild ihn festhalten muss, damit ihr Handlanger das Opfer endlich qualvoll ersticken kann. Moritz Achterfeld buddelt anschließend im Garten ein Loch und vergräbt den Leichnam. Die Tat bleibt unentdeckt. Demzufolge wird auch nicht ermittelt.

Im Sommer 2001 geht Marianne Wilds ältester Sohn, dem sie einen der Morde gebeichtet hatte, zur Polizei und zeigt seine Mutter an. So rückt die angebliche Mörderin in den Fokus der Göttinger Kripo. Um ihr auf die Schliche zu kommen, werden auch ihre Telefongespräche mitgehört. Die Beamten erfahren auf diese Weise, wie die Verdächtige zu diversen Rentnern Kontakt aufnimmt und sie in ihrem Sinne manipuliert.

Ein Beispiel von vielen: Ein 79-Jähriger soll eine entmündigte Frau heiraten, um an ihr Geld zu kommen. Es geht um 20 000 Euro auf einem Sparkonto und eine Kriegerwitwenrente. Auch Marianne Wilds jüngerer Sohn ist in die Sache verstrickt, denn ihm sagt sie in einem Telefonat: »Ich will, dass es auf sein Konto geht und ich Zugriff habe.« Dem Heiratskandidaten indes, der von den Bereicherungsabsichten seiner Pflegerin nichts ahnt, gaukelt sie vor, ihn aus persönlichen Gründen attraktiv zu finden: »Du bist schön. Du bist schlank. Ich mag dich!« Und deshalb möge er ihr doch bitte schön nur diesen einen Gefallen tun.

Drei Jahre lang wird gegen Marianne Wild verdeckt und mit hohem Aufwand ermittelt, nichts bleibt unversucht, doch es gelingt den Beamten nicht, die Verdächtige mit auch nur einem Mord in Verbindung zu bringen – denn nach Aktenlage gibt es keine solche Tat. Entweder wird das Opfer nicht vermisst oder ist noch nicht identifiziert oder noch nicht gefunden worden. Insofern müssen sich die Ermittler darauf beschränken, potenzielle Opfer vor Marianne Wild zu warnen, sofern sich Anhaltspunkte ergeben, die einen weiteren Mord befürchten lassen. Im Jahr 2004 folgt schließlich der kriminalistische Offenbarungseid, die Akte Wild muss geschlossen werden. Erst als sich Moritz Achterfeld drei Jahre später einem Dorfpolizisten anvertraut und die Ermittler sogar zur Leiche von Günther Gloger führt, kommt Licht ins Dunkel, und einer der spektakulärsten Serienmorde der jüngeren Vergangenheit wird aufgeklärt.

»Wenn ich schon reinen Tisch mache, dann richtig!« Mit diesen Worten leitet Moritz Achterfeld ein neuerliches Mordgeständnis ein, das spät kommt und mit dem niemand mehr gerechnet hat. Der Untersuchungshäftling will nämlich ein Verbrechen gestehen, das keines ist, so steht es jedenfalls in den Akten der Staatsanwaltschaft. Denn in diesem Fall hat es vor 13 Jahren bereits mehrfach Ermittlungen gegeben, die Leiche wurde zweimal exhumiert und zweimal obduziert – mit immer demselben Ergebnis: »keine Hinweise auf Fremdeinwirkung«.

Bei dem Opfer soll es sich um Alfred Böttcher handeln, Marianne Wilds fünftem Ehemann, angeblich eines »natürlichen Todes« gestorben am 24. Juni 1994 in seinem eigenen Haus im nordhessischen Melsungen. Grund für die Ermordung des ehemaligen Buchhalters sei gewesen, dass der 84-Jährige, gerade einmal fünf Monate mit Marianne Wild verheiratet, sich bereits wieder habe scheiden lassen wollen. »Dann wäre doch das gesamte Erbe futsch gewesen«, begründet Moritz Achterfeld den Mordbefehl seiner Chefin.

Ihm tue diese Tat besonders leid, bekennt der Geständige, weil er den stets korrekten, höflichen, fröhlichen, freundlichen und allseits beliebten Mann gemocht habe und ihm deswegen die Tötung überaus schwergefallen sei. »Dafür schäme ich mich!« Trotzdem habe er keine andere Möglichkeit gesehen, als zu gehorchen, andernfalls »wäre Marianne richtig laut geworden«!

»Wir waren gegen Mittag dort«, erzählt Moritz Achterfeld, »dann hat er seine Erbsensuppe gekriegt und ist schon am Tisch eingeschlafen. Wir haben ihm den Schlafanzug angezogen und ins Bett gelegt. Dann habe ich ihm ein Kissen aufs Gesicht gedrückt. Er hat noch gezappelt, aber dann war's vorbei. Marianne ist rausgegangen und hat die Küche saubergemacht.«

Anschließend sei man nach Hause gefahren und zwei Tage darauf in Begleitung eines ahnungslosen Nachbarn, der als vermeintlicher Zeuge fungieren sollte, an den Tatort zurückgekehrt, um das Opfer angeblich zu besuchen. »Da haben wir so getan, als ob wir ihn tot im Schlafzimmer gefunden hätten.« Schließlich sei der Hausarzt gerufen worden, der aufgrund fehlender äußerer Verletzungen einen »natürlichen Tod« bescheinigt habe. »Das hat alles sehr gut geklappt.«

Allerdings habe noch das Testament des Opfers beseitigt werden müssen, in dem Verwandte begünstigt worden seien. »Damit war es aber noch nicht vorbei«, ergänzt Moritz Achterfeld. Für das geerbte Haus des Opfers habe kein Mieter gefunden werden können. Totes Kapital. Darum habe Marianne Wild ihn gefragt, ob er das Haus nicht anzünden könne, um die Versicherungssumme zu kassieren. Er kann und will. »Ich habe Balken mit Benzin bestrichen, die Treppe im Haus getränkt und in einigen Zimmern Benzin verteilt. Sie war dabei, hat aber nicht mit angepackt.«

Anschließend sei man ihrem Plan folgend zurück nach Bodenfelde gefahren, er sei schon am nächsten Tag zurückgekehrt, während Marianne Wild nach Tschechien gereist sei, um sich ein Alibi zu verschaffen. »Ich habe nochmals Benzin im Haus verteilt und es angesteckt.« Dabei habe es eine starke Verpuffung gegeben: »Das hat mich umgehauen.« Anschließend sei er mit einem Fahrrad weggefahren, das er vorher in der Nähe des Hauses deponiert habe. »Die Sirenen hab ich schon heulen gehört. Aus Angst hab ich das Fahrrad stehen lassen und bin zu Fuß weiter. Stundenlang ging es in der Nacht durch Wiesen und Wälder. Ich war erst um 6 Uhr wieder zu Hause.«

Doch das Ergebnis seiner Bemühungen als Brandstifter habe Marianne Wild nicht zufriedengestellt, weil durch die frühzeitigen Löscharbeiten der Feuerwehr lediglich der Dachstuhl abgebrannt sei. »Die hat immer rumgemotzt und gemeint, ich müsste da noch mal hin und das Ding richtig abfackeln.« Sie habe ihm Geld gegeben und Zugverbindungen herausgesucht, damit er nach der Tat binnen kurzer Zeit würde zurückfahren können. »Ich habe wieder im Haus Benzin verteilt und Teelichter ohne Ummantelung aufgestellt. Dann habe ich alles angezündet.« Anschließend sei er mit dem Zug Richtung Göttingen und von dort mit einem Taxi nach Hause gefahren. Diesmal habe der Plan funktioniert, das Haus sei vollständig abgebrannt und Marianne Wild habe 215 000 D-Mark von zwei Brandschutzversicherungen erhalten. Obendrein eine Witwenrente in Höhe von monatlich 552 D-Mark.

Genau 30 Tage nach Moritz Achterfelds erstem Geständnis halten um 9 Uhr vier zivile Streifenwagen der Kripo vor Marianne Wilds Anwesen. Zwölf Beamte der Sonderkommission »Lila« dringen in das Haus ein, händigen der des Serienmordes Verdächtigen einen Haftbefehl aus und führen sie in Handschellen ab. Gefunden werden insbesondere zahlreiche Briefe und Fotos älterer Herren, die sich kürzlich auf Kontaktanzeigen der Beschuldigten gemeldet haben. So viel gilt als sicher: Wenigstens einer von ihnen wäre Marianne Wilds nächstes Opfer geworden.

Die 65-Jährige weist bei ihren Vernehmungen alle Vorwürfe zurück und schiebt Moritz Achterfeld die alleinige Schuld zu, er habe die Taten »auf eigene Rechnung« begangen. Obwohl die sie belastenden Angaben als glaubwürdig eingeschätzt werden und alle sonstigen Beweismittel unzweifelhaft erscheinen, bleibt Marianne Wild dabei, die Opfer nicht getötet zu haben, allein Delikte, die weit weniger schwer wiegen, zum Beispiel Urkundenfälschungen und Betrügereien, räumt sie ein: »Ich hatte ihre Rente, und sie hatten mich – was soll daran schlecht gewesen sein?« Und dabei bleibt sie auch bis zum Beginn der Hauptverhandlung.

Neben dem unzweifelhaften Geständnis des Mitangeklagten wird Marianne Wild insbesondere das Ergebnis eines DNA-Gutachtens vorgehalten. Mit einer Wahrscheinlichkeit von 16 Billionen zu eins stammt der Schleim am Papiertaschentuch, das neben der Leiche von Gerhard Starke, dem ersten Opfer, gefunden wurde, von ihr. Dagegen wendet die als hochintelligent geltende Angeklagte (IQ: 139) ein, Moritz Achterfeld habe gerne ihre abgelegten Taschentücher genommen und dann selbst benutzt. Doch die Gutachterin verweist darauf, dass an dem besagten Taschentuch ausschließlich und zweifelsfrei nur Sekretanhaftungen der Angeklagten hätten nachgewiesen werden können. Demnach handele es sich um eine »Reinspur«, ein überaus sichererer Untersuchungsbefund, der keinen Raum für Interpretationen lasse.

Nachdem an der Täterschaft der Angeklagten keine vernünftigen Zweifel mehr bestehen, werden mit besonderer Spannung die psychologisch-psychiatrischen Gutachten erwartet. Dem unterdurchschnittlich intelligenten Moritz Achterfeld wird eine schwere Persönlichkeitsstörung attestiert. Er leide nach Ansicht des Sachverständigen unter einer besonders stark ausgeprägten Ich-Schwäche, neige dazu, Konflikte möglichst zu vermeiden, er lasse sich zudem leicht ausnutzen und ordne sich lieber unter, ohne dabei eigene Ansprüche zu formulieren.

Wie bei Marianne Wild. Zur Mitangeklagten bestehe eine starke pathologische Abhängigkeit. Der Unterschlupf in ihrem Gartenhaus sei eine »Überlebensnische« gewesen, er habe sich letztlich als Familienmitglied betrachtet und Marianne Wild selbst dann noch verpflichtet gefühlt, wenn die Begehung schwerster Straftaten eingefordert bzw. angeregt worden sei.

Deshalb könne nicht ausgeschlossen werden, dass bei Begehung der Tötungen die Steuerungsfähigkeit des Angeklagten erheblich vermindert gewesen sei, er sich dem Ansinnen seiner Ersatzfrau und -mutter kaum habe widersetzen können; andernfalls hätte er befürchten müssen, Marianne Wild als die sein Leben prägende Person zu verlieren. Aus eigenem Antrieb hingegen sei Moritz Achterfeld zu den Taten mit hoher Wahrscheinlichkeit nicht fähig gewesen, weil keine eigene Motivation vorgelegen habe bzw. verfolgt worden sei. Demnach waren es Morde aus Dankbarkeit und Abhängigkeit. Folie à deux. Deshalb bestehe in diesem Fall auch keine konkrete Rückfallgefahr.

Bei Marianne Wild hingegen sieht der Gutachter einen starken Hang zum Lügen und charakterisiert sie so: zielstrebig, rücksichtslos, durchsetzungsstark, skrupellos, hoch manipulativ, egozentrisch, dissozial. Auch ihre Fähigkeit zu moralischen Werturteilen sei unterentwickelt. Das Über-Ich habe bei ihr vollkommen gefehlt. Die Angeklagte habe ferner über 20 Jahre hinweg betrügerische Verhaltensmuster gepflegt, um andere Menschen, insbesondere ältere und pflegebedürftige Männer, finanziell ausbeuten zu können. Unter diesen Voraussetzungen müsse von einem hohen Anreiz ausgegangen werden, sich auch künftig ähnlich zu verhalten.

Nach 27 Verhandlungstagen, 80 Zeugen und zwölf Gutachten steht zur Überzeugung des Gerichts fest: Moritz Achterfeld und

Marianne Wild sind des dreifachen Mordes und des einfachen Totschlags schuldig. Während Erstgenannter mit zwölf Jahren Freiheitsstrafe vergleichsweise glimpflich davonkommt – insbesondere seine Geständnisfreudigkeit ist ihm von den Richtern hoch angerechnet worden –, bekommt Marianne Wild die volle Härte des Gesetzes zu spüren: lebenslänglich, wobei ihre Schuld besonders schwer wiegen soll. Demzufolge wird es für Marianne Wild keine vorzeitige Entlassung aus dem Vollzug geben, vielmehr muss sie auch angesichts ihres Alters damit rechnen, hinter hohen Gefängnismauern zu sterben. Das letzte Kapitel eines düsteren und besonders nachdenklich stimmenden Kriminalfalls, der hierzulande seinesgleichen sucht.

GEMEINGEFÄHRLICH

»Sie hat Bärenkräfte und ist kaum zu bändigen.«

»Das habe ich in 30 Berufsjahren nicht erlebt.
Die Dimensionen dieses Falls sind einmalig,
aber auch ungeheuerlich und unverständlich.«

»Ich muss, obwohl ich nicht will – und doch will.
Sperrt mich ein, sonst passiert etwas!«

Das Parkhaus Urania unterbricht die engmaschigen Häuserreihen der Altstadt von Zürich und die etwas großzügigeren der Neustadt. Es liegt am Rand einer plateauartigen Erhebung, eingebettet in einen Abhang und wird umrandet von einer prächtigen Grünanlage mitten in der City. Dieser Ort hat eine lange und bewegte Historie. Wo heute das Parkhaus steht, siedelten bereits im ersten vorchristlichen Jahrhundert die Kelten; damit nahm die Geschichte der Stadt ihren Anfang. Im Laufe der Jahrhunderte wurde dieser Ort auf unterschiedlichste Weise genutzt: mal als Tempel oder Kloster, mal als Gefängnis, schließlich als Polizeihauptquartier.

Seit Mitte der 1970er Jahre steht hier nun das Urania, konzipiert als bürgerfreundliches, besonders umweltschonendes und eher unspektakuläres Parkhaus. Mit Beginn der frühen Nachmittagsstunden des 26. Juni 1991 wird es aber auch zum Ort eines überaus mysteriösen, spektakulären Kapitalverbrechens, das in der Schweizer Kriminalgeschichte bis zum heutigen Tag einmalig bleiben und die Bevölkerung des Landes viele Jahre in höchstem Maße beunruhigen soll.

Der Leichnam wird in der siebten Etage gefunden, keine zwei Meter von den vier blauen Aufzugstüren entfernt, in einer größeren Blutlache. Es ist das oberste und kleinste Deck mit nur 25 Abstellplätzen. Die Frau liegt rücklings auf dem grauen Asphaltboden und ist vollständig bekleidet. Bei den rechtsmedizinischen Untersuchungen wird lediglich eine singuläre Stichverletzung festgestellt. Mutmaßlich ist ein acht bis zehn Zentimeter langes Messer in Höhe des Zwerchfells in den Rücken des Opfers gestoßen worden und hat die Hauptschlagader verletzt. Die Frau ist infolgedessen verblutet. Der tödliche Angriff muss überraschend passiert sein, denn das Opfer weist keine Abwehrverletzungen auf.

Bei der Getöteten handelt es sich um Janina Friedrich, 29 Jahre alt, ledig, wohnhaft in Brugg, einer Kleinstadt im Kanton Aargau, etwa 40 Autominuten von Zürich entfernt. Bevor die Architektin getötet wurde, hat sie in Zürich ein Festkleid gekauft, das sie bei der bevorstehenden Hochzeit ihres Bruders tragen wollte und das die Kripo im Kofferraum ihres Wagens am Tatort gefunden hat. Bald hätte sie auch selbst heiraten wollen, der Termin stand jedenfalls schon fest.

Nach dem Ergebnis der Rekonstruktion dürfte die Tat so abgelaufen sein: Janina Friedrich muss kurz zuvor den Lift verlassen haben und auf dem Weg zu ihrem Auto gewesen sein. Wahrscheinlich hat der Täter, die Ermittler gehen wie selbstverständlich von einem Mann aus, das Opfer nach Verlassen des Aufzugs Augenblicke später von hinten attackiert und sofort durch die Bekleidung des Opfers zugestochen. Weil weder am Leichnam noch am Tatort Spuren gefunden werden und aus dem Besitz der Getöteten nichts fehlt, vermuten die Fahnder, der Täter müsse den Ort des Verbrechens unmittelbar nach der Tat verlassen haben. Auch dürfte die Tötung geräuscharm verlaufen sein, denn die zur Tatzeit in anderen Geschossen des Urania anwesenden Zeugen haben nichts Verdächtiges bzw. Besorgniserregendes gehört: kein lautes Gespräch, kein Schreien, keinen Hilferuf.

Eine Welle der Empörung schwappt durchs Land, als die näheren Umstände der Tat bekannt werden. Das hat es in der Schweiz noch nicht gegeben: Eine Frau wird am helllichten Tag erstochen, ausgerechnet nachdem sie ein Festkleid für eine Familienfeier gekauft hat. Obendrein ereignet sich die Tat in einem schlecht beleuchteten und gänzlich ungeschützten Parkhaus, einer Örtlichkeit, die insbesondere bei vielen Frauen, ähnlich wie dunkle Unterführungen oder Hinterhöfe, unwillkürlich Ängste auslöst.

Durch die ungewöhnlich intensive Berichterstattung in den Medien geraten die Ermittler noch stärker unter Druck. Denn sie sollen schnellstmöglich einen Mord aufklären, bei dem es keine Spuren gibt, keine Hinweise und kein erkennbares Motiv. Schnell hat sich bei den ersten Nachforschungen herausgestellt, dass es im familiären, sozialen und beruflichen Umfeld des Opfers niemanden zu geben scheint, dem eine solche Tat zuzutrauen wäre, der einen Grund gehabt haben könnte, Janina Friedrich das Leben zu nehmen. Es ist also sehr wahrscheinlich kein Beziehungsdelikt. Auch alle anderen bekannten Mordmotive müssen verneint werden, weil es keine entsprechenden Hinweise gibt oder Anknüpfungstatsachen erkennbar sind. Man steht vor einem Rätsel: ein Verbrechen, auf das keine Schablone passt, das niemand versteht.

Anderthalb Wochen nach dem Mord keimt erstmals Hoffnung auf, als sich ein älteres Ehepaar bei der Kripo meldet und berichtet, wenige Minuten nach der Tat am Notausgang des Urania zwei Männer beobachtet zu haben, die verdächtig gewesen seien, weil sie sich schnell entfernt und dabei immer wieder umgeschaut hätten, so als seien sie auf der Flucht. Die Männer können von den Zeugen jedoch nicht näher beschrieben werden, angeblich soll es sich »vielleicht um Türken oder Jugoslawen« handeln.

Das ist Wasser auf die Mühlen der rechtsnationalen Schweizerischen Volkspartei, die blindlings eine Kampagne gegen die vermeintlich landesweit zu beobachtende dramatische Zunahme der Verbrechensrate startet und so auf Wählerfang geht. Das in vielen Tageszeitungen veröffentlichte »Messerstecherinserat« zeigt die Silhouette eines Mannes mit spitz zulaufendem Kinn, seinen Arm erhoben und das Messer drohend auf eine zu Tode erschrockene Frau richtend, die sich am Zündschlüssel ihres Autos festzuhalten scheint. Natürlich wird es nicht ausdrücklich so formuliert, aber es könnte, dürfte, müsste ein Ausländer sein, der mit dem Messer herumfuchtelt, in jedem Fall aber ein gemeiner Verbrecher, dem alles zuzutrauen ist und dem gegenüber sich insbesondere Frauen schutzlos ausgeliefert sehen. Kopfkino. Spiel mit der Angst.

Auch die Frauenbewegung meldet sich zu Wort und reklamiert, es müssten endlich Frauenparkplätze geschaffen werden, vor allem in unterirdischen Parkhäusern. Es wird also für mehr Sicherheit im öffentlichen Raum gestritten und überhaupt gegen eine generell frauenfeindliche Städteplanung. Tatsächlich werden daraufhin in vielen Parkhäusern des Landes Überwachungskameras installiert und speziell für Frauen eingerichtete Abstellzonen geschaffen. Ein gewiss positiver Nebeneffekt des »Parkhaus-Mordes«, der die empörte und verunsicherte Bevölkerung so lange beschäftigen wird, wie der Name des Mörders unbekannt bleibt.

Und genau das steht auch drei Monate nach der Tötung von Janina Friedrich zu befürchten. Die Fahnder haben zwar alle kriminalistischen Register gezogen, mit Hochdruck in (fast) jede Richtung ermittelt, mehr als einhundert potenziell Verdächtige (vorbestrafte Gewalt- und Sexualtäter) überprüft, ein Dutzend Männer vernommen, polizeiliche Register ausgewertet, vergleichende Analysen angestellt, die Bevölkerung immer wieder um Mithilfe gebeten, damit jedoch keinen Erfolg gehabt, nicht einmal ansatzweise konnte ein dringender Tatverdacht formuliert werden.

Nur zwei Komponenten gelten als gesichert: Gesucht wird nach mehreren Männern, die die Ermittler aber nur noch dann erwischen werden, sollte ihnen ein altgedienter und erfolgreicher Kollege zu Hilfe eilen: Kommissar Zufall. Schließlich müssen die Ermittlungen nach einer sukzessiven Reduzierung des Personals gänzlich eingestellt werden, weil es nichts mehr zu ermitteln gibt. Der »Parkhaus-Mord« bleibt ein Mysterium.

Etwa ein knappes Jahr später, im April 1992, geht 50 Kilometer südlich von Zürich in Luzern ein Feuerteufel um. Die Brandserie beginnt mit kleineren Sachbeschädigungen, meistens brennt eine Mülltonne oder Telefonzelle, später lodern Schuppen, schließlich wird in bewohnten Häusern Feuer gelegt. Besonders spektakulär ist der Großbrand des Holzlagers einer Schreinerei. Der Feuerwehr gelingt es erst am darauffolgenden Tag, die Flammen zu löschen. Sämtliche Medien der Stadt berichten ausführlich über die besorgniserregenden Vorkommnisse, und die Bevölkerung wird zu besonderer Wachsamkeit ermuntert, denn die Kripo befürchtet, es mit einem Serienbrandstifter zu tun zu haben, der als hochgefährlich einzuschätzen ist und von dem weitere Taten zu erwarten sind, bei denen auch Menschen in Gefahr geraten oder sogar zu Tode kommen könnten. Alarmstufe Rot.

Alle Welt glaubt an einen männlichen Täter. Doch der ist eine Frau. Nur wenige Tage nach dem Brand in der Schreinerei hinterlässt sie auf der Toilette eines Intercity-Zuges der Linie Zü-

104

rich–Luzern–Bern eine Papierserviette mit folgender Ankündigung: »Ich bin ein Brandstifter. Heute Nacht gibt's den zweiten Großbrand in Luzern. Ich kann's nicht lassen.« Die Verfasserin dieser Zeilen heißt Carla Steiner, ist 19 Jahre alt, ledig, seit längerer Zeit arbeitslos und hält Wort. Großeinsatz der Feuerwehr in Luzern noch am selben Abend: Der Dachstuhl eines historischen Gebäudes brennt, die Bewohner können rechtzeitig in Sicherheit gebracht werden, bevor die Flammen das Haus verschlingen. Es entsteht ein Millionenschaden.

Das Ausmaß der Vernichtung macht Carla Steiner stolz. Und dieses Hochgefühl möchte sie unbedingt mit einem Menschen teilen, am liebsten ihrem Freund, dem sie zwar nichts von ihrer Täterschaft berichtet, ihm gegenüber aber doch mehrfach Andeutungen macht, die auch so verstanden werden dürfen, als könnte sie selbst die Täterin sein oder das Brandgeschehen zumindest aus nächster Nähe beobachtet haben. Der 32-jährige Mann ist – ausgerechnet – Schutzpolizist, überlegt einige Zeit, wird schließlich misstrauisch und schlägt Alarm: Seine Freundin habe sich nach dem Brand doch recht merkwürdig verhalten, berichtet er den Kollegen von der Kripo, und sie sei an dem Abend auch nicht zu Hause gewesen. Tatverdacht! Handlungsbedarf! Dringend!

Ein Ermittlungsrichter sieht es genauso und erlässt einen Durchsuchungsbeschluss für Carla Steiners Wohnung. Dort finden die Ermittler Zeitungsartikel zu den Bränden in Luzern, fein säuberlich ausgeschnitten und in Ordnern chronologisch abgeheftet. Kurz darauf wird Carla Steiner festgenommen und gibt spontan eine Vielzahl von Brandstiftungen zu; die sorgfältig archivierten Pressemeldungen seien für sie eine Art Erfolgsbestätigung gewesen, deshalb und weil sie sich beim abermaligen Durchlesen der Artikel die Ereignisse besonders lebhaft habe in Erinnerung rufen können, hätten die Berichte für sie einen besonderen Wert gehabt.

Die Taten passen zu Carla Steiners Persönlichkeit und ihrer aktuellen Lebenssituation. Seit Mitte 1991 ist die Frau in therapeutischer Behandlung, allerdings war ihr Verhältnis zu den Experten für die Abgründe der menschlichen Seele überwiegend distanziert bzw. konfliktbeladen. Der ersten Psychologin, die ihr zu helfen versuchte, drohte sie schon bald Schläge an, die zweite Therapeut-Patient-Beziehung verlief etwas harmonischer. Carla Steiner präsentierte sich als immer schon an den Rand des sozialen Abgrunds gedrängte, ungeliebte und unverstandene Frau. Sie berichtete dem Psychologen sogar von wiederkehrenden Gewalt- und Tötungsfantasien, brach die Therapie jedoch ohne Angabe von Gründen ab, vielleicht, weil sie befürchtete, mehr von sich preisgegeben zu haben, als ursprünglich beabsichtigt.

Carla Steiner wird in Untersuchungshaft genommen, sie gesteht bei weiteren Vernehmungen insgesamt 40 Brandstiftungen mit einem Gesamtschaden von viereinhalb Millionen Schweizer Franken. Bei den Taten zeigte sie nach eigenen Angaben ein ritualisiertes Verhalten: erst Feuer legen, dann am Tatort verweilen, die Löscharbeiten beobachten, sich am Schrecken der Opfer ergötzen, das Brandgeschehen als einen Akt der eigenen Großartigkeit und Macht empfinden, schließlich die anlässlich der Medienberichterstattung empfangene Aufmerksamkeit als vermeintliche Wertschätzung für die eigene Person durch die Presseberichterstattung missverstehen und in jedem Fall an den Tatort zurückkehren, um die Taten möglichst realitätsnah nochmals gedanklich durchfiebern zu können. Brennt etwas nicht wie gewünscht aus, wertet sie dies als Misserfolg und versucht es ein zweites Mal. Oder eben so lange, bis es endlich klappt. So ticken auch notorische Brandstifter, die sich nicht nur an den Flammen und ihrer Machtfülle berauschen wollen, sondern mitunter den Tod von Menschen billigend in Kauf nehmen oder sogar darauf abzielen.

Dieses ganz und gar ungewöhnliche Verhalten will indes nicht zu Carla Steiners eher gewöhnlicher Vita passen. Dazu sagt die Beschuldigte allerdings nur das Nötigste: aufgewachsen in einem 4000-Seelen-Dorf als Einzelkind in geordneten Verhältnissen; die Mutter Hausfrau, der Vater leitender Angestellter; kaum Konflikte im Elternhaus; sie selbst überwiegend verhaltensunauffällig; durchschnittliche Schülerin; Einzelgängerin; Realschulabschluss; mit 16 obligatorisches »Welschlandjahr« (Aufenthalt deutschsprachiger Jugendlicher in der Romandie); anschließend auf Wunsch ihres Vaters Lehre als Bürokauffrau; Abbruch der Ausbildung nach sechs Monaten; danach erste eigene Wohnung und freundschaftliche Beziehung zu einem Polizisten.

Spätestens mit Beginn der Pubertät muss Carla Steiner eine zunehmend destruktiver werdende Energie entfaltet haben, jedenfalls begeht sie während dieser Zeit die ersten Brandstiftungen: Telefonbücher brennen in Telefonzellen, Papierhandtücher in Restaurants, die erste Scheune lodert lichterloh, kurz darauf die zweite – ein Fanal in der bäuerlich-dörflichen Gegend, die Bürger der Region kennen Verbrechen sonst nur aus der Zeitung, aus Kriminalromanen oder dem Fernsehen. Sie wird schließlich als Feuerteufel überführt, kommt erstmals mit der Justiz in Kontakt, erhält eine Bewährungsstrafe und muss sich einer Therapie unterziehen.

Carla Steiners dunkle Seite bekommt erste Konturen, als die Ermittler den Psychiater vernehmen, der sie vier Monate lang erfolglos behandelt hat. Abgrundtiefer Hass habe die zierliche Frau schon als Kind erfüllt, berichtet der Therapeut, sie habe Tiere gequält und getötet, versucht, ihre unbändige Wut auch beim Sport loszuwerden, letztlich habe sie sogar Schlägereien provoziert. In ihrer Heimatgemeinde sei sie zeitlebens eine Außenseiterin gewesen, ihm gegenüber habe sie indes einen anderen Eindruck vermittelt: »Dabei ist sie jemand, den man einfach gernhaben kann. Während der Behandlung wirkte sie offen, liebenswürdig. Sie hatte etwas Schelmisches an sich.«

Ihren ambivalenten Charakter präge jedoch auch eine andere, gewalttätige Seite. Ihm gegenüber habe sie gerne, oft und ausgiebig über ihre Aggressionen gesprochen, sich sogar damit gebrüstet. Ein verzweifelt anmutendes Buhlen um Aufmerksamkeit und Anerkennung, die Carla Steiner insbesondere in einem Zürcher Schießclub gesucht und gefunden habe, dort sei sie auf Polizeibeamte getroffen, mit denen sie sich habe messen dürfen. »Polizisten waren für sie magische Personen, faszinierend, richtige Männer.«

Als dramatischen Wendepunkt im Leben seiner ehemaligen Patientin wertet der Zeuge das »Welschlandjahr«. Während dieser Zeit sei Carla Steiner in der Gastfamilie schikaniert und sexuell belästigt worden, »eine Katastrophe«. Nach ihrer Rückkehr habe sie eine Lehre begonnen, aber schon bald wieder abbrechen müssen. Der Grund: »Beim Weihnachtsessen rastete sie aus und schlug auf die Kellnerin ein.« Als geübte Kampfsportlerin sei sie für derlei Konfliktsituationen besonders empfänglich gewesen und habe nicht lange diskutiert, sondern sei schnell handgreiflich geworden. Später wird Carla Steiner ihre Konfliktunfähigkeit so begründen: »Ich bin sehr schüchtern und rede nicht gerne mit fremden Leuten. So habe ich nie gelernt, mich verbal zu wehren. Zuschlagen traue ich mich eher als streiten.«

Die Kündigung während des ersten Lehrjahrs habe Carla Steiner als schwere Demütigung empfunden, die Zeit danach sei »eine schwierige Zeit gewesen«, erklärt ihr Psychiater der Kripo, auch die fortwährende Arbeitslosigkeit habe die junge Frau zusätzlich belastet und noch aggressiver gemacht. »Sie hat zum ersten Mal davon gesprochen, Menschen zu töten. Ich habe diesen Drang gespürt. Ich wusste, dass sie diese Fantasien irgendwann einmal ausleben könnte.«

Diesen inneren Konflikt belegen auch Tagebucheintragungen, die Carla Steiner während dieser Zeit angefertigt hat und die in ihrer Wohnung gefunden worden sind. Darin steht beispielsweise: »Es ist nicht wahr, dass ich alle Menschen hasse und verachte. Trotz allem mag ich den Kontakt zu Menschen, und zu einem Mord wäre ich nicht in der Lage. Aber bis jetzt habe ich so viele Enttäuschungen erlebt, dass es mir schwerfällt, noch jemandem zu trauen. Eigentlich bin ich zu gutmütig.«

Schließlich habe Carla Steiner die Behandlung abgebrochen, berichtet ihr Therapeut, weil sie »einfach nicht krank sein wollte«; und keinesfalls intellektuell bzw. sozial unterlegen, schwach oder etwa bemitleidenswert. Nach häufiger passierenden körperlichen Auseinandersetzungen sei sie jeweils traurig gewesen, habe auch Reue empfunden, allerdings nur kurz, denn: »Diese schwache Seite musste schnell wieder weg.« Sie habe diese Form von Unzulänglichkeit zutiefst verachtet, »auch jeden Zug von Schwäche an sich selbst hat sie mit größter Entschlossenheit bekämpft«.

Und an dieser Ausrichtung hält Carla Steiner auch während der Gerichtsverhandlung unbeeindruckt und unverdrossen fest, Verbrechen sind für sie eben nicht verabscheuungswürdig, sondern fester Bestandteil der eigenen Lebenseinstellung und Erwartungshaltung. Die burschikos anmutende, offenbarungs- bzw. ankündigungsfreudige und nicht nur verbal-aggressiv auftretende 20-Jährige mit den millimeterkurz geschorenen Haaren zeigt weder Einsicht noch Reue. Immer wieder betont sie vollmundig bis trotzig: »Das, was ich gemacht habe, werde ich immer wieder tun. Davon wird mich nichts und niemand abhalten! Ich bin kriminell und werde es immer bleiben!« Einmal sagt Carla Steiner sogar: »Ich befürchte, ich könnte eine Serienmörderin werden.«

Die Staatsanwältin erkennt in diesen maßlosen Äußerungen eine menschenverachtende Gesinnung und hält die Angeklagte für gemeingefährlich. Deshalb wird insbesondere wegen der vielfachen Brandstiftungen und Körperverletzungen eine vierjährige Zuchthausstrafe beantragt, nach Verbüßung der Strafe soll Carla Steiner zudem sicherungsverwahrt werden, also auf unbestimmte Zeit hinter hohen Gefängnismauern verschwinden. Das Gericht folgt letztlich diesem Antrag und urteilt genau so. Eine für damalige Verhältnisse drakonische und auch in Fachkreisen umstrittene Strafzumessung, zumal Carla Steiner gerade einmal 20 Jahre alt ist.

Während des Strafvollzugs gebärdet sich die Gefangene mitunter wie eine Furie, beleidigt und bedroht Mitinsassinnen, beschädigt Mobiliar, greift gelegentlich sogar Wärter und eine Sozialarbeiterin an. Niemand ist vor ihr sicher. In einer Aktennotiz wird dazu vermerkt: »Man ist mit dieser Person völlig überfordert. Sie hat Bärenkräfte und ist kaum in Schach zu halten!«

Ihr renitentes und gewaltbereites Verhalten hat aber nicht zur Folge, dass 1994 im Berufungsverfahren zu ihren Ungunsten entschieden wird – das Obergericht verkürzt die Strafe vielmehr um ein halbes Jahr und hebt die Sicherungsverwahrung entgegen dem Antrag der Staatsanwaltschaft wieder auf. Ausschlaggebend für diese Entscheidung sind neue forensische Gutachten, die Carla Steiner trotz ihrer nach wie vor zu beobachtenden überbordenden Gewaltbereitschaft eine wesentlich günstigere Legalprognose stellen, obwohl es auch mahnende Stimmen gibt, die in der Gefangenen sogar »eine geisteskranke, in ihrer Zurechnungsfähigkeit stark beeinträchtigte Pyromanin« sehen, der weitere Verbrechen jederzeit und mit hoher Wahrscheinlichkeit zuzutrauen seien.

Angesichts ihrer pathologischen Persönlichkeitsstruktur entscheidet das Obergericht jedoch, Carla Steiner müsse sich noch während des Strafvollzugs einer ambulanten Therapie unterziehen. Das tut sie auch, doch das Ergebnis ist ernüchternd: keine Einsicht, kein Entgegenkommen, kein Fortschritt. Therapeutischer Stillstand. Infolgedessen wird die ambulante Behandlung 1995 in eine stationäre Maßnahme umgewandelt, die Erfolgsaussicht ist einfach zu gering, das Aggressionspotenzial der Gefangenen zu groß.

Weil es für therapieresistente und als hochgefährlich eingestufte Strafgefangene wie Carla Steiner in einer geschlossenen Anstalt keine geeignete Möglichkeit der Unterbringung gibt, wird sie im Kanton Zürich in ein spezielles Heim gegeben. In dieser »strukturierten Wohngemeinschaft« werden insbesondere soziale Kompetenzen eingeübt, Carla Steiner beginnt dort auf eigenen Wunsch eine Lehre als Elektrikerin. Ihr Verhalten bessert sich allmählich, allerdings gilt sie weiterhin als schwer zugänglich und latent aggressiv.

Gegen Ende des Jahres 1996 entlässt das Luzerner Justizdepartement die Ex-Brandstifterin probeweise auf unbestimmte Zeit, weil es nach übereinstimmend positiven Stellungnahmen der Psychiatrischen Universitätsklinik Zürich, der Schutzaufsichtsbehörde, der Betreuungseinrichtung und ihres Lehrmeisters keine rechtliche Grundlage mehr gibt, die eine Fortsetzung des Freiheitsentzugs ohne ein neues Urteil rechtfertigen könnte. Carla Steiner ist nun wieder ein freier Mensch. Kurz darauf verliert sich ihre Spur. Weder die Justizbehörden noch ihre Eltern wissen, wo sie sich aufhält und was sie tut.

Zwei Jahre später, 13. Mai 1998. Psychiatrische Universitätsklinik in Zürich. Ein seltener Fall von Selbsteinweisung.

Es ist Carla Steiner, die auch in den kommenden Tagen immer wieder behaupten wird, man müsse sie unfrei machen und lassen, für immer einsperren, weil sie für andere Menschen gefährlich sei, vor allem ihr soziales Umfeld müsse geschützt werden, andernfalls könnten »schlimme Sachen passieren«. Zum Beweis ihrer Unberechenbarkeit und Gemeingefährlichkeit berichtet die 26-Jährige dem Klinikpersonal, etwa einen Monat zuvor nachts in einem Vorort von Zürich eine Scheune angesteckt zu haben. Das Objekt sei vollkommen zerstört worden. Diese Information wird umgehend an die örtliche Polizei weitergeleitet und dort geprüft. Es stimmt, ein Heuschuppen ist unter den beschriebenen Umständen vor genau drei Wochen um ca. 2.35 Uhr in Brand gesetzt worden.

Noch am selben Tag wird die bekennende Brandstifterin von einem Kriminalbeamten vernommen. Carla Steiner wiederholt ihr Geständnis und erklärt, noch für weitere Brände verantwortlich zu sein; unter dem Strich sind es 31 Brandstiftungen mit einem Gesamtschaden von etwa sechs Millionen Schweizer Franken. Der sie behutsam befragende Kriminalbeamte vermutet jedoch, Carla Steiner könnte nicht nur als Pyromanin ihr Unwesen getrieben haben, sondern auch für andere schwere Straftaten in Betracht kommen. 15 Tage nach ihrer Selbsteinweisung wird sie in Untersuchungshaft genommen, aber weiterhin in der Klinik psychologisch betreut.

Den Pflegern erzählt Carla Steiner sogar von ihren Träumen. Schlimme Träume seien das, sie könne jedoch nicht genau sagen, ob es nur Hirngespinste seien oder ob das alles tatsächlich passiert sei, jedenfalls träume sie immer wieder davon, wie sie Frauen in Parkhäusern, Parkanlagen oder Unterführungen angreife – und töte. Stets mit einem Messer. Immer sei es mit einem Stich erledigt.

Auch der Kripo gegenüber berichtet Carla Steiner von ihren Alpträumen, die immer gleich enden würden – mit dem Tod des Opfers, einer Frau. Nach und nach werden ihre Schilderungen immer konkreter. So beschreibt sie beispielsweise sehr detailreich, wie ein bestimmter Traum ablaufe, von dem sie häufiger heimgesucht werde: Sie sei auf der Suche nach einem Opfer, begegne zufällig einer Spaziergängerin, lege ihr den Arm um den Hals und steche zu. Immer wieder und so lange, bis die Frau sich nicht mehr bewege. Das Opfer sei aber noch nicht tot. Deshalb hole sie einen Stein herbei und zertrümmere der Frau damit den Schädel.

Auf Nachfragen der Kripobeamten: Die Frau könne sie nicht genau beschreiben, doch das Opfer sei wesentlich älter als sie selbst, so zwischen 50 und 60; Tatort sei die Parkanlage in der Nähe eines Gewässers. Den Leichnam ziehe sie in ein Gebüsch und lasse ihn dort liegen. Traumende.

Böses Erwachen bei den Ermittlungsbehörden. Eilige Nachforschungen ergeben, dass Carla Steiner zweifelsfrei über Insiderwissen zu einem angeblich motivlosen Mord verfügt, der sich am 30. Januar 1997 in Zürich ereignet hat. Getötet wurde eine großgewachsene und kräftige 61-jährige Spaziergängerin, die im »Chinagarten«, einem Vergnügungspark mit Tempelanlagen am Ufer des Zürichsees, unterwegs war, eine Vielzahl kräftig ausgeführter Stichverletzungen erhielt und infolge stumpfer Gewalt massive Kopfverletzungen aufwies. Die umfangreichen Ermittlungen sind ins Leere gelaufen, die einzig unstrittige Arbeitshypothese war bislang, dass die Tötung von einem Mann vollzogen worden sein dürfte.

Folgenreicher Irrtum. Denn Carla Steiner gibt ihre Traumdeutungen schließlich auf und gesteht eine Tat, die nun nicht mehr zu leugnen ist. Am ganzen Körper zitternd erzählt sie, vor der Tat frustriert gewesen zu sein, weil es wieder einmal Ärger im Betrieb gegeben habe. Um sich abzureagieren, sei sie auf der Suche nach einem Opfer an der Uferpromenade des Zürichsees unterwegs gewesen, habe auch den »Chinagarten« durchstreift, nach einer halben Stunde schon aufgeben wollen, doch plötzlich sei sie auf die Frau aufmerksam geworden, ihr hinterhergelaufen, habe sie schließlich erreicht und sofort von hinten zugestochen.

Aber: »Die hat sich heftig gewehrt und geschrien. Es war nicht einfach.« Beim Zustechen mit dem Teppichmesser sei auch noch die Klinge abgebrochen, Carla Steiner habe daraufhin ihr Klappmesser aus der Hosentasche gezogen und während des mehrminütigen Kampfes immer wieder auf das Opfer eingestochen, insgesamt etwa 30 Mal.

»Es hätte aber schneller gehen müssen«, moniert Carla Steiner, »sie hätte schneller Angst haben und schneller sterben müssen. Ich konnte nicht mehr aufhören. Wenn ich einmal in Fahrt bin, kann mich nichts mehr stoppen.« Sie schildert auch, wie sie der Frau mit einem Stein mehrmals auf den Kopf geschlagen habe, um sicherzugehen, dass sie tatsächlich tot war. Danach sei sie blutverschmiert in der Stadt herumgelaufen und habe sich »volllaufen lassen«. Merkwürdig sei gewesen, dass niemandem die Blutspritzer an ihrer Kleidung aufgefallen seien. Und überhaupt: »Ich habe mich total verschissen gefühlt, weil die Tötung nicht so einfach abgelaufen ist wie beim ersten Mal.«

Beim ersten Mal? Die Beamten horchen auf, haken nach und fragen, wie diese Aussage zu verstehen sei. Carla Steiner überlegt kurz, dann sagt sie: »Ich habe die Frau überrascht. Wir standen uns einen sehr kurzen Moment gegenüber. Sie hatte gar nicht realisiert, was da vor sich geht. Sie hatte auch nicht groß geschrien.«

Carla Steiner bezieht sich auf die Tötung von Janina Friedrich am 26. Juni 1991 im Urania-Parkhaus in Zürich. Die Beamten unterbrechen die Vernehmung, um sich über diese Tat näher zu informieren, und unterziehen die jetzt mutmaßliche Serienmörderin wenige Stunden später einem Kreuzverhör.

»Wie kam es zu der Tat?«

(leise) »Ich weiß es nicht mehr so genau. Es war ein Sommertag. Warm. Ich ging ins Parkhaus hinein.«

»Warum?«

»Ich war auf der Suche nach einer Frau, um sie zu erschrecken. Das Parkhaus war eine gute Möglichkeit, weil ich mich dort auskannte und Frauen alleine anzutreffen waren. Ich wusste halt auch, dass sich die Leute in dem Parkhaus ängstigen.«

»Sie sagen ›erschrecken‹?«

»Ich bin mir nicht mehr so sicher, ob ich jemanden töten wollte. Es war das erste Mal. Aber in meinen Träumen war nach dem Erschrecken das Töten die logische Folge. Vielleicht war ich bei dieser Frau noch etwas unsicher.«

»Wie ging es dann weiter?«

»Ich bin erst eine Zeitlang im Parkhaus herumgelaufen und mit dem Fahrstuhl hoch- und runtergefahren. Ich hatte ein Messer dabei, wie immer.«

»Wie sind Sie auf die Frau aufmerksam geworden?«

»Dieses Klack-klack-klack.«

»Klack, klack, klack?«

»Ich habe sie gehört wegen der hohen Absätze.«

»Sie sahen die Frau. Wie ging es weiter?«

»Ich lief auf sie zu und hatte das Messer schon in der Hand. Wir haben uns nur kurz angesehen. Sie war überrascht und hat nicht geschrien, als ich zugestochen habe.«

»Was haben Sie dabei empfunden?«

»Ich bin selbst ein bisschen erschrocken gewesen, als ich zugestochen habe.«

»Und was passierte dann?«

»Die Frau lag am Boden und hat sich nicht mehr gerührt.«

»Warum gerade diese Frau?«

»Das war purer Zufall. Es war ein idealer Ort. Und sie hatte so laute Schuhe an.«

»Was hatten Sie danach für ein Gefühl?«

»Ich war doch etwas erschrocken. Die Befriedigung, eine Frau getötet zu haben, kam erst einige Zeit später. Aber dann war es gut.«

»Gut« soll es auch am 21. März 1998 gewesen sein, als sie in einer Züricher Buchhandlung auf die 75-jährige Inhaberin eingestochen und ihr anschließend die Kehle durchgeschnitten habe. Ein kurz darauf ins Geschäft kommender Zeuge konnte seinerzeit erste Hilfe leisten und einen Notarzt alarmieren. Es folgte eine Notoperation im Krankenhaus, Rettung in letzter Sekunde.

In diesem Fall sei es jedoch kein Zufallsopfer gewesen, sagt Carla Steiner den Kriminalbeamten. Irgendwann im Winter 1997 habe sie sich in besagter Buchhandlung nach Fachliteratur umgesehen, dabei sei sie jedoch vom späteren Opfer unmissverständlich aufgefordert worden, etwas zu kaufen oder den Laden umgehend zu verlassen. »Ich bin gegangen, aber im Laufe der Zeit habe ich gegen diese Frau richtige Hassgefühle aufgebaut.« Die sie neun Monate später habe ausleben wollen, als sie mit dem Vorsatz, die Frau zu erstechen, in die Buchhandlung gegangen sei.

Den Tathergang schildert Carla Steiner so: »Es war an einem Samstag, so gegen 11 Uhr. Ich habe mich erst in dem Geschäft umgesehen, damit ich sicher sein konnte, dass sonst niemand anwesend war.« Dann habe sie die Frau von hinten angegriffen und mit einem Messer insbesondere im Halsbereich verletzt (die Rechtsmediziner zählten zwölf Stiche). Daraufhin sei die Frau zusammengebrochen, und sie, Carla Steiner, habe sich mit ihrem vollen Körpergewicht auf die Frau gestellt, um sie vollkommen bewegungsunfähig zu machen. Erst als das Opfer wehrlos gewesen sei, habe sie den Kehlschnitt gesetzt. In dem Glauben, die Frau jetzt »ganz sicher« getötet zu haben, sei sie kurz darauf geflüchtet.

Die Tat beunruhigte auch deshalb breite Teile der Bevölkerung Zürichs, weil das Mordopfer aus dem »Chinagarten« nur zwei Häuser von der Buchhandlung entfernt gewohnt hatte. Während die Kripo lediglich in Erwägung zog, dass es zwischen beiden Taten einen Zusammenhang geben könnte, waren die Vertreter der örtlichen Medien anderer Auffassung und fragten besorgt: »Wer ist der Nächste?«

Mit hoher Wahrscheinlichkeit wäre dieser Fall auch eingetreten, hätte Carla Steiner nicht von sich aus den Weg in eine psychiatrische Klinik gewählt und einen Schlussstrich unter ihre kriminelle Karriere gesetzt. Ohne ihre schonungslosen Selbstbekenntnisse wären der außergewöhnlich umsichtig agierenden Serienmörderin zumindest die Tötungsdelikte gewiss nicht nachzuweisen gewesen, zumal in allen Fällen fieberhaft nach Verantwortlichen gesucht wurde, die es nicht gab: Männern. Carla Steiners Geständnisfreudigkeit umfasst schließlich auch eine Reihe beabsichtigter Morde, die sie jedoch »leider« nicht habe begehen können.

Beispielsweise während ihres »Welschlandjahres« 1989/90. Als Au-pair-Mädchen habe sie Hassgefühle gegen ihre Gasteltern entwickelt, weil die sie entweder schikaniert und genötigt hätten, mitunter auch sexuell. Schließlich habe sie sich von einem Bekannten eine Pistole geliehen, sei mit dem Zug zurück zum Haus ihrer Peiniger gefahren, habe dort jedoch niemanden angetroffen. »Ich habe einige Zeit gewartet und gehofft, dass sie kommen, damit ich sie erschießen kann.« Mit der Zeit habe sie jedoch befürchtet, unter ungünstigen Umständen bei der Tat beobachtet zu werden, und ihr Vorhaben darum aufgegeben.

Eine weitere Tötung habe sie einige Zeit nach dem Mord an Janina Friedrich begehen wollen, wieder in einem Parkhaus, dieses Mal im »Hohe Promenade« in Zürich. Ihr Motiv: »Ich wollte eine Frau erschrecken und umbringen.« Sie habe etwa 15 Minuten warten müssen, bis eine Frau aus ihrem Auto gestiegen sei, allein. Sie habe die Frau sofort verfolgt, allerdings sei das potenzielle Opfer wohl misstrauisch geworden, jedenfalls habe sich die Frau nach wenigen Schritten plötzlich umgedreht, sei zum Auto zurückgelaufen, eingestiegen und davongefahren. »Ich kam gar nicht dazu, sie zu töten«, bedauert Carla Steiner. »Nachrennen mochte ich ihr eigentlich nicht. Ich hätte sicher versucht, die Frau zu erstechen. Es hat mich einfach gereizt, nach der Sache in der Urania so etwas noch mal zu machen.«

Carla Steiner vergleicht sich angesichts ihres kriminellen Tuns mit einer Drogensüchtigen, die wie unter einem Zwang handelt: »Ich muss, obwohl ich nicht will – und doch will.« Sie schildert ihre unsäglichen Verbrechen mit an Gleichgültigkeit grenzender Gelassenheit, als sei sie lediglich teilnehmende Beobachterin gewesen, als habe sie einfach nur daneben gestanden und gelangweilt zugeschaut. Die pure Mordlust als schlichte Reflexhandlung, so als wenn die Katze die Maus schlägt, ein Allerweltsereignis, eigentlich keiner weiteren Erwähnung wert.

Ihr immer wieder aufflammendes Tötungsverlangen beschreibt sie so: »Wichtig war, die Frauen zu erschrecken *und* zu töten. Das gehört zusammen, sonst ist es nicht vollständig.« Und über ihre Empfindungen während des Tötens sagt sie: »Es übte eine seltsame Faszination auf mich aus, die totale Kontrolle über meine Opfer zu haben und ihnen beim Sterben zuzusehen. Das waren Zwangshandlungen. Da stellt man sich nicht die Frage, ob das erlaubt ist oder gegen irgendein Gebot verstößt. Aber was die Ursache für diese Lust ist, kann ich nicht sagen.«

Dafür weiß Carla Steiner aber zu sagen, warum sie es stets auf Frauen abgesehen hatte: »Für mich war es einfach logisch, dass die Opfer weiblich sind. Frauen ängstigen sich meistens mehr. Es ist leichter, sie einzuschüchtern, und sie sind leichter zu handhaben. Männer sind einfach zu stark, und es reizte mich nicht, einen Mann zu töten.« Auch die Wahl der Waffe will sie aus eher pragmatischen Gründen getroffen haben. »Ich hatte immer ein Messer bei mir«, erklärt sie. »Denn Schusswaffen fallen auf, und man kommt dem Opfer zu wenig nahe.«

Ausgangspunkt ihrer Taten seien immer gleichartige Gewalt- und Tötungsfantasien gewesen, wann genau es damit angefangen habe, könne sie nicht sagen, allerdings seien diese Vorstellungen mit der Zeit immer deutlicher, drängender geworden. Und immer extremer: »Erst ging es nur darum, jemanden zu erschrecken. Ich habe mir vorgestellt, was passiert, wie es sich anfühlt, wenn ich jemanden mit einem Messer bedrohe, und wie derjenige dann wohl reagieren wird. Das ist schwer zu erklären, aber ich fand es unheimlich spannend. Das Töten kam erst viel später, aber es war die Konsequenz aus dem davor.« Allerdings sei sie nicht täglich auf Pseudo-Erlebnisse in dieser imaginären Parallelwelt fixiert gewesen und habe andererseits »ein ganz normales Leben« führen und ihren Beruf ausüben können.

Mitunter zeigt Carla Steiner ein Gefühl, das man dieser mordlüsternen Frau nicht zutrauen mag – ein Hauch von Empathie, eine Spur von Reue –, wenn sie sagt: »Ich habe das Gefühl, die getöteten Frauen stehen nachts vor meinem Bett. Sie stehen einfach da, bis ich aufwache. Vor allem, wenn ich viel über die Taten reden muss, ist es schlimm.«

Deliktisch erscheint Carla Steiner nicht festgelegt, denn sie gesteht nicht nur Brandstiftungen, versuchte und vollendete Morde, sondern auch diese Tat: Im Februar 1998 habe sie eine Frau, die an einem Bankomaten Geld abheben wollte, mit einem Messer bedroht und 200 Schweizer Franken geraubt. Überdies kommen andere Gewalttaten zur Sprache. Bei einer Kontrolle habe sie einen Polizisten mit Steinen beworfen, dessen Kopf nur knapp verfehlt, und in einer ähnlichen Situation sei sie am Hauptbahnhof in Zürich auf mehrere Bahnpolizisten losgegangen und habe massiv auf die Ordnungshüter eingeschlagen.

Carla Steiner ist eine äußerst ungewöhnliche Täterin, weil sie Verbrechen verübt hat, die man einer Frau gemeinhin nicht zutraut. Und sie hat einen Modus Operandi gepflegt, der es den Ermittlern besonders schwermachte: kein nach außen erkennbares klares Motiv, keine (nachvollziehbare) Beziehung zu ihren Opfern, keine geografischen Bezüge zu Tatorten und Umgebung, keine Zeugen, keine Spuren. Das verbrecherische Verhalten dieser Frau ist demnach kaum einschätzbar, auf sie passt keine Schablone.

Im Januar 1999 stellt Carla Steiner wieder einmal unter Beweis, warum die als emotional instabil geltende Hochrisikogefangene mit der schärfsten Sicherungsstufe belegt worden ist: nur weil sie in eine andere Zelle des Gefängnisses verlegt werden soll, malträtiert sei einen Beamten mit Faustschlägen und Fußtritten so lange, bis dessen Rippen brechen. Daraufhin wird sie in die psychiatrische Spezialabteilung der Universitätsklinik in Basel verlegt. Doch auch dort greift sie wenig später eine Pflegerin an und verletzt sie erheblich. Sechs starke Männer sind nötig, um Carla Steiner, die sonst meist teilnahmslos in ihrer Zelle sitzt und dabei vollkommen abwesend wirkt, zu bändigen. Die Bezirksstaatsanwaltschaft lässt schließlich eigens für sie im Frauengefängnis Hindelbank eine Hochsicherheitszelle einbauen: einen großen Käfig aus massivem, Silber glänzendem Stahl – die »Parkhaus-Mörderin« wird fortan gehalten wie ein Raubtier, das nicht zu zähmen ist, dem man nicht zu nahe kommen sollte.

Dezember 2001. Prozess vor dem Obergericht in Zürich. Zu Beginn der Verhandlung wird die Anklageschrift verlesen, ein Sammelsurium von schwersten Straftaten, das es in dieser Ausprägung noch nicht gegeben hat: mehrfache vorsätzliche Tötung, mehrfache versuchte vorsätzliche Tötung, strafbare Vorbereitungshandlungen zu einer Tötung, Dutzende Brandstiftungen, aber auch Raub, Gewalt und Drohung gegen Beamte in drei Fällen, Körperverletzung, versuchte Körperverletzung, vollendete und versuchte Diebstähle, Hausfriedensbruch und Sachbeschädigung. Carla Steiner sprengt alle juristischen Maßstäbe, eine Angeklagte jenseits der Vorstellungskraft.

Den Prozessbeobachtern fällt es mitunter schwer, an die behauptete Gemeingefährlichkeit der »Jahrhundert-Mörderin« zu glauben, die auf der harten Anklagebank eher kleinwüchsig, schmal, bisweilen sogar schüchtern erscheint und mit ihren kurzgeschorenen Haaren wie ein unbeholfener Jungvogel anmutet, der aus dem Nest gefallen ist und sich vor lauter Einsamkeit bzw. Stress die Federn ausgerupft hat. Und doch muss Carla Steiner gefesselt und in Fußketten gelegt werden, bewacht von fünf kräftigen Justizbeamten.

Während der Verhandlung geht es weniger darum, der Angeklagten die ihr vorgehaltenen und bereits glaubwürdig eingeräumten Taten nachzuweisen, vielmehr ist danach zu fragen, wie es um ihre Persönlichkeit bestellt ist, ob Carla Steiner für ihr kriminelles Tun, von dem sie so sehr überzeugt sein will, juristisch überhaupt zur Verantwortung gezogen werden kann oder ob man es mit einer Frau zu tun hat, deren Schuldunfähigkeit zu bejahen ist. Salopp gefragt: Knast oder Klapse?

Die Antwort vorweg: jein. Der Grund: Nach Einschätzung des forensischen Gutachters liegt bei Carla Steiner keine singuläre Störung ihrer Persönlichkeit bzw. ein spezifisches Symptomenbild vor, vielmehr muss sie nach ICD-10 (international anerkanntes Klassifizierungssystem für abweichendes Verhalten) der Untergruppe F.61 zugeordnet werden: »Kombinierte (…) Persönlichkeitsstörungen«. Die Angeklagte ist demnach nicht nur aus kriminologisch-kriminalpsychologischer, sondern auch aus psychologisch-psychiatrischer Sicht ein schwer zu erfassender Charakter.

Die letztlich diagnostizierte »erhebliche« und besonders facettenreiche Persönlichkeitsstörung werde von narzisstischen und schizoiden Elementen dominiert, die sich vornehmlich in Größenfantasien und einem nur schwach entwickelten Selbstwertgefühl manifestieren. Auch seien Hinweise auf eine Borderline-Störung gefunden worden, Carla Steiner sei infolgedessen kaum fähig, Freude zu empfinden, Sexualität spiele in ihrem Leben keine Rolle, sie habe diese vollkommen ausgeblendet. Als Ursache für die festgestellten Charakter- und Verhaltensanomalien diskutiert der Sachverständige ein frühkindliches Trauma, ohne diese Hypothese konkretisieren zu können.

Die Angeklagte sei überdies mitunter nicht in der Lage, ihren Tötungsimpuls zu kontrollieren. Auch die konsequente Ablehnung von Frauen, die sie als schwach und verachtenswert erlebe, habe eine pathologische Einfärbung. Dazu passen Carla Steiners betont unfeminines Auftreten und ihre früheren Aussagen zu Männern: »Ich mag richtige Männer, die gepflegt sind und gute Umgangsformen haben.« Unbestritten sei jedoch, dass die Zerrissenheit der Persönlichkeit in einem unmittelbaren Zusammenhang mit ihren Taten stehe. Das eine sei ohne das andere nicht denkbar.

Trotz dieser persönlichkeitsimmanenten Beeinträchtigungen soll Carla Steiner nach Auffassung des Sachverständigen immerhin bedingt schuldfähig sein. Die Angeklagte sei sehr wohl fähig gewesen, das Unrecht ihrer Taten zu erkennen und einzusehen. Einerseits. Anderseits müsse von einer mittelgradig eingeschränkten Kompetenz ausgegangen werden, nach dieser Einsicht zu handeln, es sei ihr eben nicht ohne weiteres möglich gewesen, sich bei günstiger Gelegenheit ihrem Tötungsverlangen zu widersetzen und von der Tat abzusehen.

Nur in einem Punkt herrscht nach Einschätzung des Sachverständigen Klarheit: Bei Carla Steiner bestehe ein außergewöhnlich hohes Rückfallrisiko; zwar fehle »jedes Kriterium« für eine Verbesserung der festgestellten Pathologie und einer damit einhergehenden Abnahme ihrer Gefährlichkeit, doch könne, zumindest längerfristig, ein therapeutischer Erfolg nicht kategorisch ausgeschlossen werden.

Die Richter folgen letztlich der Expertise des psychiatrischen Gutachters und erkennen auf verminderte Schuldfähigkeit, nur würden die Strafschärfungsgründe stark überwiegen. Insofern müsse die Höchststrafe verhängt werden: lebenslängliche Haft und Anordnung der Sicherungsverwahrung auf unbestimmte Zeit. Denn: »Die Gesellschaft muss vor Menschen wie Carla Steiner auf Dauer geschützt werden.« Schließlich hat die Angeklagte selbst immer wieder auf ihre Gefährlichkeit hingewiesen und auf die Frage, was sie tun würde, sollte sie freigelassen werden, mit frappierender und irritierender Ehrlichkeit geantwortet: »Hätte ich ein Problem und würde sofort wieder etwas anstellen. Ich würde ein Opfer suchen. Ein Junkie geht auch immer wieder los und sucht den Rausch.«

Januar 2016. Bezirksgericht Zürich. Carla Steiner steht wieder einmal vor Gericht. Diesmal werden ihr aber keine Straftaten vorgehalten, es sind vielmehr die langen Schatten ihrer verbrecherischen Vergangenheit, die in Form von drastischen Sicherungsmaßnahmen immer noch Wirkung entfalten, die sie in ihrer Entwicklung hemmen, die keine Perspektive zulassen, die jeden Gemeinschaftsbezug verhindern. Und somit ihre Menschenwürde antasten. Sagt Carla Steiner, jetzt in der ungewohnten Rolle der Klägerin.

Lange Zeit hat sie in strenger Isolationshaft zubringen müssen, erst seit einem halben Jahr sind erste Lockerungsmaßnahmen genehmigt worden. Durfte ihre Zellentür früher nur dann aufgesperrt werden, wenn der Sicherheitsdienst anwesend war, kann das Betreuungspersonal dies nun selbständig tun; musste die Jetzt-nicht-mehr-so-ganz-Hochgefährliche zuvor allein und hinter Gittern speisen, darf sie jetzt einige Male pro Woche am Gemeinschaftsessen der Integrationsgruppe teilnehmen; auch den täglichen Spaziergang im Hof muss sie nicht mehr isoliert und von mehreren Wachmännern umringt antreten, sondern kann zu anderen Insassen Kontakt aufnehmen, wenn auch durch einen Maschendrahtzaun getrennt; und es wird ihr mittlerweile gestattet, Gespräche mit Besuchern von Angesicht zu Angesicht zu führen, ohne dass eine Gittertür sie trennt.

Carla Steiner gehen diese Erleichterungen allerdings nicht weit genug, sie fordert die Aufhebung der Hochsicherheitsstufe und Umwandlung in eine stationäre Maßnahme, dann könne sie in Therapie gehen und in eine Wohngruppe aufgenommen werden. Ihr einziger Freund in den vergangenen 15 Jahren: Kater Zeus, der in ihrer Zelle lebt. Ihr größter Wunsch: endlich wieder menschliche Gesellschaft, soziale Interaktion. Keine Käfighaltung mehr.

Und genau hier liegt das Problem, das persönliche Dilemma der Klägerin. Zwar darf Carla Steiner darauf verweisen, sich seit etwa einem Jahr erstmals geöffnet zu haben und mit einer Therapeutin bzw. Betreuerin über ihre immer noch vorhandenen sadistischen Fantasien zu sprechen (manchmal habe sie Lust, »Frauen umzubringen«, bekennt sie, die Gedanken seien »einfach da«), sie würde sich gerne auch weiterhin um eine Aufarbeitung ihrer Verbrechen bemühen wollen, nur könne sie ihre dunkle Seite nicht vollständig ausleuchten, weil sie dann befürchten müsse, man werde schlecht über sie denken bzw. urteilen. Und danach handeln. Sie also weiterhin wegsperren. Ein Teufelskreis.

Auch habe sie im Rahmen der Therapie gelernt, Gefühle für ihre Opfer zu entwickeln: »Das macht einen schon betroffen. Das lässt mich nicht kalt. Das ist extrem rücksichtslos, wenn jemand nur seine eigenen Bedürfnisse befriedigt. Es macht mich betroffen, dass ich so viel Leid verursacht habe.« Nunmehr will sie realisiert haben: »Man soll nichts machen, was man nicht auch selber will.« Diese für einen pathologischen Menschen wie Carla Steiner durchaus beachtlichen positiven Veränderungen sind auch Gegenstand des aktuellen psychiatrischen Gutachtens, das ihr eine Stabilisierung ihrer porösen Persönlichkeit, aber auch eine Abkehr von Gewalt attestiert.

Nichtsdestoweniger beharrt die Staatsanwaltschaft auf einer Fortführung der Verwahrung, denn die Gefangene sei nach wie vor für sadistische Fantasien empfänglich und unter keinen Umständen bereit, offen über ihre Tötungen zu sprechen. Dies sei indes eine zwingende Voraussetzung für die Aufhebung der Sicherungsmaßnahme. Zudem könne Sadismus nicht wie eine gewöhnliche Erkrankung geheilt werden, Carla Steiner müsse demzufolge auch weiterhin als Hochrisikogefangene eingestuft werden.

Das Gericht lässt vorerst beide Argumentationslinien gelten und gibt ein Ergänzungsgutachten in Auftrag. Es soll die Frage beantworten, ob sich mit einer stationären Maßnahme die Gefahr von weiteren mit Carla Steiners psychischer Störung in Zusammenhang stehenden Taten deutlich verringern lässt. Eine gewiss sachgerechte Entscheidung, die allerdings einen wesentlichen Aspekt unberücksichtigt lässt, sollte die Expertise abermals negativ ausfallen: die Bedingungen des Vollzugs.

Zugegeben: Carla Steiner ist eine ganz und gar ungewöhnliche Verbrecherin, und solange begründete Zweifel an ihrer Ungefährlichkeit für andere Menschen, insbesondere Frauen, bestehen, ist die Bevölkerung vor ihr wirksam zu schützen. Diese Frau wünscht sich eine Normalität, die es für sie aktuell nicht gibt, vielleicht sogar generell nicht geben kann. Wahr ist hingegen auch: Für Carla Steiner müssen Vollzugsbedingungen geschaffen werden, die wenigstens menschenwürdig sind, die nicht allein darauf abzielen, eine unbequeme Delinquentin sozial zu isolieren und lebendig zu begraben. Das sind wir nicht nur ihr, sondern uns selbst schuldig. Unserem Selbstverständnis. Unserem Menschenbild. Ein Hochsicherheitstrakt darf eben keine bloße Lebensversickerungsanstalt sein, in der Gefangene nur ihren Tod erwarten dürfen. Es muss ein Ziel gesetzt werden, auf das Carla Steiner hinarbeiten kann, es muss auch für sie eine realistische Lebensperspektive geben. Alles andere wäre letztlich genau das, was wir Carla Steiner vorwerfen: pure Menschenverachtung.

INTERVIEW MIT EINER PATIENTENMÖRDERIN

»Wir sind doch da, um Leben zu retten.
Dass da jemand gegensteuert,
das kann man sich kaum vorstellen.
Man hat in solchen Momenten doch totales Vertrauen.
Das Krankenhaus ist doch kein Ort,
an dem jemand umgebracht wird.«

»Hör mal, bei Christine ist schon wieder
jemand gestorben!«

»In unserer Welt ist es oft nicht einfach.
Menschen werden älter und können noch älter werden.
Ich bedauere im Nachhinein,
dass ich Schicksal gespielt habe.«

Stellen Sie sich das bitte einmal vor: Einer Ihrer nächsten Angehörigen, vielleicht sogar Ihr Lebenspartner, erkrankt schwer, wird in eine Klinik überwiesen, dort erfolgreich operiert und anschließend mit günstiger Überlebensprognose auf eine Intensivstation verlegt. Entwarnung. Aufatmen. Zuversicht. Alles wird gut.

Als Sie Ihren Angehörigen besuchen, kommt bald darauf eine Krankenschwester hinzu, die Sie bereits kennen und der Sie bedingungslos vertrauen, die dann aber etwas tut, was Sie – und die meisten anderen Menschen wohl auch – für unmöglich halten: In

Ihrem Beisein verabreicht die Schwester Ihrem Angehörigen eine Überdosis Medikamente, und zwar nicht aus Versehen, sondern mit direktem Tötungsvorsatz. Ihr Angehöriger gerät daraufhin in einen lebensbedrohlichen Zustand, kann nicht mehr reanimiert werden und stirbt vor Ihren Augen; ermordet von der Krankenschwester, die Sie in dem Glauben lässt, der Tod sei auf natürliche Weise eingetreten.

Christine Brückner hat genau das getan – nicht einmal, nicht zweimal, sondern immer wieder. Anderthalb Jahre lang tötete sie auf der kardiologischen Intensivstation eines Krankenhauses Patienten, die ihr zur Pflege anvertraut worden waren. In acht Fällen wurde sie angeklagt, fünf Tötungen konnten ihr letztlich nachgewiesen werden. Die Opfer, eine Frau und vier Männer im Alter von 48 bis 77 Jahren, hatten unter schweren Herz- oder Lungenerkrankungen gelitten, bevor sie einen gewaltsamen Tod starben.

Dieser Fall erscheint nach wie vor rätselhaft, weil auch während der Hauptverhandlung nicht zweifelsfrei aufgeklärt werden konnte, warum eine nicht vorbestrafte, bei Freunden und Nachbarn beliebte, überaus berufserfahrene, anerkannt kompetente, leistungsstarke und in gefestigten sozialen Verhältnissen lebende Krankenschwester im Alter von 51 Jahren damit begonnen hatte, ihre Patienten zu ermorden. Während Christine Brückner sich bei den Tötungen als Vollstreckerin eines »göttlichen Willens« gesehen haben will, urteilte das Gericht, sie habe aus Intoleranz gegenüber dem Tod gehandelt und gottgleich über Würde, Wert und Unwert des Lebens anderer entschieden.

Allerdings sind diese Einschätzungen nichts als Zustandsbeschreibungen, sie können das tatsächliche Mordmotiv nicht herleiten. Und genau aus diesem Grund habe ich mich dieses Falls angenommen, in Pressearchiven recherchiert, die Verfahrensakten gelesen, mit Christine Brückner Kontakt aufgenommen, Briefe geschrieben. Nachdem ich alle Informationsquellen ausgeschöpft habe, besuche ich die »Todesschwester« im Gefängnis – nur mit ihr kann es mir gelingen, diesen so mysteriös und monströs anmutenden Fall auch in der Tiefe zu verstehen.

»Warum sind Sie Krankenschwester geworden?«

»Ich bin schon als Fünfjährige mit einem kleinen Rot-Kreuz-Koffer herumgelaufen und mit einem Stethoskop. Ich wusste zu der damaligen Zeit gar nicht, was ein Stethoskop ist. Und später habe ich gesagt, dass ich Krankenschwester werden will.«

»Ihre Berufswahl fußt allein auf einer Lebenserfahrung als Kind?«

(überlegt kurz) »Es gab drei Berufe, die mir gefallen haben: Bibliothekarin, Lkw-Fahrerin und Krankenschwester. Man hat mir die ersten Berufswünsche ausgeredet, geblieben ist die Krankenschwester.«

Schon zu Beginn ihrer Ausbildung kennzeichnet spätere Patiententöterinnen häufig ein schwach ausgeprägtes Selbstwertgefühl. Die Entscheidung für einen »helfenden Beruf« dürfte auch auf die weitverbreitete Anerkennung für diese mitunter sehr belastende, aber nur mäßig entlohnte Tätigkeit abzielen, denn die allgemeine Wertschätzung wird in einem eher unbewussten Prozess personalisiert und damit der eigene Selbstwert erhöht. Die unmittelbare Folge ist ein positiv(er)es Lebensgefühl.

»Beschreiben Sie mir Ihren beruflichen Werdegang – Sie haben zunächst eine Ausbildung gemacht …«

(sehr ruhig, gefasst, bedächtig) »Ich habe in einem evangelischen Krankenhaus eine Ausbildung gemacht. Danach bin ich dort noch zwei Jahre auf einer internen Frauenstation geblieben. Später habe ich mich auch im Norden Hamburgs beworben und habe dort in einem Krankenhaus 15 Jahre lang gearbeitet. Bei meiner darauffolgenden Arbeitsstelle in Hamburg-Fuhlsbüttel hat mich die Geschichte des Krankenhauses interessiert, ich habe mich mit meinem Arbeitsplatz stark identifiziert. Also ich war sehr stolz, dort zu arbeiten.«

»Danach haben Sie Ihren Traumjob bekommen?«

»Nicht direkt. Ich habe erst einen Intensiv- und Anästhesiekurs im Herzzentrum gemacht. Danach war mir eigentlich klar, dass dieses Krankenhaus nicht das richtige war, wenn ich mehr lernen wollte, müsste ich irgendwo anders hingehen. Außerdem habe ich immer schon davon geträumt, irgendwann mal an meinem späteren letzten Arbeitsplatz beschäftigt zu werden. Und nach der Maueröffnung ist der Traum endlich wahr geworden.«

»Wie war das Verhältnis zu Ihren Kollegen und Vorgesetzten?«

(jetzt ein wenig nachdenklich) »Ja, es gab Differenzen. Heute würde man sagen, ich bin gemobbt worden.«

Alle Patiententöterinnen verbindet ein wenigstens episodenhaft emotional belastetes Verhältnis zu den Kollegen. Reduziert man das kollegiale Miteinander auf die Tatzeiträume, sind die Täterinnen regelmäßig schlecht beleumundet und werden nicht nur am Arbeitsplatz, sondern auch sonst in ihrem Sozialverhalten kritisch beurteilt oder sogar bewusst ausgegrenzt.

»Wie haben Sie auf das Mobbing reagiert?«

»Ich habe den Arbeitsplatz gewechselt. Das habe ich so für mich angenommen. Ich wollte einfach nicht mehr an dieser Hierarchie mitarbeiten. Ich wollte ganz normal meine Arbeit tun am Patientenbett. Mit dem Patienten, am Patienten arbeiten. Meine Philosophie war immer, solange ich das noch körperlich kann, mache ich das. Das hat mir immer Freude bereitet.«

»Sie hätten in viele medizinische Bereiche hineingehen können, in unterschiedliche medizinische Abteilungen, und doch haben Sie sich für die manchmal doch sehr belastende Tätigkeit auf einer Intensivstation entschieden ...«

(spontan) »Ich habe immer auf einer Intensivstation gearbeitet. Wir haben im Hause selbst auch Praktikumseinsätze gehabt, so dass ich mal in der Dialyse gearbeitet habe, im Katheterlabor und auch mal in der Herzchirurgie. Ich hätte ohne weiteres auch mal wechseln können, aber ich habe diese Arbeit dort gerne gemacht.«

Diese Selbsteinschätzung wird durch Aussagen ihrer Vorgesetzten gestützt, die Christine Brückner als differenziert, fachlich kompetent, fleißig und um Schwerstkranke vorbildlich bemüht beschrieben. Positives wussten auch ihre Kollegen zu berichten: Sie habe sich beispielsweise bei der morgendlichen Zuteilung der Patienten, die selbständig vorgenommen worden sei, stets freiwillig und bevorzugt für schwerstkranke Patienten entschieden, was letztlich zu einer vergleichsweise erhöhten Arbeitsbelastung geführt habe. Beklagt habe sie sich darüber niemals, auch nicht um Unterstützung gebeten.

»Gab es auch Momente, in denen Sie diese Entscheidung bereut haben?«

»Je länger man das macht … es ist regelrecht eingefahren, eingleisig. Man hat nur dieses kardiale Denken. Ja, das ist vielleicht ein gewisser Nachteil, aber neben der Arbeit gab es Fortbildungen. Ich war auch auf dem Hauptstadtkongress und habe dort immer wieder Neuerungen erfahren, aber viel einbringen konnte man trotzdem nicht.«

»Wenn *ich* jetzt vor der Entscheidung stünde, auf die Intensivstation zu gehen oder nicht, dann würde ich diese Tätigkeit als besonders belastend einschätzen, weil es täglich um Sterben und Tod geht und das auf Dauer nur schwer zu ertragen ist.«

(denkt einen Augenblick nach) »An Tod habe ich nicht gedacht bei meiner Arbeit auf der Intensivstation. Was ich geliebt habe, das war diese gewisse Hektik, dieser Stress, der da war. Dass man in einem bestimmten Zeitraum eine bestimmte Arbeit schaffen muss. Das war ein anderes Arbeiten als auf einer Normalstation mit 40 Patienten. Das ist dagegen Pillepalle.«

»Also war es für Sie eine echte Herausforderung?«

»Es war schon in gewisser Weise eine Herausforderung. Und es war eine andere Arbeit. Heute würde ich das so sehen: Also, du hast wenig Lust, 40 Betten zu machen, lernen tust du da überhaupt nichts. Das hätte mir auf lange Sicht nicht gefallen. Das war mir in etwa schon klar nach der Ausbildung, also nachdem ich eine ganz normale Station gesehen hatte. Ich wollte immer dazulernen und wollte immer dabei sein.«

»Gab es in Ihrer Tätigkeit besonders schöne Augenblicke oder Ereignisse, die man vielleicht sogar als Glücksmomente bezeichnen kann?«

»Glücksmomente …« (sie überlegt) »Manchmal denke ich, es waren Kleinigkeiten. Einfach, wenn ein Mensch danke gesagt oder wenn man kleine Erfolge gesehen hat.«

»Gesundheitliche?«

»Gesundheitlich auch, sagen wir mal, menschlich. Oder wenn Patienten entlassen wurden und einfach geschrieben haben. Man hat ja wenig Patienten gesehen, die entlassen wurden, die später auch noch mal wieder gekommen sind. Ich vergleiche das immer mit dem Kölner Dom: was für ein Bauwerk, wie erhaben – aber das hat mich gar nicht so interessiert. Mich haben eigentlich immer mehr so diese Kleinigkeiten interessiert. Das hat viel mehr Freude gebracht.«

»Gab es auch mal belastende Momente, Enttäuschungen, vielleicht sogar Ereignisse oder Erlebnisse, die sich wie eine persönliche Niederlage angefühlt haben? Solche Situationen kenne ich auch aus meinem eigenen Beruf …«

»Natürlich …« (macht eine lange Pause) »Ich denke mal in den letzten Jahren, die Ansichten haben sich schon etwas verschoben.«

»Entschuldigen Sie bitte, ich kann Ihnen gerade nicht folgen. Ansichten haben sich verschoben? Inwiefern?«

»Ja, es war wie so ein Aktivitätswahn. Sterben? Es durfte doch keiner mehr sterben.«

Viele Patiententöterinnen berichten von einem ambivalenten Verhältnis zur »Apparatemedizin«: Einerseits wird die Ausdehnung der ärztlichen Wahrnehmungs- und Handlungsmöglichkeiten anerkannt, andererseits eine technikdominierte und damit patientenferne Medizin bzw. Pflege beklagt. Es fehlt der sonst übliche Schwester-Patient-Kontakt als Ausdruck menschlicher Zuwendung.

»War das vorher anders?«

»Ich hatte das anders in Erinnerung. Aber ich weiß auch nicht mehr, ab wann sich das verändert hat. Darüber denke ich nach. Ich komme aber nicht an diesen Punkt. Aber vielleicht liegt es auch an der Forschung.«

»Forschung?«

»Das wird vielleicht an diesem ganzen Arbeiten, das schneller geworden ist, liegen. Und ich meine, ich selber brauchte keine Erfolge. Ich habe meine Arbeit getan. Natürlich habe ich mich auch gefreut, wenn es Erfolge gab. Aber wenn, dann waren es schon kleinere Schritte. Aber für einen Arzt ist es schon ein Erfolg, wenn eine schnelle Reanimation gelingt, egal was anschließend daraus wird. Aber er kann das dem nächsten Dienst gegenüber ganz anders vertreten, und er steht unter Umständen ganz anders vor seinen Vorgesetzten da. Ich denke, das ist schon ganz, ganz wichtig.«

Dazu passt die Einschätzung des damaligen Klinikleiters, der vor Gericht aussagte, die Kommunikation auf der Intensivstation sei hervorragend und alle miteinander befreundet gewesen, das »team of excellence« habe seinen Leitlinien entsprechend in dem Wissen um hohe Erfolgsquoten, wissenschaftliche Erkenntnisse und »schwarze Zahlen« hervorragend zusammengearbeitet. Dagegen lassen Vernehmungen anderer ärztlicher Zeugen und des Pflegepersonals erkennen, dass es gravierende Kommunikationsstörungen der Ärzte untereinander, aber auch zwischen Ärzten und Pflegern/Schwestern gab.

»Hatten Sie manchmal das Gefühl, dass eher das Sterben verlängert wurde, und nicht das Leben?«

»Das Sterben wird verlängert, ja. Nicht das Leben.«

»Wann beginnt denn für Sie das Sterben?«

Der Beginn des Sterbens ist nach allgemeiner Einschätzung nicht zweifelsfrei bestimmbar. Die Bundesärztekammer definiert Sterbende als »Kranke oder Verletzte mit irreversiblem Versagen einer oder mehrerer vitaler Funktionen, bei denen der Eintritt des Todes in kurzer Zeit zu erwarten ist«.

(denkt nach) »Das ist eine schwierige Frage. Es ist eine sehr schwierige Frage.« (sie schaut mich unschlüssig an)

»Ich formuliere es anders: Kann man den Beginn des Sterbeprozesses beobachten, gibt es dafür Anzeichen?«

(sehr leise) »Ja, das habe ich gesehen.«

»Woran erkennt man das denn?«

»Wenn Menschen sterben …« (überlegt) »Das Gesicht, das Gesicht verändert sich. Es wird, wie soll ich das beschreiben … es wird wie ein Dreieck. Das Gesicht verformt sich. Der Mensch sieht auf einmal ganz anders aus. Wenn man diesen Blick dafür hat.«

»Wie war denn so das Verhältnis zu Ihren Kollegen damals, so vor fünf bis sechs Jahren?«

Wegen ihrer Berufserfahrung war Christine ausreichend kompetent und wurde deswegen von Ärzten und Pflegern gleichermaßen respektiert. Im Kollegenkreis hatte sie indes eine Außenseiterposition. Den persönlichen Kontakt mieden die meisten, auch weil sie sich durch ihr beständiges »munteres Pfeifen« und unangemessenes, an Arroganz grenzendes Verhalten abgestoßen fühlten. Den Kollegen missfielen zudem Christine Brückners Stimmungsschwankungen, aber auch ihr Sarkasmus und ein übertrieben wirkendes Auftreten wurden moniert.

»Ich denke, so wie hier. Ich bin eine Einzelgängerin, aber ich bin kein Außenseiter. Ich habe mich nicht abgegrenzt. Ich habe gemeinsame Aktivitäten mitgemacht. Feiern und so weiter. Es gab einige Kollegen, die waren so in meinem Alter, und es gab sehr junge Kollegen, die eigentlich ganz andere Interessen hatten. Ich jedenfalls habe meine Freizeit nach meinem Dienstplan gestaltet.«

»Was waren das für Kollegen, denen der Beruf nicht so wichtig war?«

»Die haben es etwas anders gesehen. Junge Menschen haben heute ganz andere Interessen. Teilweise haben sie den Beruf nur erlernt, weil es nichts anderes gab, und die Verträge wurden auch nur befristet abgeschlossen, selten verlängert. Diese Kollegen knieten sich nicht mehr richtig rein, die waren nicht mehr voll engagiert. Mit so einer Einstellung kann ich nicht so gut umgehen.«

Missfallen erregte Christines Eigenart, Berufsanfängern mitunter respektlos, nicht hilfsbereit oder sogar schikanös gegenüberzutreten. Nach übereinstimmenden Aussagen sei sie in solchen Fällen ausgesprochen kritikfreudig gewesen und habe Auszubildende sogar zu Putzarbeiten degradiert.

»Wie wurde festgelegt, wer welchen Patienten zu betreuen hatte?«

»Wir hatten Gruppenpflege, und jeder Kollege musste bestimmte Patienten versorgen, wenn man zum Dienst kam. Man konnte sich das aussuchen. Es war aber auch möglich, den Patienten vom Vortag weiter zu betreuen. Man wusste Bescheid, kannte Medikation und Therapie, man sah den Vergleich zum Vortag. Das fand ich immer sehr gut. Von daher musste jeder seine Arbeit zu Ende bringen und hat sich wenig um den anderen gekümmert.«

Christine Brückners Verhältnis zu ihren Kollegen war insbesondere geprägt von Kühle und Distanz, offensichtliche Kränkungen und Probleme wurden übergangen, übersehen oder überhört. Sie wollte par-

tout nicht so sein wie die anderen, musste sich mit ihnen aber notge-
drungen arrangieren.

»Sie sagten eben, dass Sie eher eine Einzelgängerin sind. War diese Isolation selbst gewählt, oder hat man Sie an den Rand gedrängt?«

(etwas missmutig) »Ich denke, das kam von beiden Seiten. Ich habe für mich eine Lebensphilosophie entschieden, die vielleicht ein bisschen verschroben ist.«

Jedenfalls gelang es Christine Brückner, trotz ihrer persönlichkeits-
bedingten Einschränkungen durchgängig ein sozial integriertes Leben
zu führen. Sie absolvierte ihre Ausbildung kraftvoll und entschlossen,
meisterte die erwähnte berufliche Krise (Mobbing), wusste sich stets
am Arbeitsplatz zu behaupten, arrangierte sich während ihrer lang-
jährigen Ehe mit den Vorlieben ihres Mannes, suchte nach der Tren-
nung von ihm therapeutische Hilfe, pflegte anschließend partner-
schaftliche Beziehungen und wusste ihre Freizeit- und Urlaubsaktivi-
täten sinnvoll zu strukturieren.

»Erzählen Sie doch mal. Wir lassen uns auch Zeit. Wenn Sie ein Taschentuch brauchen ...«

(weint) »Danke, ich habe eins mitgenommen, vorsichtshalber ...« (nach einer Pause) »Das ist schon merkwürdig« (jetzt wieder gefasster), »man hat mir nachgesagt, ich wäre auf meiner Gefühlsebene blockiert. Dann passieren Situationen, in denen ich angesprochen werde, und ohne dass ich etwas sagen kann, muss ich weinen. Na ja ...«

»Also fühlen Sie sich in Ihrer Emotionalität verkannt? Oder haben Sie sich hinter der Fassade der taffen Krankenschwester nur verschanzt, um gefühlsmäßig bzw. seelisch selbst nicht verletzt werden zu können?«

Keine Patiententöterin sprach je im Vorfeld der Taten über die sie
belastenden Dinge, weder beruflich noch privat. Die Täterinnen
kennzeichnet eine besonders stark ausgeprägte Verschlossenheit, aber

auch die Unfähigkeit, sich über eine sozial konforme Vorgehensweise aus einer seelischen bzw. beruflichen Überforderungssituation zu befreien oder wenigstens Hilfe zu suchen.

»Ich denke, dass es schon ein Panzer ist, um mich selber abzugrenzen; auch, um nicht zu viel von mir preiszugeben, denke ich.«

»Hat Ihnen das weh getan, dass Sie sich so verhalten mussten? Wären Sie gerne anders aufgetreten?«

(etwas trotzig) »Nein, anders wollte ich nicht sein.«

»Also waren Sie mit Ihrer sozialen Rolle zufrieden?«

»Ich kenne es nicht anders. Ob ich zufrieden war, weiß ich nicht. Sonst würde ich sagen, das war okay.«

»Haben Sie während der Zeit der Taten an sich eine Veränderung bemerkt? Ihnen wird nachgesagt, besonders Ihren Patienten gegenüber ruppiger gewesen und sogar handgreiflich geworden zu sein …«

In den letzten beiden Jahren ihrer beruflichen Tätigkeit zeigte Christine Brückner den Patienten gegenüber ein verändertes, mitunter inakzeptables Verhalten: überaus fordernd, beleidigend, ruppig, aggressiv, grob, mitunter rabiat. Sie soll nach übereinstimmenden Beobachtungen ihrer Kollegen gelegentlich handgreiflich geworden sein und Patienten an den Haaren gezogen oder sogar geschlagen haben.

In diese Zeit fiel auch die Trennung von ihrem Mann. Christine Brückner fühlte sich mit einem Mal alleingelassen und einsam. Sie hatte Angst, wusste nicht, wie es weitergehen sollte. Sie konnte sich zumindest zeitweise selbst nicht helfen, wollte aber ihren Patienten beistehen.

»Ich denke, ich habe mich schon verändert. Aber so, wie es dargestellt wurde, das hat mich furchtbar entsetzt.«

»Sagen Sie mir doch einfach, wie es war. Geben Sie mir ein Beispiel.«

»Ich habe einen Patienten betreut, der verwirrt war, der sich immer wieder die Kabel abgerissen und am Katheter gezerrt hat.

Das ging fast den ganzen Tag so. Und irgendwann bin ich rein, habe mit ihm geschimpft. Dann habe ich ihm auf den Oberarm gehauen, da hat er ganz erstaunt geguckt. Danach ist er erst mal an nichts mehr rangegangen ...« (überlegt kurz) »Ich denke, da kam Wut dazu, auch eigentlich so eine Sinnlosigkeit: Du hast so viel zu tun, und jetzt so etwas. Wenn er sich den Katheter herausgezogen hätte, dann hätte ich so richtig Arbeit gehabt. Das wäre alles blutig gewesen. Ich habe Kollegen erlebt, die sind in solchen Fällen mit den Patienten ganz anders umgegangen.«

»Ihre Kollegen haben vor Gericht wenig Nettes über Sie ausgesagt ...«

»Also das, was die über mich gesagt haben, das war aus dem Zusammenhang gerissen, teilweise waren es auch Behauptungen, die nicht stimmten. Danach habe ich mich gefragt: Warum verhalten die sich so? Ich muss doch irgendjemandem sehr wehgetan haben, dass ...« (denkt nach) »Ich habe es einfach nicht verstanden. Das war nicht fair. Natürlich setzte danach irgendwann die Gruppendynamik ein, jeder wollte etwas zum Besten geben. Aber okay war es trotzdem nicht.«

»Ich möchte jetzt auf Ihre Taten zu sprechen kommen und von Ihnen wissen, wie es dazu kam – gab es einen Auslöser, einen Impuls, der Sie dazu animiert hat, das Leben genau dieses Menschen vorzeitig zu beenden?«

Nach Einschätzung des Gerichts soll es solche Effekte bzw. Zusammenhänge nicht gegeben haben. In der Urteilsbegründung heißt es dazu: »Hinweise auf psychodynamisch relevante konkrete Auslöser für einzelne Tathandlungen ergaben sich (...) nicht, insbesondere war die professionelle Kognition der Angeklagten nicht beeinträchtigt. Es kann allerdings davon ausgegangen werden, dass die geringe Frequenz von Teambesprechungen, fehlende Supervision und mangelnde Beobachtung der psychosozialen Situation der Pfleger als Systemproblem eine zusätzliche emotionale Belastung der Angeklagten darstellte. Nach dem Ergebnis der Beweisaufnahme haben sich jedoch keine Hinweise darauf ergeben, dass aus dieser Teamdynamik Wahrnehmungs- oder Selbststeuerungsprobleme der Angeklagten resultierten.«

»Hm …« (macht eine lange Pause) »An einen genauen Punkt kann ich mich nicht mehr erinnern, weil die Krankheitsgeschichten so unterschiedlich waren. Aber irgendwann, denke ich, muss so eine Sinnlosigkeit da gewesen sein. Vom Verstand her …« (wird sehr nachdenklich)

»Was hat denn die Patienten, deren Leben Sie beendet haben, von anderen Patienten unterschieden? Irgendetwas muss Sie doch inspiriert haben. Frust am Arbeitsplatz? Ärger mit den Kollegen? Probleme zu Hause? Ich will nicht glauben, dass Sie Patienten getötet haben, bloß weil Sie schlechte Laune hatten …«

»Nein, nein. Ich hatte selten schlechte Laune. Wenn ich auf die Arbeit kam und meinen Kittel anzog, dann war es fast so, als wenn die Jalousie runterging, und ich tat meine Arbeit. Vielleicht war es nach der Trennung von meinem Mann anders. Da ging es mir nicht so gut. Aber das haben die Kollegen auch bemerkt, und sie zeigten sehr viel Verständnis.«

»Wenn der Partner die Trennung wünscht und vollzieht, fühlt man sich elend, das ist ganz normal. Aber ich möchte Sie noch mal zurückführen zu der Überlegung, dass es vor jeder Tötung einen konkreten Auslöser gegeben haben könnte …«

(spontan) »Diese Frage, was machst du hier eigentlich, und wo soll das hinführen …«

»Diese Frage haben Sie sich vor jeder Tat gestellt?«

»Ja.«

»Und diese Frage haben Sie auf Ihre Art beantwortet …«

»So würde ich das heute sehen, ja.«

»Und warum haben Sie das in dem einen Fall so – Leben! – und in dem nächsten Fall anders – Tod! – entschieden?«

»Das kann ich nicht genau beantworten. Vielleicht lag es daran, dass ich mich einfach mehr in diese Lebensgeschichte hineinbegeben habe. Ich wusste über diese Menschen einiges. Ich hatte auch Kontakt zu den Angehörigen. Das war mir wichtig. Wenn Angehörige kamen, die teilweise verzweifelt waren und furchtbares Leid ertragen mussten, konnte ich ihnen Trost spenden. Und die Patienten haben ja auch von sich erzählt, von ihrer Familie. Ich glaube, das tat ihnen gut. Und mir hat es einfach Freude gemacht. Obwohl ich auch aufpassen musste. Je länger man sich mit einem Patienten befasste, umso enger wurde diese Verbindung. Und genau das wollte ich dann aber auch nicht.«

Christine Brückners Verhalten gegenüber den Angehörigen der Patienten wurde von ihren Kollegen unterschiedlich beurteilt: Während einige das Gefühl hatten, sie könne jedenfalls mit den Angehörigen besonders gut umgehen, empfanden andere genau dieses Verhalten als unangemessen distanzlos.

»Und was hat das mit dem Impuls zu tun, das Leben eines Patienten zu verkürzen?«

»Erst mal gar nichts. Das ist ja die Frage, die ich mir auch immer stelle. Warum habe ich denn da eingegriffen? Ich hätte doch nur zu warten brauchen. Die wären doch sowieso gestorben.«

»Ja, wahrscheinlich wären sie früher oder später gestorben.« (jetzt energischer) »Nicht wahrscheinlich, die wären gestorben!«

»Haben Sie auf die Frage der eigenen Tötungsmotivation eine Antwort gefunden?«

»Nein, habe ich nicht.«

»Mich hat bei meinen Recherchen etwas stutzig gemacht, und zwar soll es da den einen oder anderen Fall gegeben haben, in dem Sie eine Überdosis verabreicht haben, obwohl die Angehörigen direkt daneben saßen. Stimmt das?«

»Ja, das war so. Das war wirklich so. Das war mir sehr wichtig. Dass der Angehörige dabei ist.«

»Können Sie das mal beschreiben, wie so eine Tat abgelaufen ist?«

»Diese Frau war seit zwei Monaten bei uns. Man hatte versucht, den Blutdruck medikamentös anzuheben, was aber nur teilweise gelang. Sie wollte nicht. Sie hatte Phasen, wo sie klar bei Bewusstsein war, und Phasen, wo sie desorientiert war. Sie wollte nicht essen. Deswegen hatte sie eine Magensonde bekommen. Man hatte sie nach ärztlicher Anordnung fixiert. Die Ärzte hatten ihre Therapie bestimmt, und es ging alles so weiter. Der Blutdruck ging mal hoch, mal runter. Man konnte sie nicht in den Sessel setzen, dafür war sie zu schlapp. Ihr Zustand blieb unverändert kritisch.«

»Wer von den Angehörigen besuchte die Frau?«

»Der Ehemann kam häufig zu Besuch. Er saß immer bei ihr am Bett – und was sollte es werden, was sollte es werden?« (überlegt kurz) »Mal hat sie ihn erkannt, mal hat sie ihn nicht erkannt. Er wusste nie, was ihn erwartet, wenn er zu Besuch kam. Manchmal, wenn sie ihn erkannt hatte, sagte sie: ›Hau ab, ich will nichts mehr mit dir zu tun haben.‹ Oft hat sie auch gesagt, sie will nicht mehr leben. Aber das kann man in diesem Zustand nicht mehr so ernst nehmen. Und wie er so an ihrem Bett saß, da habe ich irgendwie gedacht, wie soll das weitergehen?« (überlegt wieder einige Augenblicke) »Ich habe die Frau so angeguckt – das Gesicht sah wieder so komisch verändert aus, es sah anders aus als am Vortag. Sie konnte auch ihren Kopf nicht mehr richtig bewegen. Da habe ich zu ihrem Mann gesagt, er möge doch einen späteren Zug nehmen. Er willigte ein und ging noch einmal in die Cafeteria. Als er zurückkam, setzte er sich wieder ans Bett seiner Frau. Kurz darauf habe ich das Medikament gespritzt und bin dabei geblieben …« (jetzt sehr leise) »Für mich war wichtig, dass er Abschied nehmen konnte.«

Während Christine Brückner für sich human eingefärbte Beweggründe reklamiert, beurteilte das Gericht diesen Fall anders: »Die An-

geklagte, der bewusst war, dass die Frau noch einige Zeit gelebt hätte, wollte diese töten, weil sie der Ansicht war, dass das Leben der Patientin nichts mehr wert sei.«

»Können Sie mir sagen, was Sie in diesen Momenten empfunden haben?«

»Empfunden …« (wird sehr nachdenklich) »Nichts. Gar nichts. Nein, ich glaube, gar nichts. Nein, nein …« (flüstert) »Ich habe einfach nur daneben gestanden.«

Christine Brückner will oder kann nicht darüber sprechen, was sie vor, während und nach den Tötungen empfunden hat – ein nicht nur für Patiententöterinnen, sondern für Serienmörderinnen allgemein typisches Aussageverhalten. Bei der Schilderung ihrer Taten wollen sie sich lediglich auf die Beschreibung der Tathandlungen beschränken, ohne dabei eigene Empfindungen und Gefühle preiszugeben.

»Haben Sie nach der Tat reflektiert, dass Sie sich ins Unrecht gesetzt haben? Andernfalls hätten Sie das ja öffentlich machen können …«

»Irgendwie hat es mich aber auch betroffen gemacht. Denn mich hat anschließend ein Arzt angesprochen, und der sagte: ›Ist alles in Ordnung?‹ Und ich sagte: ›Ja.‹«

»Wollten die Patienten sterben, oder wollten Sie, dass die Patienten sterben?«

Lediglich in einem Fall äußerte ein Patient den behandelnden Ärzten gegenüber, er wünsche keine lebenserhaltenden Maßnahmen und wolle insbesondere nicht angebunden an organersetzenden Geräten sterben. Der Allgemeinzustand des an fortgeschrittenem Lungenkrebs leidenden Mannes hatte sich nach der Verlegung auf die Intensivstation kontinuierlich verschlechtert. Er war zunehmend desorientiert und erhielt eine Ernährungstherapie sowie Schmerz- und Herzmedikamente.

»Beides. Ich habe mit einem Patienten sehr lange gesprochen, der die Therapie abgelehnt und gesagt hat: »Es hat keinen Zweck mehr. Ich kann nicht mehr. Ich will nicht mehr.« Mit diesem Patienten habe ich mich unterhalten. Die Angehörigen hatten sich am Vortag schon von ihm verabschiedet. Sie konnten das Leid nicht mehr ertragen.«

»Hatten Sie nach den Taten das Bedürfnis, sich mitzuteilen?«

Viele Serienmörder sind stolz auf ihren Taten und sprechen mit anderen darüber, machen vielmeinende Andeutungen oder teilen sich auf andere Weise mit (etwa durch anonyme Selbstbezichtigungen oder entsprechende Ankündigungen).

»Nein, wem hätte ich das mitteilen sollen?«

»Manche Patiententöter weisen auf sich selbst als Täter hin, indem sie Andeutungen machen, zynisch über ihre Opfer sprechen oder ein Tagebuch führen.«

»Nein, das habe ich nicht getan.«

»Jetzt hat man Sie wegen Mordes verurteilt. Fühlen Sie sich auch als Mörderin?«

Das Gericht urteilt hierzu: »Aufgrund der Gesamtwürdigung aller äußeren und inneren für die Handlungsantriebe der Angeklagten maßgeblichen Faktoren geht die Kammer davon aus, dass sie in allen fünf festgestellten Fällen aus niedrigen Beweggründen gehandelt hat.« Der Bundesgerichtshof sieht dieses Mordmerkmal als erfüllt an, wenn die Motive einer Tötung »nach allgemeiner sittlicher Anschauung verachtenswert sind und auf tiefster Stufe stehen«.

»Nein! Ich bin keine Mörderin!«

»Und warum nicht?«

»Unter Mord verstehe ich etwas anderes.«

In Paragraf 211 des Strafgesetzbuches heißt es: »Mörder ist, wer aus Mordlust, zur Befriedigung des Geschlechtstriebs, aus Habgier oder aus sonst niedrigen Beweggründen, heimtückisch oder grausam oder mit gemeingefährlichen Mitteln oder um eine andere Straftat zu ermöglichen oder zu verdecken, einen Menschen tötet.« Vereinfacht ausgedrückt: Mord ist ein vorsätzliches Tötungsdelikt, dem, im Gegensatz zum Tatbestand des Totschlags nach Paragraf 212 des Straf-

*gesetzbuchs, gesellschaftlich eine besondere Verwerflichkeit zuge-
schrieben wird.*

»Und was genau verstehen Sie darunter?«

(flüstert) »Etwas sehr Brutales. Etwas sehr auf lange Sicht Ge-
plantes, etwas Schandhaftes, etwas Bösartiges.«

»Und was haben Sie getan?«

»Wahrscheinlich das Gleiche. Aber ich kann keinen Grund erkennen, warum ich es getan habe. Wenn ich jetzt sagen würde, da
wäre eine gewisse Erlösung gewesen, dann trifft das aber auch
nicht so richtig zu.«

»Wer sollte denn wovon erlöst werden?«

»Ich habe Theorien gelesen, dass nicht die Opfer erlöst werden
sollten, sondern die Täter.«

*Diese Theorie besagt: Patiententöter entwickeln beziehungs-, all-
tags- und berufsbedingt ein persönliches Leiden, das sie stark beeinträchtigt, über das sie aber nicht sprechen können oder nicht sprechen
wollen. Durch die fortwährende Konfrontation mit kranken und sterbenden Menschen am Arbeitsplatz kommt es zu einer durch die Täter
schwer zu durchschauenden Vermischung von eigenen Missempfin-
dungen und dem unterstellten bzw. faktischen Leid des Patienten.
Dieser Prozess wird als »projektive Identifikation« bezeichnet. Demzufolge werden innere Spannungen und Gefühlszustände des Täters,
die sich (noch) nicht in Worte fassen lassen, in den Patienten gleich-
sam hineinverlagert. Dieser Prozess läuft überwiegend unbewusst ab,
beginnend mit dem Unvermögen, eigene Wahrnehmungen, Gefühle
und Stimmungen noch trennscharf von denen des Patienten unterscheiden zu können. Im weiteren Verlauf wird schließlich das eigene
Leid auf den Patienten übertragen und soll durch dessen Tod beseitigt
werden.*

»Lassen Sie diese Theorien besser beiseite. Sagen Sie mir lieber,
wie Sie Ihre eigenen Handlungen erlebt haben bzw. einschätzen ...«

»In gewisser Weise sollten die Patienten schon erlöst werden. Wie gesagt, sie wären nach geraumer Zeit auch alleine erlöst worden. Da hätte ich gar nicht eingreifen müssen.«

»Kann es sein, dass Sie diese leidvollen Situationen nach all den Jahren nicht mehr ertragen haben? Dass Ihnen das zu viel geworden ist?«

»Das muss wohl so gewesen sein.«

»Ich nenne Ihnen mal drei mögliche Motive: Mitleid, Überforderung, Herrschsucht. Womit könnten Sie sich identifizieren?«

(überlegt lange) »Trifft alles nicht so richtig zu. Es war kein Mitleid. Nein, es war kein Mitleid, vielleicht Mitgefühl. Mitleid, nein.«

Auch das Gericht verneinte als Motiv Mitleid: »Weder die von der überwiegenden Anzahl der Zeugen geschilderte wiederholt ›ruppige‹ Umgehensweise der Angeklagten mit den Patienten noch deren verbal-aggressiven oder gar tätlichen Übergriffe vermögen das Bild einer mit den Patienten leidenden, diesen den Aufenthalt im Krankenhaus so angenehm wie möglich machenden Schwester zu stützen. Auch die Schilderungen der Angeklagten zu ihrem Verhältnis zu den Patienten, die sie nur kurz betreut hat, sind insoweit – auch im jeweiligen Einzelfall – nicht ergiebig.«

Erfahrungsgemäß berufen sich viele Patiententöterinnen irgendwann auch auf das Mitleidsmotiv, allerdings fehlen häufig die objektiven Voraussetzungen, denn die Patienten sind nicht sterbenskrank und äußern auch nicht den Wunsch, getötet zu werden. Überhaupt erscheint eine Tat aus Mitleid wenig plausibel: Mit-Leiden bedeutet, mitzufühlen und einen Teil der fremden Qualen innerlich mitzutragen. Patiententöter handeln eben nicht aus diesem Impuls heraus, sondern weil sie dem Mit-Leiden nicht gewachsen sind.

»Hatten Sie manchmal das Gefühl, es wird Ihnen alles zu viel?«

»Natürlich gab es auch Tage, an denen ich überfordert war, wo

145

ich überlegt habe: was mache ich denn jetzt zuerst, um es überhaupt zu schaffen.«

Viele Patiententöterinnen berichten von besonders belastenden Arbeitsbedingungen und lassen an ein Burn-out denken. Das damit verbundene erhebliche Frustrationspotenzial führt in vielen Fällen zu einem latent aggressiven Verhalten und bedarf gelegentlich nur eines vergleichsweise geringfügigen Auslösers, um in Gewalthandlungen zu münden. Allerdings erscheint in diesem Zusammenhang vornehmlich die durch Patiententöter empfundene Sinnlosigkeit ihres pflegerischen Handelns das Problem der Arbeitsbelastung zu befeuern.

Die Arbeitsbelastung, der Christine Brückner und ihre Kollegen ausgesetzt waren, wurde überwiegend als durchschnittlich bewertet. Allerdings musste in den letzten Jahren die Streichung von drei Planstellen verkraftet werden. Und schon aufgrund des spezifischen Zuschnitts der (Intensiv-)Station war der Anspruch an das Pflegepersonal hoch und deren Tätigkeit physisch und psychisch belastend. Zudem monierte das Gericht in diesem Kontext: »Diesen Schwierigkeiten wurde nicht optimal Rechnung getragen. Es bestand zwar ein theoretisches Fortbildungsangebot, Teambesprechungen fanden jedoch nur einmal im Monat und Fall- bzw. Patientenbesprechungen nur gelegentlich statt. Eine psychologische Teambegleitung gab es nicht.«

»Diese Art der Überforderung meinte ich nicht so sehr, sondern mehr die seelische.«

»Das …« (überlegt lange) »Das dürfte wohl so gewesen sein.«

»Dann haben also nicht nur die Patienten gelitten, sondern Sie auch?«

(sehr nachdenklich) »Ja, wahrscheinlich. Ja.«

»Und dieses Leiden könnte entstanden sein, weil Sie sich im Laufe der Jahre auf dieser Station am Leid der Patienten seelisch und emotional abgearbeitet haben? Konnten Sie sich mit der Apparatemedizin noch identifizieren?«

»Es zählte einfach zu meinen Aufgaben, das so zu machen. So

habe ich es gesehen. Aber ich kann doch nicht nur an Apparaten drehen und irgendwelche Blutgasanalysen durchführen oder sonst was fixieren. Natürlich bekomme ich auf diese Weise meine Ergebnisse, aber da ist doch auch ein Mensch.«

»Hatten Sie das Bedürfnis, selbst darüber zu entscheiden, was mit Ihren Patienten passiert?«

»Nein, so habe ich nicht gedacht.«

»Sondern? Irgendwann müssen Sie doch zu dem Entschluss gekommen sein, das Leben des Patienten zu beenden …«

Erfahrungsgemäß besteht bei seriellen Patiententötungen zwischen Opfer und Täter ein zeitlich limitiertes Verhältnis, das im Regelfall keine tiefer gehende Beziehung erlaubt. Der Entschluss zur Tötung markiert in allen untersuchten Fällen nicht den Endpunkt einer minutiösen Planung bzw. Vorbereitung, sondern erfolgt unmittelbar und unwillkürlich aus der Situation heraus. Nach Einschätzung des Gerichts war das auch bei Christine Brückner der Fall: »Die Angeklagte entschloss sich spontan im Rahmen der Schicht, die Patienten zu töten.«

»Ja. Aber warum habe ich getötet? Wie Sie schon gesagt haben, ich habe das doch nicht alleine gemacht, das waren Entscheidungen der Ärzte.«

»War die Tötung eine Frage der Gelegenheit?«

»Nein, nein.«

»Was ist für Sie ein würdevolles Sterben? Wie stellen Sie sich diesen Prozess vor? Keine Apparatemedizin mehr?«

»Nein, nein. Diese Medizin bringt immer mehr hervor, was gut ist, was gemacht werden kann, wie Menschen geholfen wird. Aber irgendwann kommt man an eine Grenze, ein Arzt hat das mal ›Therapiegrenze‹ genannt. Aber wo ist die Grenze? Wann hören wir auf? Und wie lange machen wir weiter? Ich bin nicht Herrscherin über Leben und Tod.«

Ebendiese Zusammenhänge beschrieb das Landgericht Hamburg: »Die Angeklagte handelte (…) aus Intoleranz gegenüber dem Tod

(…) und maßte sich gottgleich die Entscheidungskompetenz über Würde, Wert und Unwert des Lebens anderer an.«

»Doch, faktisch sind Sie es gewesen, die über Leben und Tod der Patienten entschieden hat. Wogegen Sie sich immer noch wehren, ist die einfache Tatsache, dass die vermeintlich gute Tat eine böse war …«

(flüstert) »Ja, das stimmt … Ja, ja. Ja, das stimmt. Es war nicht positiv, was ich gemacht habe. Das weiß ich auch.«

»Auch nach den Buchstaben des Gesetzes nicht.«

»Ja, in unserem Land ist das eine Straftat.«

»Und in vielen anderen Ländern auch.«

»Ja.«

»Also waren Sie die gerechte Vollstreckerin Ihrer eigenen Entscheidungen?«

»Ich weiß nicht, was ich war, aber das klingt hart.«

»Das ist es auch. Wenn Sie das Leben eines Menschen vorzeitig beenden, ist das überaus gravierend und nicht akzeptabel. Sie, und zwar nur Sie haben über das Schicksal dieser Menschen geurteilt, und Sie haben dieses Urteil vollstreckt. Also, ich könnte das in wärmere Worte kleiden, aber man muss es auch mal so bedingungslos ansprechen.«

»Man muss es auch mal so sehen, ja.«

»Ist Ihnen die Entscheidung, einen Patienten zu töten und danach zu handeln, mit der Zeit leichter gefallen? Oder gab es bestimmte Situationen, die bei Ihnen eher reflexhaft einen Tötungsimpuls ausgelöst haben?«

Die bislang vorgelegten wissenschaftlichen Untersuchungen zu seriellen Patiententötungen belegen, dass die Bereitschaft nach der ersten Tat, wiederholt zu töten, steigt und die Hemmschwelle, es nicht zu tun, gleichermaßen sinkt. Bezeichnend sind auch die Selbstbekenntnisse der Täterinnen, die von »gewohnheitsmäßiger Sterbehilfe« oder »einem Absterben der Gefühle« sprechen.

»Nein, nein …« (überlegt) »Irgendetwas muss ja der Auslöser gewesen sein. Wenn es aber eine Gewöhnung gegeben hätte oder wenn mir die Patienten lästig geworden wären, dann wäre ich ja zum Dienst gekommen und hätte gesagt: Was ist denn hier los? Wer ist heute dran? Wenn ich das jetzt mal so fortspinne – nein.«

»Mit Gewöhnung meine ich eher, dass Sie nur noch geringe oder vielleicht sogar keine Hemmungen mehr hatten, einen Patienten zu töten. Können Sie sich noch daran erinnern, wie Sie den ersten Patienten getötet haben? Ist Ihnen die Tat schwergefallen, mussten Sie sich dazu überwinden?«

»Da musste ich über nichts hinüber, nein.«

»Dann frage ich Sie jetzt, warum Sie nicht schon viel früher Patienten getötet haben?«

»Das weiß ich nicht. Das ist ja das, was ich nicht weiß.«

»Was hätten Sie tun können, damit es nicht so weit kommt?«

Dies ist ein speziell die serielle Patiententötung charakterisierendes Merkmal: Keine Schwester, aber auch kein Pfleger war bereit, sich rechtzeitig beruflich zu verändern oder wenigstens nach der ersten Tötung in einen anderen Arbeitsbereich zu wechseln, um Tatwiederholungen zu erschweren bzw. unmöglich zu machen. Auch wurde bewusst darauf verzichtet, der enormen Belastung durch Verringerung der zu absolvierenden Arbeitszeit zu begegnen.

»Man hat auch gesagt, ich hätte vielleicht kürzertreten sollen. Teilzeit machen oder so. Ich hatte auch darüber nachgedacht, war aber der Meinung, dass es mir Freude machte, am Krankenbett zu arbeiten. Solange ich noch die körperliche Kraft hatte, wollte ich das auch so machen. Etwas kürzertreten hätte ich später immer noch gekonnt.«

»Darf ich Ihnen einen Aspekt zu bedenken geben?«

»Ja, bitte.« (schaut mich neugierig an)

»Die körperliche Kraft alleine reicht nicht aus, um längerfristig auf einer Intensivstation erfolgreich arbeiten zu können …«

»Das stimmt. Ich denke im Nachhinein, dass die andere Kraft irgendwie gefehlt hat. Ich habe nicht das Leben verkürzt, ich habe das Sterben verkürzt. Und das bereue ich nicht. Ich denke, in diesem Zustand, in dem ich war, wäre das wahrscheinlich so weitergegangen.«

»Was würden Sie den Hinterbliebenen der Opfer heute sagen wollen?«

»Das ist etwas, woran ich meist nicht gedacht habe. In solchen Momenten denkt man doch nicht daran. Das ist mir erst später sehr, sehr deutlich geworden. Dass ich es unendlich bedaure, dass die Gestorbenen sozusagen zweimal gestorben sind, das tut mir sehr leid ...« (weint) »Ich bedaure es auch sehr, dass ich den Pflegestand in Verruf gebracht habe.«

»Ich komme noch einmal auf die Tat zurück, über die sie eben berichtet haben. Was haben Sie empfunden, als Sie dem Mann sagten, er möge einen späteren Zug nehmen, was haben Sie gefühlt, als Sie die tödliche Spritze setzten – was hat Sie angetrieben?«

»Ausschlaggebend war, dass ich immer gesehen habe, wie wird das, wie geht das jetzt weiter. Wie zum Beispiel bei dem einen Patienten, der zehnmal reanimiert wurde. Also nun reanimieren wir noch das elfte Mal? Und was kommt danach?«

»Hatte das für Sie keinen Sinn mehr?«

»Doch, sicher, man hätte das noch weitermachen können. Aber was hätten wir denn damit erreicht? Keinen Therapieerfolg, gar nichts. Nichts hätten wir erreicht.«

»Was haben Sie denn dadurch erreicht, dass Sie die Menschen zu Tode gebracht haben?«

»Auch nichts.«

»Denken Sie heute noch an die Opfer?«

»Nein. Wo liegt da der Sinn?«

Die meisten Patiententöter waren – entgegen ihren Selbstbekennt-

nissen und Erklärungsversuchen – nicht in der Lage, Mitgefühl für
ihre Opfer zu entwickeln. Bezeichnenderweise spielen die Patienten in
der Vorstellungswelt der Täterinnen und Täter auch viele Jahre nach
den Tötungen keine Rolle und werden konsequent ausgeblendet.

»Ich möchte noch einmal auf Ihre Religiosität zu sprechen kommen. Es wurde berichtet, Sie seien ein religiöser Mensch. Und Sie wären nach einer Ihrer Taten in die Kirche gegangen. Stimmt das?«

»Wer hat das erzählt? Das stimmt nicht.«

»Sie kennen doch sicher das fünfte Gebot: Du sollst nicht töten! Wie halten Sie es damit?«

»Es gibt auch das Gebot: Du sollst nicht ehebrechen. Es gibt auch das Gebot: Du sollst nicht wider deines Nächsten Schlechtes reden. Es gibt viele Gebote. Du sollst nicht töten. Das Gebot wird auch ...« (denkt kurz nach) »Das Gebot wird auch verletzt.«

»Wenn Sie an Gott glauben, dann haben Sie dieses Gebot gebrochen ...«

»Ja.«

»Sie sollen auch mal gesagt haben, Gott hätte mit am Bett gestanden, als Sie die Taten ausgeführt haben. Können Sie mir das erklären?«

Derlei Zusammenhänge hatte Christine Brückner dem psychiatrischen Sachverständigen anvertraut. In den Gesprächen mit ihr seien immer wieder Größenideen, vor allem bei der Schilderung der eingeräumten Taten, deutlich geworden. Sie habe sich als »Mitwirkende eines göttlichen Willens«, den sie erkannt habe, bezeichnet, die Tötungen seien eine Eingebung »vor Gott« gewesen.

»Das ist auch weit interpretiert worden. Ich weiß, dass Gott für mich da ist. Und alles, was ich bin, bin ich durch Gott geworden. Es gab viele Momente in meinem Leben, wo ich Entscheidungen treffen musste, und ich wusste immer, Gott wird mir sagen, was ich tun soll. Manchmal gibt es Zeiten oder Tage, wo man unsicher ist. Wo man überlegt, ob das richtig ist. Versuchst du noch einmal einen Neuanfang? Ich habe aber immer gewusst, irgendwann geht es weiter. Dann kommt eine Entscheidung. Vielleicht war das auch zu naiv gedacht.«

»War das bei den Taten auch so? Hat Gott Sie beeinflusst?«

(flüstert) »Ich denke, schon. Aber das war meine Entscheidung.«

»Das verstehe ich nicht. Inwiefern hat Gott Sie geleitet?«

»Das kann ich Ihnen nicht sagen. Er ist bei mir.«

»Fehlt Ihnen Ihre berufliche Tätigkeit heute?«

»Am Anfang hat mir die Arbeit sehr gefehlt. Das war furchtbar. Ich guckte abends auf die Uhr und dachte, jetzt hättest du eigentlich Nachtwache. Das fehlte mir sehr. Heute ist das anders. Ich lächele fast ein wenig darüber und sage, jetzt können die sich mal abrackern.«

»Ich möchte Sie mal etwas anderes fragen: Warum wollten Sie keine Kinder haben?«

(spontan) »*Wir* wollten keine Kinder. Darüber waren wir uns einig. Mein Mann hatte einen guten Beruf, und ich war immer der Meinung, bei meinem Beruf ist es ratsam, keine Kinder zu haben. Aber es tat mir auch nicht weh. Ich kann mit Kindern gerne mal so zwei, drei Stunden spielen, auch mit meinem Patenkind, aber das reicht mir dann. Und ich hatte mal einen Traum. Gott sei Dank habe ich das damals nicht den Psychologen erzählt. Der Traum geht so: Ich habe ein Kind bekommen und lege es in einen Schuhkarton auf den Küchenschrank. Da war für mich klar: Das lassen wir mal.«

»Von den Opfern träumen Sie nicht?«

»Nein.«

»War Ihnen denn damals bewusst, dass Sie etwas Falsches taten, etwas Unrechtes?«

Nach Einschätzung des Gerichtsgutachters sei Christine Brückner sich der Strafbarkeit ihres Handelns durchaus bewusst gewesen. Den Entschluss zu töten habe sie erst im Verlauf der jeweiligen Arbeitsschicht entwickelt. Das Tatgeschehen sei von ihr objektivierend, überaus versachlicht und im Kontext der medizinischen und technischen Probleme geschildert worden; im Gegensatz dazu hätten ihre Andeutungen von Intuition gestanden, die sie zur Begründung ihrer Handlungen als Auswahlkriterium für die getöteten Patienten geschildert habe.

»Darüber habe ich nicht nachgedacht. Natürlich weiß ich, dass das eine Straftat war, aber erst im Nachhinein. Darüber habe ich mir in dem Moment keine Gedanken gemacht.«

»Was haben Sie denn empfunden, wenn Sie eine Überdosis gespritzt haben?«

»Ich habe nichts gefühlt. Ich habe beobachtet.«

»Ein Leiden?«

»Kein Leiden. Ein ruhiges Hinübergleiten. Das machte mich auch ruhig, was aber nicht bedeutet, dass ich vorher aufgeregt war.«

»Das Erlösen von Leid hat Sie beruhigt?«

»Das hat mich beruhigt. Ich habe viele Menschen furchtbar sterben sehen. Vielleicht wollte ich das nicht mehr so hinnehmen. Aber ob das jetzt die richtige Methode war ...« (wird nachdenklich)

»Helfen Sie mir mal. Einerseits war es die falsche Methode, aber andererseits doch richtig?«

»Es war nicht die richtige Methode. Ich kann mich da jetzt nicht mehr hineindenken: nein, nein es geht nicht.«

»Ich möchte nochmals auf die erste Tat zu sprechen kommen. Was gab den Impuls zur Tat? Können Sie sich daran noch erinnern? Warum die eine Person? Warum zu diesem Zeitpunkt?«

Nach den Feststellungen des Gerichts ereignete sich diese Tat so:
»*Gegen 7 Uhr war der 64 Jahre alt gewordene Patient, der an einem*

Harnblasenkarzinom und an einer Herzerkrankung litt, von der Uro-
logie auf die Intensivstation gebracht worden, weil er reanimiert wer-
den musste. Mit dem Ziel, den Blutdruck zu erhöhen und zu stabilisie-
ren, übernahmen die diensthabenden Ärzte die Reanimation. Im Rah-
men dessen wurden dem Patienten verschiedene Medikamente
verabreicht, die in diesem Rahmen indiziert waren. Während sich die
Ärzte dergestalt um das Leben des Patienten bemühten, verabreichte
die Angeklagte als zuständige Krankenschwester in Tötungsabsicht
ein kontraindiziertes, da stark blutdrucksenkendes Medikament,
wobei sie bewusst die Arglosigkeit der schutzbereiten Ärzte und die
dadurch herbeigeführte besondere Wehrlosigkeit des Patienten aus-
nutzte.«

(wird nachdenklich) »Da gibt es so viele Zusammenhänge. Die
Angehörigen hatten eigentlich genug Geld. Er kam aus einem
Pflegeheim zu uns. Ich kenne dieses Pflegeheim. Da ist meine
Mutter gestorben. Er hätte nicht in diesen Zustand kommen
müssen. Wenn man so viel Geld hat, muss man die Angehörigen
nicht in so ein Pflegeheim abschieben. Daran musste ich auch
denken. Vielleicht war es auch ein Moment der Erinnerung an
frühere Zeiten. Vielleicht, ich weiß es nicht. Vielleicht gibt es zu
alledem Verbindungen zu früheren Zeiten.«

»Ich habe gelesen, Sie hätten angeblich fühlen können, wenn
Patienten sterben wollten. Können Sie mir das erklären?«

»Mit dem besagten Mann habe ich mich vorher lange unterhalten. Er wollte nicht mehr leben, er wollte sterben. Er war ganz
klar bei Bewusstsein. Später wurde er unter Morphium gesetzt.«

»Und die anderen Patienten?«

»Die anderen, da war der Herr mit den vielen Reanimationen,
der war auch verzweifelt.«

»Haben Sie in diesen Fällen Sterbehilfe geleistet?«

»Das, was ich getan habe, war keine Sterbehilfe. Das hätte ich
mir schriftlich geben lassen sollen. Ich habe in einen Prozess ein-

gegriffen, ohne dazu berechtigt gewesen zu sein. Ich wünschte, es wäre Sterbehilfe gewesen. Es hätte doch alles so bleiben können, es wäre sowieso geschehen.«

»Haben Sie sich danach besser gefühlt? Haben sich dadurch Dinge in Ihrem Leben positiv verändert?«

»Nein.«

»Und wie erklären Sie sich, dass es nicht bei einer Tat geblieben ist?«

»Weil es in gewisser Weise immer die gleichen Zustände waren. Etwas war gleich, aber es waren unterschiedliche Menschen und unterschiedliches Leid.«

»Als Sie verhaftet wurden, wie haben Sie sich da gefühlt? Waren Sie froh, dass es vorbei ist?«

»Das weiß ich nicht. Ich habe gesagt: ›Das geht jetzt nicht, ich muss morgen zum Dienst.‹«

GEBOREN, UM ZU STERBEN

»Ich kann nicht mehr. Was man dazu auch sagt,
sagen muss – es gibt keine Worte dafür.«

»Über Probleme haben wir kaum gesprochen,
selbst als immer klarer wurde,
dass mit ihr etwas nicht stimmt.«

»Irgendwann, wenn das hier vorbei ist,
möchte ich, dass du mir erklärst,
wie es dazu kommen konnte.«

Ein gepflegt wirkendes Fachwerkhaus am Rand einer 1000-Seelen-Gemeinde, umstellt von prächtig blühenden Obstbäumen. Nur einen Steinwurf entfernt mäandert ein Flüsschen still durch die idyllisch anmutende Wald-und-Wiesen-Landschaft. Die weißen Kieselsteine vor dem Haus leuchten grell in der Mittagssonne. Im Briefkasten steckt eine Zeitung, auf dem Rasen steht eine Schubkarre. An der Wäschespinne im Hof flattern Unterwäsche, Socken und T-Shirts im Wind, auf dem Schotterparkplatz vor dem Anwesen weht die Fahne eines Fußballvereins. Es hat den Anschein, als sei alles an seinem Platz, als habe alles ein Recht, als sei alles in bester Ordnung.

Hinter der Fassade. Jochen Brandt, der älteste Sohn der Familie, kehrt gerade aus dem Supermarkt zurück und möchte mehrere Pizzen im Gefrierfach des Kühlschranks deponieren. Das geht aber nicht, alle Fächer sind voll. Also versucht der 27-jährige

Chemielaborant es eine Etage tiefer. Vielleicht ist in der Gefriertruhe im Waschkeller noch Platz, die gewöhnlich nur von seiner Mutter genutzt wird. Warum es sich so verhält, hat er niemals hinterfragt. Es ist immer schon so gewesen. Damit hat es auch seine Richtigkeit.

Als Jochen Brandt den AEG-Tiefkühler öffnet, dasselbe Problem: Auch diese Truhe ist vollgestopft mit Lebensmitteln. Doch bei näherem Hinsehen erkennt er, dass die Esswaren längst hätten entsorgt werden müssen, weil das Haltbarkeitsdatum überschritten ist, mitunter sogar um mehrere Jahre. Also beginnt er damit, die abgelaufene Tiefkühlkost herauszunehmen, und stapelt sie auf dem Fußboden.

Wenige Augenblicke später stößt Jochen Brandt beim Entsorgen der Nahrungsmittel auf drei Einkaufstaschen, die schon sehr lange in der Gefriertruhe liegen müssen, jedenfalls sind die Plastiktüten mit Werbeslogans von Firmen bedruckt, die längst nicht mehr existieren. Jochen Brandt nimmt eine der Tüten heraus. Darin befindet sich ein großes Handtuch, darunter ein kleineres, an dem rötliche Anhaftungen kleben, die an Blut denken lassen. Merkwürdig.

Beim Auseinanderdrücken des gefrorenen Handtuchs kommt etwas zum Vorschein, das Jochen Brandt erst erstaunt, dann anekelt, schließlich entsetzt. Der junge Mann hält das, was er gerade lieber nicht entdeckt hätte, für den Kopf eines: Babys! »Melanie, komm mal sofort runter!« Keine Antwort. Jochen Brandt beginnt zu schreien: »M-e-l-a-n-i-e! verdammt noch mal, komm sofort runter!«

Kurz darauf steht seine zwei Jahre jüngere Schwester neben ihm. »Guck dir das mal an!«, sagt Jochen Brandt leise und zeigt entgeistert auf die Plastiktüte. »O Gott!« Mehr bringt Melanie Brandt nicht heraus, ihr versagt die Stimme, sie muss weinen. Jochen Brandt nimmt seine Schwester tröstend in den Arm. Minutenlang verharren sie so, schweigend, um Fassung ringend. Unwillkürliches Kopfkino. Böse Vorahnungen.

»Aber Mutti war doch gar nicht schwanger. Das kann doch nicht sein.« Jochen Brandt hat sich als Erster wieder beruhigt. »Warum sollte sie das gemacht haben?« Fragend schaut er seine Schwester an. »Uns gibt es doch auch.« Melanie Brandt antwortet nicht, sie starrt nur auf die Tiefkühltruhe. Als ihr Bruder Anstalten macht, die nächste Tüte herauszunehmen, hält sie ihn zurück. »Lass das! Schlimm genug!« Kurzes Schweigen. »Wir müssen mit Mami und Papi darüber reden!« Jochen Brandt überlegt einen Moment, dann ist er einverstanden. Er legt die Tüte mit dem Babykopf in die Truhe zurück und stapelt die verdorbenen Nahrungsmittel darüber, als könne er damit den grausigen Fund ungeschehen machen.

Es vergeht eine quälend lange, schlaflose Nacht, in der Melanie und Jochen Brandt sich immer wieder fragen, was denn wohl passiert sein mag, und vor allem: warum? Natürlich finden sie keine verlässlichen Antworten, aber wenigstens vergeht die Zeit so etwas schneller, denn ihre Eltern werden nach einem Kurztrip in den Westerwald erst am nächsten Tag in den späten Nachmittagsstunden zurückerwartet.

19.15 Uhr. Peinliche Befragung im Wohnzimmer der Familie Brandt. Anwesend sind Johanna, 46 Jahre alt, Hausfrau, ihr zwei Jahre älterer Mann Heinz, von Beruf Metallschlosser, sowie die Kinder Melanie und Jochen. Letzterer hat seinem Vater soeben dringend davon abgeraten, in den Waschkeller zu gehen, es sei besser, wenn er sich die menschlichen Überreste des Säuglings nicht ansehen würde.

Schließlich ist es Melanie, die das beklemmende Schweigen beendet und mit dem Kreuzverhör beginnt.

Melanie: »Mama, was hast du uns zu sagen?«

Johanna: »Nichts.«

Melanie: »Du spinnst doch wohl!«

Jochen: »Mutti, ist das Baby da unten von dir?«

Johanna: »Ich kann nichts dazu sagen.«

Heinz: »Johanna, ich bitte dich!«

Melanie: »Warum hast du das gemacht?«

Johanna: »Es ist meine Schuld.«

Jochen: »Was ist deine Schuld?«

Johanna: »Dass es passiert ist. Dass es dreimal passiert ist.«

Melanie: »D-r-e-i Mal? Da unten liegen d-r-e-i Leichen?«

Heinz: »Was ist denn passiert?«

Keine Antwort.

Heinz: »Herrgott noch mal! Jetzt sag doch endlich, was los ist!«

Johanna ist sprachlos. Anstatt zu antworten, schlägt sie die Hände vors Gesicht und beginnt hemmungslos zu weinen. Keine Fragen mehr. Stattdessen minutenlanges Schweigen. Bedrückende Stille. Nur Johannas Schluchzen ist zu hören. Heinz, Melanie und Jochen schauen sich entgeistert an, keiner von ihnen weiß mit dieser Situation umzugehen, zu bizarr und fremdartig erscheint alles, wie ein böser Traum, der gerade erst beginnt. Schließlich sagt Johanna doch noch etwas: »Bringt mich weg, zur Polizei. Dann müsst ihr mich nicht mehr sehen!« Heinz Brandt hat genug gehört, er geht in den Keller, um in der Gefriertruhe nachzusehen.

19.46 Uhr. Familie Brandt betritt die örtliche Polizeiwache. »Wir möchten eine Anzeige erstatten«, sagt Heinz Brandt. »Bei uns zu Hause im Keller liegen drei Babyleichen. In der Tiefkühltruhe. Meine Frau möchte dazu eine Aussage machen.« Doch bevor es dazu kommt, wird ein Streifenwagen zum mutmaßlichen Tatort geschickt. Die Schutzmänner sollen vor Ort überprüfen, ob die äußerst ungewöhnlich anmutenden Aussagen zu – drei! – toten Säuglingen zutreffend sind. Eine Viertelstunde später herrscht traurige Gewissheit. Die nächste Amtshandlung ist ein Anruf bei der Mordkommission.

20.57 Uhr. Zwei Ermittler vernehmen Johanna Brandt. »Ich bin schuldig«, stammelt die Frau mit brüchiger Stimme. Nackte Verzweiflung steht ihr ins Gesicht geschrieben. Ihre Hände zittern. Ein Weinkrampf lässt die Beschuldigte abrupt verstummen. Erst einige Minuten später beginnt Johanna Brandt wieder zu erzählen: »Ich habe etwas Schlimmes getan, aber ich habe es nicht gewollt.« Danach abermals Tränen, Schluchzen, Naseschneuzen.

Die Vernehmung ist sehr langwierig, nur bruchstückhaft erfahren die Kriminalbeamten, womit sie es hier zu tun haben. Die mitunter geistesabwesend und äußerst gefasst wirkende mutmaßliche Serientäterin gibt zwar zu, die Kinder zu Hause geboren zu haben, und zwar in den Jahren 1985, 1987 und 2003 – an den genauen Verlauf der Geburten will sie sich aber nicht mehr entsinnen können. Sie sei in allen drei Fällen von der Niederkunft überrascht worden, behauptet Johanna Brandt, weil es ungewollte Schwangerschaften gewesen seien und sie diese vollständig verdrängt habe. Sie könne sich aber daran erinnern, die toten Körper der Babys jeweils in besagte Tiefkühltruhe gelegt zu haben; unter welchen Umständen die Säuglinge zu Tode gekommen seien, wisse sie nicht, es müsse jedoch kurz nach den Geburten passiert sein. Sie stehe den Ereignissen keineswegs gleichgültig gegenüber, seit langer Zeit leide sie unter schweren Schuldgefühlen: »Ich wünsche mir, tot zu sein.«

»Ich habe davon nichts bemerkt und wusste von der ganzen Geschichte nichts, das können Sie mir glauben!« Diese Aussage könnte in gewisser Weise auch von Johanna Brandt stammen, nur ist es ihr Ehemann, der bei seiner Befragung jede Mitwisserschaft vehement verneint und eine Mitverantwortung kategorisch ablehnt. Auch als die Beamten seine Angaben offen anzweifeln, es sei doch schwer vorstellbar, von drei Schwangerschaften nichts mitbekommen zu haben, zumal er mit seiner Frau während dieser Zeit intim gewesen sei, bleibt Heinz Brandt bei seiner Aussage: Er habe in all den Jahren mit seiner Frau arglos und ahnungslos zusammengelebt, Spuren der Geburten nicht bemerkt, und an einer Spurenbeseitigung sei er schon gar nicht beteiligt gewesen. Überhaupt zeigt sich Heinz Brandt weder beeindruckt noch irritiert oder verunsichert, obwohl der grausige Fund in seinem Haus erst wenige Stunden zurückliegt und es höchstwahrscheinlich auch seine Kinder gewesen sind, die heute leben könnten. Auf die Frage, wie es wohl gewesen wäre, wenn er von den Schwangerschaften erfahren hätte, sagt der jetzt sechsfache Vater mit erstaunlicher Gleichgültigkeit: »Ich wäre vielleicht nicht unter die Decke gesprungen vor Freude. Drei Kinder hatten wir uns vorgestellt. Wenn es vier gewesen wären, wären es vier gewesen. Oder eben mehr.«

Die Beamten der Mordkommission stehen vor schwierigen, langwierigen Ermittlungen. Obwohl ein erstes Geständnis der Beschuldigten bereits vorliegt und auch die Leichen der Babys gefunden worden sind, stellen sich viele Fragen: Wurden die Kinder lebend geboren? Wann genau? Lässt sich der exakte Todeszeitpunkt noch bestimmen? Woran bzw. wodurch sind die Säuglinge gestorben? Warum wurden ihre Leichen nicht an anderen Orten entsorgt und – ausgerechnet! – im Haus der Familie Brandt versteckt? Wer wusste außer Johanna Brandt noch von den Schwangerschaften? Haben Familienangehörige, Freunde oder Bekannte etwas mitbekommen? Wie konnte eine Mutter zwei Kinder liebevoll erziehen und drei andere töten bzw. sterben lassen? Wie ist es zu erklären, dass weder die Geburten noch die Beseitigung entsprechender Spuren bemerkt wurden? Und warum hat sich die Familie der Polizei offenbart, obwohl es problemlos möglich gewesen wäre, das dunkle Geheimnis auch weiterhin zu bewahren und Johanna Brandt eine Gerichtsverhandlung bzw. Bestrafung zu ersparen?

Der Fall erscheint umso rätselhafter, weil die Familie seit 1982 im selben Haus wohnt und während dieser Zeit sozial sehr unauffällig gelebt hat, jedenfalls existieren zu sämtlichen Familienmitgliedern in den amtlichen Akten von Jugendamt, Polizei und Ordnungsamt keine Eintragungen oder Erkenntnisse. Und auch die Nachbarn äußern sich in Befragungen durch die Kripo übereinstimmend positiv: Die Brandts seien jederzeit freundliche, aufgeschlossene, hilfsbereite und in der Dorfgemeinschaft geachtete Leute, gut integriert; alles in allem äußerlich betrachtet fraglos eine Vorzeigefamilie. Schwangerschaften wollen die Befragten indes nicht bemerkt haben, wahrscheinlich konnten sie dies auch gar nicht, weil Johanna Brandt immer schon korpulent gewesen ist und dadurch die anderen Umstände kaschieren konnte.

Erste Risse bekommt die gutbürgerliche Fassade der Familie Brandt, als Melanie und Jochen bei der Kripo aussagen. Zwar versichern auch sie glaubhaft, von den Schwangerschaften und Geburten nichts mitbekommen zu haben, doch sei ihnen die Alkoholabhängigkeit der Mutter schon vor Jahren aufgefallen, als sie im Haus leere Schnapsflaschen gefunden hätten. Ihre Mutter habe regelmäßig zu viel getrunken: »Abends, wenn wir ins Bett gingen, war sie knülle.« Meistens sei sie nicht ansprechbar gewesen, habe auf dem Sofa gesessen und ferngesehen. »Um den Haushalt hat sie sich nicht mehr gekümmert, das war ihr einfach egal.«

Bis zum heutigen Tag. Später werden Kriminalbeamte vor Gericht aussagen, im Hause Brandt deutliche Anzeichen einer äußeren Verwahrlosung festgestellt zu haben: verschimmelte Essensreste und haufenweise benutztes Geschirr in der Küche, herumliegende Schmutzwäsche, zugemüllte Räume; gewöhnlich sind solche Missstände nur in Messi-Wohnungen zu beobachten.

Obwohl Heinz, Melanie und Jochen Brandt vor einer gewaltigen Herausforderung stehen und nach dem überraschenden und grauenhaften Leichenfund traumatisiert sein müssten, sind ihnen solche Gefühle zumindest äußerlich nicht anzumerken – gelassen beantworten sie auch unbequeme Fragen der Ermittler, gefasst reagieren sie, wenn unterschwellig Vorwürfe geäußert werden. Auch unterbleiben kritische oder abfällige Bemerkungen über Johanna Brandt, die wegen ihres besorgniserregenden Allgemeinzustands unterdessen in ein Justizkrankenhaus verlegt worden ist und dort psychiatrisch behandelt wird.

Dieser unverkennbare Zusammenhalt innerhalb der Familie überrascht die Ermittler nicht nur wegen der tragisch anmutenden Vorgeschichte (Mutter verwahrlost sehenden Auges), sondern auch aus einem anderen Grund: Alle müssen sich nun mit der beängstigenden Vorstellung auseinandersetzen, die eigene Frau bzw. Mutter könnte die eigenen Kinder bzw. Geschwister vorsätzlich getötet oder, schlimmer noch, eventuell sogar ermordet haben.

Dass es sich um Tötungsdelikte handeln könnte, legen die ersten Ergebnisse der rechtsmedizinischen Untersuchungen nahe. Bei den Opfern handelt es sich demnach um zwei Mädchen und einen Jungen, die lebensfähig gewesen sind, zweifelsfrei gelebt haben und keine Missbildungen aufweisen, die ihren Tod plausibel machen könnten. Alle Babys hätten sich in einem Zustand befunden wie unmittelbar nach der Geburt, auch die Nabelschnüre seien noch vorhanden gewesen, nur die Plazenta nicht. In zwei Fällen habe man Anzeichen für Fremdeinwirkung gegen den Hals gefunden, die vorbehaltlich weiterer Begutachtungen und Analysen als todesursächlich angesehen werden könnten.

»Fremdeinwirkung«. Dieser kriminalistische Fachbegriff ist

gleichzusetzen mit der Annahme einer vorsätzlichen Tötung, die entweder durch aktives Tun oder Unterlassen erfolgt sein kann. Doch solange die Rechtsmediziner lediglich einen Verdacht äußern, liegt vieles auch weiterhin im Ungefähren. Erschwerend kommt hinzu, dass sich der Todeszeitpunkt bei tiefgefrorenen Leichen nicht genau bestimmen lässt. Das einzige Indiz ist bislang eine Ausgabe der örtlichen Tageszeitung, mit der eins der Mädchen umwickelt gewesen ist, veröffentlicht am 13. November 1987. Sollte Johanna Brandt jedoch von ihrer Aussage abrücken und die Geburten anders datieren, könnte sie eventuell sogar straffrei ausgehen, denn Totschlag verjährt nach 20 Jahren, und für Mord gibt es bisher keine Anhaltspunkte. Nicht zuletzt ergeben sich aus dem vorläufigen Gutachten der Rechtsmediziner neue Fragen: Wer reinigte nach den Geburten das Bad? Wo wurden durch wen die Nachgeburten entsorgt? Kann unter diesen Umständen tatsächlich niemand aus der Familie etwas bemerkt haben? Oder gibt es vielleicht doch Mitwisser oder Mittäter?

»Man hat immer wieder gelesen, dass so etwas passiert in der Welt. Aber das war ganz weit weg, und jetzt ist es mitten in der Gemeinschaft.« Der Bürgermeister spricht in einem Zeitungsinterview aus, was die meisten Dorfbewohner denken. »Niemand hätte sich im Entferntesten vorstellen können, dass in der Familie noch etwas anderes ist. Ich kann es immer noch nicht glauben. Da kriegt man eine Gänsehaut.« Entsetzen, Ohnmacht, Trauer. Das ganze Dorf steht unter Schock. Ausnahmezustand. Selbst gestandene Männer kämpfen mit den Tränen, wenn über die toten Säuglinge gesprochen wird. Niemand kann sich auch nur ansatzweise vorstellen, warum Johanna Brandt ihre Kinder getötet haben könnte.

Auch die Mordkommission sucht händeringend nach einem Motiv. Johanna Brandt hat zwar zugegeben, die Kinder geboren und deren Leichen in der Gefriertruhe versteckt zu haben, zu ihren Beweggründen indes schweigt sie beharrlich. Die Ermittler fragen sich nun, warum die Frau während der Schwangerschaften keine professionelle Hilfe in Anspruch nahm? Bereits Mitte der 1980er Jahre gab es entsprechende Angebote. Oder befand sich die Frau in einer Ausnahme- oder Bedrohungssituation? Aber gleich dreimal verteilt über einen Zeitraum von mehr als 20 Jahren? Vielleicht passten die ungewollten Kinder aber auch nicht in die Lebensplanung der Eheleute Brandt? Oder hatte die Frau vielleicht psychische Probleme, ähnlich wie jetzt?

Ein anderer möglicher Beweggrund für die Taten deutet sich an, als die Finanzen der Familie Brandt beleuchtet werden. Denn ein Gerichtsvollzieher sagt bei der Kripo aus, er sei in den 1980er Jahren bis zu 40 Mal im Hause Brandt vorstellig geworden, um Geld einzutreiben. Auch habe es Engpässe und Versäumnisse bei der Rückzahlung des Kredits für den Hausbau gegeben. Es seien aber ausnahmslos vergleichsweise geringe Beträge gewesen, jeweils im dreistelligen D-Mark-Bereich. Also vielleicht doch nur ein Nebenschauplatz, der in keinem Zusammenhang mit den Tötungen steht, zumal die letzte Tat im Jahr 2003 passiert sein soll, als die Familie in geordneten finanziellen Verhältnissen gelebt hat.

Während das Motiv weiter im Dunkeln bleibt, gibt es Neuigkeiten aus der Rechtsmedizin. Weitere Untersuchungen haben ergeben, dass zumindest zwei Kinder vorsätzlich getötet worden sein dürften: ein Mädchen sei erstickt, das andere ertrunken. Im Fall des Jungen sind keine Anzeichen äußerer Gewaltanwendung gefunden worden, die Gutachter gehen vielmehr von einer Nicht- oder Unterversorgung als Todesursache aus. Im Juristendeutsch heißt das: Totschlag durch Unterlassen. Allerdings bleibt nach wie vor unklar, wann genau die Säuglinge zu Tode gekommen sind.

Was deutschen Rechtsmedizinern noch nicht möglich ist, sollen nun beauftragte Experten aus Dänemark leisten können. Mittels der »^{14}C-Methode« (Radiokohlenstoffdatierung) kann das Alter von biologischen Funden bestimmt werden. Das Verfahren beruht auf der Erkenntnis, dass in abgestorbenen Organismen die Menge an gebundenen radioaktiven ^{14}C-Atomen abnimmt. Lebende Organismen sind von diesem Effekt nicht betroffen, weil sie fortwährend neuen Kohlenstoff aus der Umwelt aufnehmen, der wieder den normalen Anteil an ^{14}C-Atomen einbringt. Dieser »normale Anteil« ist trotz des ständigen Zerfalls nahezu konstant, da ^{14}C ebenso regelmäßig in der oberen Atmosphäre neu entsteht. Die Untersuchungsergebnisse der europaweit führenden Wissenschaftler sind jedoch erst einige Wochen später zu erwarten.

Unterdessen gehen die Ermittlungen der Mordkommission weiter. Während die Befragungen von Nachbarn und Freunden der Familie wenig ergiebig verlaufen (niemand weiß etwas oder kann sich die Sache erklären), ergeben sich wenigstens bei der abermaligen Vernehmung von Melanie Brandt neue Erkenntnisse. Denn sie liefert zunächst eine plausible Erklärung dafür, warum die Schwangerschaften ihrer Mutter auch im Kreis der Familie gar nicht hätten bemerkt werden können, zumal man an diese Möglichkeit gar nicht gedacht habe. Denn: »Die Schwankungen beim Gewicht meiner Mutter waren immer schon da. Sie hat häufig extrem abgenommen, dann aber auch wieder kräftig zugelegt. Sie aß wochenlang Kohlsuppe oder trank Slim-Fast-Produkte. Danach hat sie wieder richtig losgelegt, dann kam ganz schnell der Jo-Jo-Effekt. Und sie trug immer weite Kleidung, da war nicht zu erkennen, ob sie schwanger war.«

Man sei so gut wie gar nicht an ihre Mutter herangekommen, sagt Melanie Brandt schließlich unter Tränen, überhaupt habe man in der Familie wenig miteinander gesprochen, meistens seien Probleme totgeschwiegen worden: »Über unangenehme Dinge haben wir nicht geredet, selbst als immer klarer wurde, dass mit unserer Mutter etwas nicht stimmt.«

Eine andere, zunächst wenig glaubhaft anmutende Aussage der jungen Frau führt die Ermittler zum Hausarzt der Familie. Der bestätigt aber, dass er lediglich die Kinder der Beschuldigten persönlich kenne und sie auf Geheiß der äußerst fürsorglichen Mutter häufiger behandelt habe, Johanna Brandt selbst sei jedoch niemals Patientin bei ihm gewesen. Merkwürdig. Warum hat die Frau auch außerhalb der Schwangerschaftszeiten auf Arztbesuche verzichtet? Niemand in Reihen der Mordkommission weiß darauf eine auch nur halbwegs vernünftige Antwort.

Auch Johanna Brandts ehemals beste Freundin, die sich erst Wochen nach Bekanntwerden der Taten aus eigenem Antrieb bei der Kripo meldet, kann dieses Rätsel nicht lösen. Dafür gibt sie Einblicke in Umgangsformen und Persönlichkeit dieser noch so sphinxhaft erscheinenden Frau. Johanna habe nur sehr selten über sich gesprochen, berichtet die Zeugin, sondern in erster Linie über ihre Kinder. »Die gingen ihr über alles! Ansonsten war sie ein echter Verdrängungskünstler.«

Johanna Brandt sei ein sehr zurückhaltender und liebenswerter Mensch, stets um andere bemüht: »Alle brachten immer ihre eigenen Probleme mit, nur sie fragte immer zuerst nach mir.« Ihr, der Zeugin, sei wohl früh aufgefallen, dass Johanna bei Festivitäten recht trinkfest gewesen sei, aber: »Darüber habe ich mir keine Gedanken gemacht, auch nicht, als ich mal frühmorgens anrief und sie lallte.« Den schleichenden Prozess der inneren und äußeren Verwahrlosung habe sie erst vor einem Jahr bei einem Besuch ihrer Freundin bemerkt: »Sie hat sich total gehenlassen. Sie war schmuddelig, gar nicht wiederzuerkennen. Sie hat mir weder Kaffee noch etwas anderes angeboten. So kannte ich Johanna gar nicht.« Doch auch sie habe nicht nachgefragt oder sich an die Familie gewandt, sondern lediglich auf eine positive Veränderung gehofft.

Die erwarten sich auch die Ermittler, allerdings in einem anderen Zusammenhang. Denn das Expertenteam aus Dänemark hat speziell die Augen der toten Kinder mittlerweile näher untersuchen können und ein Gutachten vorgelegt. Zum Todeszeitpunkt der Babys heißt es darin: Das erste Kind sei zwischen 1986 und 1987, das zweite zwischen 1989 und 1990 und das dritte zwischen 2000 und 2001 zu Tode gekommen. Diese Einschätzungen entsprechen nur bedingt den Angaben der Beschuldigten, die zumindest die letzte Tat erst im Jahr 2003 begangen haben will. Unabhängig von diesen Abweichungen wird mit dem Gutachten jedoch festgeschrieben, dass Johanna Brandt wegen der ersten Tötung nicht mehr belangt werden kann, weil die Tat nun länger als 20 Jahre zurückliegt und damit verjährt ist.

Seit ihrem ersten Teilgeständnis hat Johanna Brandt wohl auf Anraten ihres Anwalts geschwiegen. Trotzdem ist es den Ermittlern gelungen, ihren Lebensweg in den wesentlichen Abschnitten nachzuvollziehen. Diese Erkenntnisse sind deshalb so wichtig, weil sie eine erste Einordnung der Taten, aber auch der Persönlichkeit der mutmaßlichen Serientäterin ermöglichen.

Johanna Brandt ist das älteste Kind einer fünfköpfigen Familie, ihre Geschwister, ein Bruder und eine Schwester, sind zwei bzw. fünf Jahre jünger. Während die Mutter Kinder und Haushalt versorgt, betreibt der Vater eine kleine Spedition. Johanna hat besonders zu ihrer Mutter ein inniges Verhältnis, die Mutter verstirbt jedoch aufgrund einer Krebserkrankung früh. Deshalb muss Johanna schon als Neunjährige auch für ihre Geschwister Verantwortung übernehmen.

Diese soziale Überbelastung färbt auf ihre schulischen Leistungen ab: Zwei Jahre verbringt sie an einer Realschule, anschließend kommt sie auf eine Hauptschule. Johanna bleibt jedoch auch dort eine bestenfalls mittelprächtige Schülerin, näheren Kontakt zu ihren Mitschülern hat sie nicht. Mit 17 beginnt sie eine Lehre als Einzelhandelskauffrau, die sie aber bereits nach sechs Monaten abbricht. In dieser Zeit lernt die an Männern weniger interessierte und eher kontaktscheue Frau ihren späteren Ehemann kennen, den sie heiratet, als sie bereits mit Jochen schwanger ist.

Ihr Mann kauft ein Fachwerkhaus und schuftet fortan auswärts und in den eigenen vier Wänden, um den Kredit bedienen und die Familie ernähren zu können. Johanna Brandt muss sich nicht nur um den Sohn, das Haus, sondern auch noch um ihren dauerhaft erkrankten Vater kümmern – für einen wenig leistungsbereiten und seelisch angegriffenen Menschen wie sie ist alles zusammen eine Herkulesaufgabe, deren sie mitunter nicht gewachsen ist. Deshalb beginnt sie zu trinken, erst Bier, dann Schnaps, schließlich konsumiert sie regelmäßig, zu jeder Tageszeit. So gefährdet Johanna Brandt dauerhaft ihre eigene soziale Existenz und Lebensgrundlage. Die zunehmende Überforderung, der gewollte Familienzuwachs (Melanie), aber insbesondere auch die Sprachlosigkeit und Gleichgültigkeit innerhalb der Familie – ein Leben als Dauerbaustelle. Und dann kommen obendrein Schwangerschaften hinzu, die sie nicht gewollt hat.

Drei Monate nach den Leichenfunden beginnt die mit Spannung erwartete Gerichtsverhandlung. Hätte Johanna Brandt ihre Kinder nicht getötet, sie wären zu dem Zeitpunkt neun, 25 und 27 Jahre alt, Menschen wie du und ich. Die Staatsanwaltschaft ist davon überzeugt, dass Johanna Brandt den gewöhnlichen Anforderungen des Alltags nicht mehr gewachsen gewesen war und die Babys vorsätzlich getötet hat. Deshalb lautet die Anklage auf Totschlag in zwei Fällen.

Ein Pulk von Fotografen, Kameraleuten und Journalisten tummelt sich im überfüllten Gerichtssaal, vom »Prozess des Jahres« ist die Rede. Als Johanna Brandt endlich in den Saal geführt wird und auf der Anklagebank Platz nimmt, könnte ihre Aufmachung auch als Spiegelbild der Persönlichkeit verstanden werden: ein schwarzer Pullover wie eine Burka über den Kopf gebunden, die Augen von einer getönten Sonnenbrille verdeckt, als wolle sie nichts und niemanden an sich heranlassen; eine gebrochene Frau, die trotz ihrer beachtlichen Korpulenz zerbrechlich und verunsichert wirkt.

Nachdem die Anklageschrift verlesen worden ist, könnte Johanna Brandt Stellung nehmen, ihre Version der Ereignisse schildern und sich den Fragen der Staatsanwaltschaft und der Schwurgerichtskammer stellen. Doch genau das tut sie nicht. Stattdessen verliest ihr Anwalt eine Erklärung. Darin zeichnet der Verteidiger das Bild einer alkoholabhängigen Frau, sozial isoliert, selbst in der eigenen Familie, unfähig, sich zu öffnen, Probleme verdrängend, darauf wartend, dass man ihr Aufmerksamkeit schenken möge, die ihr letztlich nicht zuteilwurde. Auch die unbeabsichtigten Schwangerschaften habe sie auf sich zukommen lassen, ohne sich mit den Konsequenzen auseinanderzusetzen, ohne darauf vorbereitet zu sein. Johanna Brandt sei auf sich allein gestellt gewesen, selbst mit ihrem Mann habe sie sich nicht austauschen bzw. aussprechen können.

Mit dem Trinken habe sie heimlich begonnen, um Abstand zu gewinnen und ihre negativen Gefühle zu betäuben. Die ungewollten Schwangerschaften seien von Johanna Brandt nahezu vollständig verdrängt worden, gleichzeitig habe sie darauf gewartet, von ihrem Mann oder anderen angesprochen zu werden, was nicht passiert sei. Auch habe sie auf den richtigen Moment gewartet, es selbst zu sagen, doch der passende Augenblick sei nicht gekommen.

Dass sich Tochter Melanie im Frühjahr 1984 ankündigte, davon habe ihr Mann auch erst in der 25. Schwangerschaftswoche erfahren. Zu dieser Zeit habe sie sich erstmalig und letztmalig in ärztliche Obhut begeben, lediglich zu den Entbindungen sei Johanna Brandt noch einmal ins Krankenhaus zurückgekehrt. Sonst habe sie Arztbesuche peinlichst vermieden, weil sie nach einer Vergewaltigung als junges Mädchen traumatisiert gewesen sei und deshalb besonders vor gynäkologischen Untersuchungen panische Angst gehabt habe.

Im Gerichtssaal herrscht atemlose Spannung, als der Verteidiger auf die Tötungen zu sprechen kommt. Von den Geburten sei Johanna Brandt jedes Mal überrascht worden, weil sie wegen fehlender ärztlicher Voruntersuchungen keinen konkreten Geburtstermin gekannt habe. Die ersten beiden Geburten 1985 und 1987 seien nachts passiert, sie habe die Kinder in der Duschkabine ihres häuslichen Badezimmers zur Welt gebracht, zumindest an Einzelheiten der verjährten Tat könne sie sich jedoch nicht mehr erinnern. Sie wisse auch nicht, ob das erste Baby lebend zur Welt gekommen sei.

Beim zweiten Mal habe das Kind wohl geschrien, sie sei erfreut gewesen, habe das Mädchen auch ihrem Mann zeigen wollen, doch plötzlich hätten die Ärmchen des Kindes schlapp heruntergehangen. Sie habe sich Vorwürfe gemacht, dass schon wieder ein Baby gestorben sei, die Schuld aber allein bei sich gesehen, weil sie sich keinem Arzt anvertraut habe. Außerdem sei ihrerseits zu befürchten gewesen, dass man ihr die lebenden Kinder wegnehmen wolle, wenn die Todesfälle bekannt würden.

Im letzten Fall hätten die Wehen nach dem Abendessen eingesetzt, ihrem Mann gegenüber habe sie Bauchschmerzen vorgeschützt und sich ins Badezimmer zurückgezogen. Zu dieser Zeit sei Johanna Brandt schwer alkoholkrank gewesen. Sie habe sich in die mit heißem Wasser gefüllte Badewanne gesetzt und Jägermeister mit Cola getrunken. Während der Geburt sei sie ohnmächtig geworden und erst wieder erwacht, als das Baby zwischen ihren Beinen gelegen habe: leblos neben Erbrochenem.

Alle toten Körper seien von Johanna Brandt unmittelbar nach der Geburt in Handtücher bzw. Zeitungspapier eingewickelt und in jener Tiefkühltruhe abgelegt worden, in der man sie später finden sollte. Angst vor Entdeckung habe sie nicht gehabt, ihr sei vielmehr wichtig gewesen, die Babys immer in ihrer Nähe zu wissen. In allen Fällen habe sich Johanna Brandt in einem psychischen Ausnahmezustand befunden und sei deshalb als vermindert schuldfähig anzusehen.

Dieser Einschätzung widerspricht am vorletzten Tag der Hauptverhandlung ein psychiatrischer Sachverständiger. Er attestiert Johanna Brandt zwar eine Persönlichkeitsstörung des »ängstlich vermeidenden Typs« (wird gekennzeichnet durch Gefühle wie Anspannung, Besorgtheit oder Minderwertigkeit bei ständiger Sehnsucht nach Zuneigung bzw. Akzeptanz sowie einer Überempfindlichkeit bei Zurückweisung und eingeschränkter Beziehungsfähigkeit), gleichwohl sei die Angeklagte zum Zeitpunkt der Taten voll schuldfähig gewesen. Denn sie habe die Spuren der Geburten jeweils vollständig beseitigen, ihre lebenden Kinder weiterhin versorgen und auch sonst im Alltag bestehen können.

Urteilsverkündung. Zur Überzeugung der Kammer sollen sich die Taten nach allen Beratungen, Anhörungen und Gutachten letztlich so zugetragen haben: 1985 bringt Johanna Brandt unter der laufenden Dusche ein Kind zur Welt. Beim Durchtrennen der Nabelschnur bemerkt sie den Tod des Kindes und nimmt an, es sei während der Geburt verstorben. Tatsächlich ist das lebend geborene Kind an Duschwasser erstickt. Johanna Brandt spricht mit niemandem darüber, fühlt sich aber schuldig und beginnt zu trinken.

Dies tut sie auch dann noch, als sie zwei Jahre später wieder schwanger wird. Als nachts unvermittelt die Wehen einsetzen, geht Johanna Brandt ins Badezimmer, um das Kind in der Duschwanne zur Welt zu bringen. Als der Geburtsvorgang ins Stocken gerät, zieht sie so lange kräftig am bereits heraushängenden Köpfchen des Babys, bis der Körper samt Mutterkuchen austritt. Dabei gleitet ihr der Säugling aus den Händen und fällt zu Boden. Das Baby beginnt zu schreien. Beim Aufheben des Kindes rutscht Johanna Brandt auf dem Fruchtwasser aus und fällt auf ihren Hintern. In dieser Stellung verharrend hält sie den Säugling einige Minuten fest an sich gedrückt, bis das Kind erstickt.

Johanna Brandt nimmt die Ausführungen des Vorsitzenden schweigend zur Kenntnis, schwarz-grau gekleidet wiegt sie mit dem Oberkörper stereotyp vor und zurück, blickt mit halb geschlossenen Augen zu Boden, schüttelt gelegentlich den Kopf; sie wirkt geistesabwesend, so als wenn sie gar nicht gemeint sein könnte. Am Ende der Verhandlung ist es das gleiche Bild wie zu Beginn.

Der letzte Fall: Johanna Brandt bemerkt spätabends die Anzeichen einer bevorstehenden Geburt und geht ins Badezimmer. Während der Wehen legt sie sich in die mit heißem Wasser gefüllte Badewanne. Kurz darauf verliert sie das Bewusstsein, weil die Wassertemperatur so hoch und sie gleichzeitig stark alkoholisiert ist. Nach der Geburt legt Johanna Brandt den Säugling auf ihren Bauch und wird wieder ohnmächtig. Als sie wieder aufwacht, ist das Kind tot, weil es während des Geburtsverlaufs Fruchtwasser eingeatmet und aufgrund einer Blutalkoholkonzentration von 0,57 Promille unter einer Anpassungsstörung gelitten hat. Diese besonderen Umstände wären bei sofortiger ärztlicher Versorgung gut beherrschbar gewesen.

Im Gegensatz zur Staatsanwaltschaft sieht das Gericht in der Tötung der beiden zuletzt geborenen Babys unmittelbar nach der Entbindung einen minderschweren Fall des Totschlags und verurteilt Johanna Brandt wegen »Tötung durch Unterlassen« zu einer Freiheitsstrafe von drei Jahren und neun Monaten. Damit bleibt die Kammer deutlich unter dem Strafantrag der Staatsanwaltschaft, die achteinhalb Jahre Haft gefordert hat. Die Angeklagte habe den Tod der Neugeborenen eben nicht beabsichtigt, deren Tötung aber billigend in Kauf genommen. Allerdings sagt der Vorsitzende auch: »Die Tötung des eigenen Kindes setzt die Überwindung höchster Hemmschwellen voraus.«

Die Taten seien nicht nur durch die Probleme innerhalb der Familie und die pathologische Persönlichkeit der Angeklagten, sondern auch durch ihre diffusen, irrationalen Ängste vor Ärzten stark begünstigt worden, die sie nach einer in jungen Jahren erlittenen und bei der Polizei nicht angezeigten Vergewaltigung entwickelt habe. Doch trotz Angststörung bzw. Alkoholabhängigkeit sei Johanna Brandt voll schuldfähig, sie habe als Beschützergarant krass versagt, weil sie verpflichtet gewesen wäre, jede Gefahr von den schutzlosen Kindern abzuwenden, und deswegen müsse sie entsprechend bestraft werden.

Die Begründung des Urteils und die damit ausgesprochene Strafe überzeugt weder die Staatsanwaltschaft noch die Verteidigung. Beide Parteien ziehen vor den Bundesgerichtshof (BGH) und erhoffen sich von einer Revision die Bestätigung der eigenen Rechtsauffassung; verbunden mit einer längeren Freiheitsstrafe oder einer wesentlich verkürzten, die eventuell zur Bewährung ausgesetzt wird.

Elf Monate später kommt das Urteil. Der BGH bestätigt die Richter der Vorinstanz, gleichwohl muss der Fall zumindest teilweise neu geprüft werden, denn die Beweiswürdigung des Landgerichts sei insofern lückenhaft gewesen, dass wesentliche Aspekte unerörtert geblieben seien, die für ein vorsätzliches Handeln sprechen könnten. Die Schwurgerichtskammer hat nämlich angenommen, Johanna Brandt habe im letzten Fall bei dem zum

Ersticken führenden festen An-sich-Pressen des Kindes nur fahrlässig gehandelt.

In der Urteilsbegründung monieren die BGH-Richter: »Zunächst hätte sich das Landgericht damit auseinandersetzen müssen, ob davon ausgegangen werden kann, dass einer erfahrenen Mutter wie der Angeklagten nicht bewusst ist, dass eine über mehrere Minuten behinderte Atmung eines Neugeborenen zu seinem Tod führen kann. Vor allem hätte das Gericht das Gesamtverhalten der Angeklagten während der Schwangerschaft in den Blick nehmen müssen, zumal sich dieses deutlich von demjenigen unterschied, welches die Angeklagte während der Schwangerschaft mit den drei überlebenden Kindern gezeigt hatte.

Anders als bei diesen stellte sie diesmal ihren Alkoholkonsum während der Schwangerschaft nicht ein, obwohl ihr die schädlichen Folgen für das Kind bekannt waren. Sie hielt die Schwangerschaft sogar vor ihrem Ehemann geheim, was allein zur Vermeidung ärztlicher Untersuchungen, gegen die sie eine Abneigung hatte, nicht zu erklären ist, da ihr Ehemann sie auch bei den offenbarten Schwangerschaften nicht dazu angehalten hatte. Zur Entbindung ließ sie sich diesmal nicht wie bei ihren »Wunschkindern« ins Krankenhaus bringen, sondern nahm die Strapazen einer heimlichen Hausgeburt ohne jeden Beistand auf sich. Allein aus ihrer ängstlich-vermeidend geprägten Persönlichkeitsstruktur erscheint dies nicht verständlich, zumal die Angeklagte die Existenz eines weiteren lebenden Kindes vor ihrem Ehemann ohnehin nicht hätte verheimlichen können.«

Neun Monate später wird der Fall vor einem anderen Landgericht neu aufgerollt. Johanna Brandts Lebensverhältnisse haben sich zwischenzeitlich verändert: Sie wohnt in einer Metropole Niedersachsens, arbeitet halbtags in einem Supermarkt, lebt in Scheidung und hat nur noch sporadisch Kontakt zur Familie.

»Es tut mir so leid«, beteuert sie mit tränenerstickter Stimme vor Gericht, »ich kriege es ja jetzt erst so richtig mit. Die ganzen Jahre habe ich es mir ja nur immer weggetrunken.« Die mittlerweile deutlich schlanker gewordene 48-Jährige beharrt nach wie vor darauf, alle Kinder gewollt zu haben, selbst ihre fortschreitende Alkoholabhängigkeit sei kein Hinderungsgrund gewesen, keines der Babys habe sterben sollen, es sei vielmehr unabsichtlich passiert: unglückselige Umstände. Ein Grund, die Kinder zu töten, sei für sie unvorstellbar, zumal: »Mein Mann wäre zwar überrascht, aber nicht sauer gewesen.« Und auch die Frage, warum ihr Mann von den Schwangerschaften nichts bemerkt habe, kann die Angeklagte beantworten: »Ich habe ihm gesagt, dass ich dick geworden bin. Er hat auch nicht viel gefragt. Mein Mann war viel beschäftigt.«

Warum sie denn nicht vor den Geburten zum Frauenarzt gegangen sei, will der Vorsitzende wissen. Johanna Brandt erklärt daraufhin, im Alter von zwölf Jahren nach dem Besuch einer Sportveranstaltung auf dem Heimweg von einem maskierten Mann vergewaltigt worden zu sein, seitdem habe sie eine Abneigung gegen intime Untersuchungen. »Warum haben Sie das nicht bei der Polizei angezeigt?« Keine Antwort.

Auch andere unbequeme Fragen bleiben der Angeklagten nicht erspart: Wer hat das Badezimmer gereinigt? Wo ist die Plazenta entsorgt worden? Warum hat sie nicht um Hilfe gerufen, als sie in Bedrängnis geriet? Warum wurden die Schwangerschaften verheimlicht, wenn ihr Mann, wie sie behauptet, doch mehr oder weniger gleichgültig reagiert habe? Und warum sind die Kinder getötet worden? Johanna Brandt kann oder will auf diese Fragen nicht antworten. Vereinzeltes Raunen und Kopfschütteln im Saal.

Fünf Jahre und sechs Monate Haft wegen zweifachen Totschlags in jeweils minderschweren Fällen, so lautet letztlich das

Urteil. Damit verhängt die Kammer gegen Johanna Brandt eine härtere Strafe als die Vorinstanz. Denn die Kammer hält es für ausgeschlossen, dass die Angeklagte bei den Tötungen der Babys fahrlässig gehandelt haben könnte. Vielmehr seien alle Kinder vorsätzlich und durch aktives Tun getötet worden. Opfer Nummer eins: Das Kind sei so lange unter laufendes Duschwasser gehalten worden, bis es ertrunken sei; Opfer Nummer zwei: Das Kind habe die Angeklagte durch heftiges Zusammenpressen des Brustkorbs bzw. Zuhalten von Nase und Mund erstickt; Opfer Nummer drei: Der Säugling sei bewusst in hilfloser Lage gelassen worden, bis der Tod eingetreten sei. Nur das Motiv bleibe im Dunkeln, konstatiert der Vorsitzende zum Schluss der Urteilsbegründung: »Hier passt einfach kein Erklärungsmuster.«

Dieser Einschätzung, kein Erklärungsmuster passe auf diesen Fall, kann nur bedingt zugestimmt werden. Zumindest eine kriminologische Einordnung der Täterin bzw. der von ihr begangenen Taten ist mit gewissen Einschränkungen möglich. Fasst man die bisher vorgelegten wissenschaftlichen Erkenntnisse zu sozialen Hintergründen und Motiven im Zusammenhang mit sogenannten Neonatiziden (Tötung von Säuglingen binnen 24 Stunden nach der Geburt) zusammen, so kristallisieren sich im Wesentlichen drei Gruppen heraus: Da sind zunächst Frauen, die den Tod des Säuglings bereits vor der Geburt planen und das Kind aussetzen oder töten. Zu diesen Täterinnen liegen kaum Erkenntnisse vor, weil die Offenbarung dieser Motivation mit gravierenden juristischen Konsequenzen einhergehen würde und wohlweislich verschwiegen wird. Daneben gibt es eine große Fraktion von Frauen, die zunächst abwarten, die Schwangerschaft verheimlichen, sie in der Hoffnung aussitzen, jemand werde helfen: in erster Linie der Kindesvater. Bleibt die erhoffte Anteilnahme und Unterstützung jedoch aus, wird das Problemkind kurzerhand getötet. Die dritte Gruppe Frauen negiert bzw. verdrängt die Schwangerschaft und wird von der Geburt regelrecht überrascht. Der Säugling wird schließlich in einer psychischen Ausnahmesituation zu Tode gebracht, die Tat trägt Züge eines affektiv eingefärbten Geschehens.

Auf Johanna Brandt passt die erste Kategorie sicher nicht. Denn ein Tötungsvorsatz einhergehend mit dem Bemerken der Schwangerschaft erscheint im vorliegenden Fall wenig plausibel, weil die Taten mit hoher Wahrscheinlichkeit nicht von langer Hand geplant gewesen sein dürften (andernfalls hätten die Geburten erfahrungsgemäß nicht im eigenen Haus stattgefunden) und auch keinerlei Vorbereitungen getroffen wurden (etwa Tatwerkzeuge oder Materialien zur Leichenbeseitigung besorgen bzw. bereitlegen), um eine solche Tat möglichst unbemerkt und spurenarm durchführen zu können.

Zur zweiten Kategorie, der verheimlichten Schwangerschaft, passt, dass Johanna Brandt die anderen Umstände kaschierte und, glaubt man ihr, darauf hoffte, ihr Mann werde schon etwas bemerken. Allerdings müsste die Tötung dann bereits einige Zeit vor der Geburt beabsichtigt gewesen sein, als klarwurde, dass ihr Mann auf das werdende Kind nicht mehr aufmerksam werden würde. Und genau diese den Geburten vorgelagerte Tötungsabsicht bestreitet Johanna Brandt beharrlich. Auch passen die wenig überlegt anmutenden Tatausführungen (Tötungen in Anwesenheit von Familienangehörigen), aber auch das Nachtatverhalten (Ablegen der Leichen im eigenen Haus) nicht zu einem länger bestehenden unbedingten Vernichtungswillen, der erfahrungsgemäß auch die möglichst spurenlose Beseitigung der toten Körper aus dem eigenen Lebensbereich umfasst.

Wesentlich plausibler erscheint Johanna Brandts Vorgehensweise unter den Voraussetzungen des dritten Typus der Kindstöterin, denn sie könnte die Schwangerschaften tatsächlich verdrängt und von den Geburten zumindest zeitlich überrascht worden sein. Diese Modellbildung würde auch ihr wenig planvolles, aber mitunter sehr emotionales Handeln (Leichenaufbewahrung trotz Entdeckungsrisiko) erklären. Gleichwohl fehlt es an der geforderten affektiven Einfärbung, denn Johanna Brandt agierte bei allen Taten bzw. in sämtlichen Handlungsschritten zielorientiert und effektiv (z. B. Auswahl des Tatorts, Tötungsart oder Spurenbeseitigung).

Unter dem Strich lässt Johanna Brandts Verhalten Merkmale der Kategorien zwei und drei erkennen. Demnach liegt eine typologische Mischform vor, die in der Kriminologie häufig zu beobachten ist, weil die Forschung zwar reich an Versuchen ist, bestimmte Verbrechensgattungen und deren Verursacher entsprechend zu klassifizieren, nur gelingt dies häufig eben nicht mit der gewünschten Trennschärfe.

Zudem können über Typologien größtenteils nur Einordnungen vorgenommen werden, die im Kontext der Ursachen- bzw. Motiverforschung lediglich Hinweischarakter haben. Auch die verschiedenen Gerichte sind überfragt gewesen, als sie erklären sollten, warum Johanna Brandt ihre Babys getötet hatte. Aus kriminalpsychologischer Sicht erscheint dabei ein Aspekt besonders relevant, dem bei allen vorherigen Betrachtungen zu wenig Beachtung geschenkt wurde: die Partnerwahl und das damit verbundene Lebensziel. Johanna Brandt irrt eher orientierungslos und nahezu mittellos durchs Leben, als sie ihren späteren Mann kennenlernt, den sie aber wohl nur deshalb heiratet, weil er sich längere Zeit um sie bemüht hat und sie durch diese Beziehung auch langfristig versorgt sein würde.

Johanna Brandts Lebensverhältnisse verändern sich insofern, dass sie für ihre finanzielle und soziale Absicherung keinerlei Verantwortung mehr übernehmen muss, dafür darf ihr Mann darüber bestimmen bzw. entscheiden, wie ihr weiteres Leben verlaufen soll und wird. Das ist der Deal. Der vorherigen Bevormundung durch elterliche, schulische und berufliche Autoritäten folgt nun die Beherrschung durch den Ehemann; denn der bestreitet den Lebensunterhalt für die Familie, und er hat damit das unbestreitbare Recht erworben, auch über das Leben seiner Frau und seiner Kinder zu bestimmen. So jedenfalls denkt Johanna Brandt und handelt auch danach, obwohl sie gewiss anders empfindet. Wieder gibt ihr jemand vor, was und wie sie zu sein habe, ohne es wirklich sein zu wollen – lammfromme, willfährige Gattin und tüchtige Hausfrau. Johanna Brandts Dasein gleicht wohl eher einer Zwangsverwaltung dessen, was ihr eigenes Leben hätte sein können.

Der schwer erarbeitete kleinbürgerliche Wohlstand überdeckt zunächst die brisanten Probleme der jungen und sozial unreifen Eltern, ihre Ehe ist mehr Zweckgemeinschaft denn Liebesbeziehung. Zum Zweck gehört selbstverständlich auch Sex, aus Johanna Brandts Sicht mehr und mehr eine bloße eheliche Verpflichtung, die nicht folgenlos bleibt. Letztlich führt diese Frau über Jahrzehnte hinweg ein weitestgehend fremdbestimmtes und eintöniges Leben, zunehmend geprägt von partnerschaftlicher Lieblosigkeit, Sprachlosigkeit und gegenseitigem Desinteresse.

Johanna Brandts nach außen hin vermittelte vermeintlich heile Welt beschränkt sich irgendwann im Wesentlichen nur noch auf die eigenen vier Wände: Haushalt und Familie. Und ihren Wellensittich. Eine Trennung bzw. Scheidung kommt für Johanna Brandt als Lösung nicht in Betracht, weil sie damit ihren eigenen Lebensanker beseitigen und sich fortan von den sie überfordernden Anforderungen einer selbstbestimmten Existenz bedroht sehen würde. Der einzige Ausweg aus diesem scheinbar unauflösbaren Konflikt ist die zunächst gelegentliche, später gewöhnliche Flucht in den Alkohol, die im Kreis der Familie zwar nicht unbemerkt bleibt, aber weder von ihrem Mann noch von ihren Kindern angesprochen, sondern lieber ignoriert und totgeschwiegen wird.

So gehen die Jahre dahin. Johanna Brandt gewöhnt sich an diese quälenden Zustände, die andere Menschen längst zu einem Schlussstrich und Neuanfang bewogen hätten. Doch obwohl sie leidet, ergreift sie nicht die Initiative, sie sorgt nicht für Veränderung. Bei ihr ist das eben anders. Sie wartet lieber (un)geduldig darauf, dass sich etwas tut, dass jemand etwas tut. So verhält es sich auch jedes Mal, wenn sie ungewollt schwanger wird. Sie sitzt das Problem aus und wartet so lange auf eine Reaktion ihres Mannes, dem sie allein schon wegen ihrer erkennbaren Verwahrlosung ziemlich gleichgültig sein dürfte (sonst hätte er sich um seine Frau gekümmert und geholfen), doch er schweigt zu allem und tut: nichts. Und dann setzen plötzlich die Wehen ein.

Wie viele Frauen hätten unter ähnlichen Umständen auch getötet? Wie viele werden es noch tun? Offenbar gibt es in vielen von uns, schlimmstenfalls in jedem Menschen, eine dunkle Seite, die wir noch nicht gut genug kennen, gegen die wir uns irgendwann nicht mehr wehren können oder wollen. Dann zählt ein Menschenleben nicht mehr. Eine ganz und gar unbefriedigende Feststellung, die manche unter uns einer Angst machenden Vorstellung in die Arme treibt: *Dieser* Mensch könnte *ich* selbst sein!

JUTTA ZWEI

»Ein Fremder kann sich nicht vorstellen,
was in unserer Truppe ablief.
Ich hatte Angst, höllische Angst,
dass ich der Nächste bin.«

»Die Taten sind in jeder Hinsicht außergewöhnlich.
Sehr seltene, unnatürliche, grausame Mordlust.
Würdelos und gemein. Dafür fehlt jedes Verständnis.
Wir haben es hier mit dem Bösen an sich zu tun.«

»Beide sind Bestien!«

Gesperrt für Motorfahrzeuge und Pferdegespanne. Frei für Forstbetrieb«. Der Fahrer des dunkelblauen Transporters schenkt dem verwitterten Verbotsschild keine Beachtung und biegt nach links in den Forstweg ab. Der viertürige Pritschenwagen rumpelt einige Zeit über tiefe Schlaglöcher hinweg, dicht stehender Mischwald säumt die Strecke. Neben dem Motorengeräusch ist vereinzelt nur Vogelgezwitscher zu hören.

Vier Personen sitzen in dem Wagen: zwei Frauen und zwei Männer. Niemand spricht. Einer aus der Gruppe atmet schwer. Auf der Ladefläche des Kleinlasters kauert »Herkules«, eine isabellfarbene Bordeauxdogge: 52 Kilogramm schwer, 68 Zentimeter groß, kampferprobt und kampfbereit. Nur seiner Besitzerin gehorcht das Tier aufs Wort. Andernfalls drohen massive Schläge.

Was genau in den kommenden Stunden passieren wird, wissen zu diesem Zeitpunkt weder die Frauen noch die Männer. Indes deuten die mitgeführten Utensilien auf verbrecherische Absichten hin: eine Rolle Paketklebeband, ein etwa zwei Meter langes Stück Wäscheleine, ein Gepäckriemen, eine Eisenstange, ein schwarzer Müllsack, ein Wurfstern, ein Spaten und ein Messer. Die ältere der beiden Frauen hält eine Pistole in der Hand und droht damit. Später wird man über die nun folgenden Geschehnisse sagen, es habe sich um eins der grausamsten Verbrechen der deutschen Nachkriegsgeschichte gehandelt.

Daran beteiligt sind: Roman Kraft (28, Fahrer), Jutta König (36, Beifahrerin), Cornelia Graber (28, sitzt hinter Jutta König) – und Thomas Struth. Der 27-Jährige liegt zusammengekrümmt und an den Händen gefesselt auf dem Rücksitz neben Cornelia Graber. Alle Genannten sind Angehörige einer Drückerkolonne, die von Jutta König angeführt wird. Sie gilt als besonders strenge, brutale, kaltblütige und berechnende Chefin. Ihr traut man gemeinhin alles zu, selbst einen Mord.

Und der ist von Jutta König kurz vor Fahrtantritt befohlen worden. »Der Blödmann muss beseitigt werden«, hat die großgewachsene Blondine gesagt und es auch so gemeint. Todernst. Mit »Blödmann« ist Thomas Struth gemeint. Der schüchterne und schmächtige junge Mann mit den auffallend rötlichen, bis auf die Schultern fallenden Locken ist schon vor Wochen in Ungnade gefallen und nach Ansicht seiner Anführerin zu einem unkalkulierbaren Sicherheitsrisiko geworden. Jutta König traut ihm nicht mehr über den Weg, weil ihr Untergebener kürzlich gesagt haben soll, es nicht mehr aushalten zu können und bei nächster Gelegenheit abhauen zu wollen. Außerdem stellt er sich beim Tagesgeschäft jedes Mal sehr ungeschickt an, macht keinen Umsatz, verursacht stattdessen nur Kosten für Verpflegung und Unterkunft –»Deshalb muss der weg!«, hat Jutta König gemeint. Und niemand hat es gewagt zu widersprechen. Also: keine Gnade, kein Erbarmen, kein Entrinnen. Doch Thomas Struth soll nicht einfach nur umgebracht werden, er soll vorher noch möglichst intensiv und lange leiden. Es darf nicht gleich mit dem ersten Schlag, Stich oder Schuss vorbei sein.

Für das Quälen und Töten ist federführend Cornelia Graber zuständig, die stellvertretende Kolonnenführerin und einzige Vertraute Jutta Königs. Die stark übergewichtige Frau mit den kurzgeschorenen, schwarz gefärbten Haaren und der klaffenden Zahnlücke wird unterstützt von Roman Kraft, der die Kolonne am liebsten auch sofort verlassen würde, sich aber noch nicht traut und seine Absichten aus gutem Grund verheimlicht. Er ist es gewesen, der Jutta König vor einigen Tagen von Thomas Struths Fluchtgedanken erzählt hat, um sich dadurch besserzustellen. Die Angst des muskelbepackten Zwei-Meter-Hünen vor der Rache seiner Chefin, die ihn gelegentlich auch sexuell ausbeutet, ist allgegenwärtig und begründet. Wenn Jutta König davon erfahren würde, dass er nur mit dem Gedanken an eine Flucht liebäugelt, er wäre, und davon ist er sehr überzeugt, gewiss der nächste »Todeskandidat«. Also kuscht er besser und gehorcht aufs Wort, wie »Herkules«.

Der Wagen hält am Ende des Forstwegs an. »Hast du Angst?« Cornelia Graber hat die Frage an Thomas Struth gerichtet. Die Antwort ist ein verlegenes Kopfschütteln. »Solltest du aber! S-o-l-l-t-e-s-t d-u a-b-e-r!«, schreit Cornelia Graber ihren ehemaligen Arbeitskollegen an und macht dabei Anstalten, ihm mit der Faust ins Gesicht zu schlagen; so wie kurz vor Antritt der Fahrt, um das Opfer einzuschüchtern und gefügig zu machen. Das hat funktioniert.

Alle steigen aus und versammeln sich hinter dem Wagen. Jutta König zielt mit ihrer silberfarbenen »Beretta 92«, einer halbautomatischen Selbstladepistole, auf Thomas Struth, der etwas abseits steht: »Du hältst jetzt schön still, sonst knall ich dich gleich hier ab!« Der junge Mann leistet keinen Widerstand, als er von Cornelia Graber unsanft mit dem Paketklebeband geknebelt und ihm die Wäscheleine um den Hals geschlungen wird. »Los, Abmarsch!« Jutta König gibt das Kommando, und alle lachen verächtlich, nur Thomas Struth nicht. Er lässt sich alles klaglos gefallen, pariert, resigniert. Wahrscheinlich hofft er, dass man ihm nur eine Lektion erteilen, vielleicht so eine Art Mutprobe abverlangen will, dass die Sache für ihn am Ende doch glimpflich ausgeht.

Die Gruppe geht am Rand eines Rotbuchenwalds einen steilen Hügel hinauf. Thomas Struth lässt den Kopf hängen. Er wird von Roman Kraft an der Leine geführt. Durch die Buchen sieht man hin und wieder ein Auto oder einen Radfahrer auf der nur 50 Meter entfernten Landstraße vorbeifahren. Der Herbst hat zwar kalendarisch bereits begonnen, doch es ist an diesem frühen Mittwochnachmittag kaum bewölkt, windstill und warm.

Etwa 200 Meter nach einem Hochsitz endet der kieselreiche, lehmige Forstweg vor einer Gruppe offenbar frisch gesägter Holzstümpfe. Blickkontakt zwischen Cornelia Graber und Jutta König, die sich daraufhin Thomas Struth zuwendet: »Los, zieh dich aus. Die Klamotten kommen hier rein!« Cornelia Graber wirft dem »miesen Verräter« einen schwarzen Müllsack vor die Füße. Um die Ernsthaftigkeit ihrer Anweisung zu unterstreichen, tritt sie ihrem Ex-Kollegen mehrmals kräftig in den Hintern. »Blöder Bastard!« Allgemeines Gelächter unter den Peinigern. Anschließend werden Thomas Struth die Handfesseln abgenommen, damit er sich ausziehen kann.

Als er nur noch in Unterhose dasteht, drückt ihm Cornelia Graber einen Spaten in die Hand. »Los, hier. Fang an zu graben!« Der junge Mann könnte den Spaten jetzt auch als Waffe benutzen und gegen Cornelia Graber richten. Doch er tut es nicht, sondern beginnt zu graben, wahrscheinlich vertraut er der Drohung seiner

Chefin, die ihn andernfalls »abknallen« will und wohl auch würde. Also schaufelt Thomas Struth sein eigenes Grab.

Doch damit ist es nicht getan. Jutta König sitzt mittlerweile fünf Meter vom Geschehen entfernt etwas erhöht auf einem Baumstumpf und befielt barsch: »Jetzt nehmt den mal richtig ran, diese verdammte Ratte!« Augenblicke später wird Thomas Struth massiv getreten und geschlagen. Immer wieder. Ohne Unterlass. Klick. Klick. Jutta König hat mit ihrer Polaroidkamera zwei Erinnerungsfotos gemacht, die sie künftig all jenen Vasallen mahnend zeigen will, sollten sie sich ihr nicht bedingungslos unterwerfen wollen oder als Drücker erfolglos sein.

»Komm mal her.« Cornelia Graber gehorcht und geht zu ihrer Chefin. Gespräch unter vier Augen. Minutenlang. Jutta König unterstreicht gestenreich noch einmal, dass Thomas Struth sterben muss, und erläutert, warum er den »grünen Punkt« (interne Brandmarkung eines abtrünnigen Mitarbeiters, der getötet werden soll) bekommen hat, bekommen musste. Und sollte es künftig abermals einen solchen Fall von Verrat geben, werde sie genauso unerbittlich reagieren. Jutta König lässt keinen Zweifel daran aufkommen, wer hier das Sagen hat und wie eine Drückerkolonne zu führen ist: mit eiserner Disziplin, militärisch anmutenden Regeln und drakonischen Strafen. Cornelia Graber nickt eifrig.

Während die Frauen in ihr Zwiegespräch vertieft gewesen sind, hätte Thomas Struth versuchen können, seinen einzig noch verbliebenen Bewacher zu übertölpeln, anzugreifen oder einfach wegzulaufen und sich in die Büsche zu schlagen. Doch er hat nichts dergleichen getan, sondern schaufelt weiter ein Loch in den Waldboden. Der fehlende Mut, aufzubegehren und sich zu wehren, sondern nachzugeben und sich zu fügen, entspricht Thomas Struths Charakter und prägt auch seine Vita.

Seinen leiblichen Vater, einen gerne und oft zur Flasche greifenden Montagearbeiter, kennt er nur aus Erzählungen seiner Mutter, die wenig schmeichelhaft sind. Als der Vater nach einer Auslandstätigkeit nicht mehr zurückkehrte, war Thomas, Letztgeborener in einer achtköpfigen Familie, drei Jahre alt. Seine Mutter ließ sich notgedrungen mit einem Fernfahrer ein und heiratete ihn bald darauf, damit ihre Kinder und sie wenigstens finanziell einigermaßen versorgt waren. Der Preis dafür war hoch: Joachim Struth entpuppte sich schnell als egozentrischer und gewaltbereiter Choleriker, der als Erziehungsmittel seine Reitpeitsche favorisierte und auch seine Frau verprügelte, wenn er es für angemessen hielt.

Weil die Mutter mit der Alleinerziehung von sechs Kindern überfordert war und der Stiefvater ihn kaum beachtete, fehlte es Thomas Struth zeitlebens an Führung, Fürsorge und Fürsprache. Seine schulischen Leistungen waren regelmäßig mangelbehaftet oder mangelhaft, er verließ die Hauptschule nach der 9. Klasse, begann eine Lehre als Maurer und wurde nach nur vier Monaten gekündigt, weil er zu oft unentschuldigt gefehlt hatte. Die nächsten Jahre verbrachte er in Armut und Demut: kein Job, kein Einkommen, keine Wohnung, keine Perspektive; kein Versuch, etwas zu verändern, sein Leben zu gestalten, in den Griff zu bekommen. Seine Mutter ließ ihn gelegentlich bei sich übernachten, wenn ihr despotischer Mann beruflich unterwegs war. Thomas Struth stolperte derweil desillusioniert und desorientiert durchs Leben. Als er ganz unten angekommen war, schloss er sich notgedrungen verschiedenen Drückerkolonnen an. Zu diesem Zeitpunkt passte seine gesamte Habe in einen Rucksack.

Und so geriet Thomas Struth schließlich an Jutta König, die ihn an einer Autobahnraststätte einem anderen Kolonnenführer preisgünstig für 1200 Euro abkaufte. Doch Thomas Struth ist seinem Job als Zeitungswerber nicht gewachsen, er kann sich den »Knastspruch« einfach nicht merken, weiß nicht, wie man ein Verkaufsgespräch führt, ihm wollen partout keine überzeugenden Argumente einfallen. Und überhaupt ist er für derlei Tätigkeiten zu schüchtern, fühlt sich in seinem verkorksten Leben obendrein wieder einmal fehlbesetzt. Ewiger Verlierer.

Nun soll es Cornelia Graber, die Topverkäuferin innerhalb der Kolonne, richten und den Frischling anlernen. Anfangs keimt Hoffnung auf, doch es wird die Hölle. Denn Thomas Struth verkauft nach wie vor keine Abos, kein einziges. Die Vizechefin staucht ihn zusammen, schreit, brüllt, lästert, wie dämlich er doch sei, was seine Unterkunft koste, vom Essen ganz zu schweigen – eine glatte Fehlinvestition. Für Thomas Struth wird es von Tag zu Tag schlimmer.

Eines Abends zitiert man ihn auf das Zimmer seiner Chefin, die ihn zunächst verbal bedroht und erniedrigt, bevor ihm Cornelia Graber eine Tracht Prügel verabreicht. Mit einem nietenbesetzten Reiterstiefel wird so lange auf den »Versager« eingedroschen, bis er blutüberströmt auf dem Boden liegen bleibt und kurzzeitig das Bewusstsein verliert. Als er sich noch am selben Abend seinem vermeintlichen Freund Roman Kraft anvertraut und ihm von seinen Versagensängsten und Veränderungswünschen erzählt, hat Thomas Struth noch genau sieben Tage zu leben.

»Komm her, du Sau!« Thomas Struth legt den Spaten ab und geht wie befohlen zu Roman Kraft, der ihn mit seinen kräftigen Armen umklammert. Cornelia Graber tritt hinzu, in der Hand ein Feuerzeug. Damit malträtiert sie Thomas so lange im Intimbereich, bis der sich vor Schmerzen auf dem Boden krümmt. Klick. Jutta König bannt die unheimliche Szenerie auf Zelluloid: Folterknechte in Aktion. Anschließend Jubelpose. Klick.

Während das letzte Foto dieser Aktion Roman Kraft als breit grinsenden Triumphator zeigt, zählt er sonst eher zu jenen Menschen, die am Rand der Gesellschaft leben, in einer düsteren, von

Hoffnungslosigkeit, Misstrauen, Menschenverachtung und eruptiver Gewalt geprägten Zwischenwelt: triste Kolonnen von Entrechteten, die an Haustüren rührselige Räuberpistolen vortragen und um Abonnements für Herz-Schmerz-Blätter oder Magazine aus einer Hochglanzwelt betteln müssen. Förmlich abgerichtete Frauen und Männer, gescheiterte Existenzen aus dem dunklen Hinterhof der Wohlstandsgesellschaft. Notorische Blender, Phrasendrescher und Wahrheitsverdreher, skrupellose Erfüllungsgehilfen menschlicher Destruktivität. Und wer das geforderte Tagessoll nicht erreicht, muss mit teils drastischen Sanktionen rechnen: Essensentzug, Schlägen, Peitschenhieben oder Todesstrafe.

In dieser nach außen hin vollkommen abgeschotteten Schattenwelt hat Roman Kraft, ehemaliger Sonderschüler ohne Berufsausbildung und mehrfach vorbestraft wegen Eigentums- und Gewaltdelikten, schnell gelernt, sich zu orientieren und möglichst regelkonform zu verhalten: Der Kolonnenführer stellt Unterkunft und Kleidung, er ist die höchste Instanz, das Gesetz, ihm hat man sich bedingungslos unterzuordnen. Befehl ist Befehl. Die übrigen Mitglieder der Kolonne sind nicht mehr als missliebige Konkurrenten, deren Schwächen es auszunutzen gilt. Wie bei Thomas Struth, der sich ihm anvertraut und den er daraufhin wie selbstverständlich ans Messer geliefert hat.

»Jetzt besorgt es dem Penner mal richtig. Lasst euch was einfallen!« Jutta König zielt mit ihrer Pistole auf Thomas Struth, der immer noch gräbt, mittlerweile seit anderthalb Stunden. Herkules, die Bordeauxdogge, beginnt irgendwann leise zu knurren. »Ruhig, mein Kleiner, g-a-n-z ruhig.« Der Hund lässt sich schnell besänftigen, denn er weiß genau, was ihm sonst blüht: heftige Faustschläge auf die Schnauze.

Cornelia Graber geht auf Thomas Struth zu und befiehlt:

»Los, leg dich hin!« Und mit aufforderndem Blick zu Roman Kraft gewandt: »Halt ihn bloß schön fest!« Cornelia Graber nimmt einen Wurfstern aus ihrer Hosentasche und ritzt ihrem Ex-Mitarbeiter Kreuze in den Rücken. Blut fließt. Währenddessen sitzt Roman Kraft auf den Beinen des Opfers. Thomas Struth krümmt sich vor Schmerzen. Er leistet aber keinerlei Gegenwehr. Vielleicht ist das seine Strategie: keine Widerrede, sich alles gefallen lassen, alles ertragen, vielleicht hören sie dann irgendwann auf. Vielleicht. Andererseits gibt es keine echte Alternative. Sollte er aufbegehren, droht ihm die sofortige Erschießung.

Es erscheint schwer vorstellbar, was Thomas Struth in dieser entwürdigenden, unheilvollen und beängstigenden Situation empfunden haben mag. Doch das unmittelbare Erleben, seinen Peinigern bedingungslos und schutzlos ausgeliefert zu sein, wird ihn paralysiert haben und apathisch werden lassen, intuitiv allein darauf abzielend, möglichst wenig Angriffsfläche zu bieten und seine Unterdrücker nicht unnötig zu reizen. Vielleicht war das Ende seiner Qualen, der Tod, für ihn sogar eine Art Erlösung.

»Das war doch wohl noch nicht alles! Los, weitermachen!«, befielt Jutta König und zieht genüsslich an ihrer Zigarette. Cornelia Graber nimmt einen Gepäckriemen zur Hand und schlägt Thomas Struth damit: ins Gesicht, auf die Arme, den Rücken, die Beine. Überall hin. Bald geht er zu Boden, bleibt liegen, jammert nur leise. Als die Tortur für Thomas Struth beendet ist, sind alle Augen erwartungsvoll auf Jutta König gerichtet. Sie sitzt auf dem Baumstumpf wie auf einem Thron. Sie spricht nicht zu ihren Untergebenen, ein wohlwollendes Kopfnicken genügt, um sich mitzuteilen und die Gruppe zu bestätigen.

Jutta König wollte ursprünglich nicht Anführerin einer Drückerkolonne werden, sondern Friseuse. Doch bereits mit 16 wurde sie schwanger und bekam in kurzer Folge drei Kinder. Die Ehe zerbrach, als ihr Mann, dem sie zuvor bei Raubüberfällen auf Tankstellen und Supermärkte geholfen hatte, zu neun Jahren Haft verurteilt wurde. Sie selbst kam mit einer zweijährigen Bewährungsstrafe davon.

Und damit begann ihr sozialer Abstieg: Die Kinder kamen ins Heim, sie verdingte sich als Schlammcatcherin, Call- und Stripgirl oder als Protagonistin in einem Sexfilm. Alles war gut, solange es ihr Geld einbrachte. Später wird sie in Drückerkreisen über diese entbehrungsreiche und demütigende Zeit sagen: »Wenn ihr von meiner Vergangenheit wüsstet, würdet ihr mir nicht mehr die Hand geben.«

Schließlich landete sie im Drückermilieu und machte dort eine Blitzkarriere. Sie war von Beginn an ausgesprochen erfolgsorientiert und durchsetzungsstark, wollte sich nicht zum bloßen Gangsterboss-Liebchen herabwürdigen lassen. Um sich dieser Rollenzuteilung widersetzen zu können, glaubte sie, der bessere Mann sein zu müssen. Nach nur anderthalb Jahren hatte sie ihre eigene Kolonne und gefiel sich in der Rolle als Tyrannin und Vamp: knallhart, mächtig, gnadenlos, aber auch verführerisch und hingebungsvoll. Mit Ende 20 wusste sie sehr genau, wie sie auf Männer wirkte und wie sie vorgehen musste, um aus dem starken Geschlecht Untergebene zu machen. Zuckerbrot und Peitsche.

»Conny, zu mir!« Die Angesprochene gehorcht und steht augenblicklich bei Jutta König. Kurze Lagebesprechung. Danach zündet sich die Chefin eine Zigarette an und übergibt Cornelia Graber das Feuerzeug. Die schnappt sich daraufhin eins der mitgebrachten Folterutensilien und erhitzt mit der Flamme des Feuerzeugs ein Ende der Eisenstange. Als das Metall zu glühen beginnt, schnauzt Cornelia Graber ihr Opfer an: »Los, leg dich hin! Auf den Bauch!« Und befiehlt Roman Kraft: »Und du so wie eben!«

Als Thomas Struth ausreichend fixiert ist, drückt ihm Cornelia Graber das glühende Endstück der Eisenstange in den Hintern. Klick. Während Jutta König fotografiert, kaut sie genüsslich auf einem Stück Schokolade herum. Thomas Struth windet sich derweil vor Schmerzen auf dem Boden, versucht zu schreien. Dabei verrutscht sein Knebel. Thomas Struth spricht nun den letzten Satz seines Lebens: »Das Band ist weg, ich brauche ein neues.« Wahrscheinlich will er seine Peinigerin durch diese Äußerung gnädig stimmen. Sofort greift Cornelia Graber ein, rammt ihrem Opfer die Faust in den Unterleib und flucht: »Du blöde Sau! Dir werd ich's zeigen!« Roman Kraft sagt nichts, er nickt nur mit dem Kopf.

Einige Herzschläge später ist der Mund von Thomas Struth wieder mit Paketklebeband umwickelt, und zwar so breitflächig, dass ein Verrutschen nicht mehr möglich ist. Anschließend tritt Cornelia Graber dem Wehrlosen in den Hintern. Sie ist gerne gewalttätig, dazu muss sie nicht erst aufgefordert werden. Es macht ihr Spaß, Macht auch körperbetont auszuüben, oben zu sein, sich in dieser höchstintensiven Form zu erleben, zu spüren.

Das war nicht immer so. Cornelia Graber war das dritte Kind ihrer zunächst in Süddeutschland lebenden Familie. Eine Nachrückerin, ungewollt, von ihrer Mutter weder umsorgt noch geliebt. Statt Zuwendung gab es häufig Prügel, auch bei nichtigem Anlass. Die Mutter hielt das Kind für ausgesprochen dumm und behandelte es dementsprechend. Der Vater hätte korrigierend eingreifen können, doch er ließ seine Frau gewähren, für ihn war Erziehung »Weiberkram«. Und damit Nebensache.

Der erste Ausreißversuch weg von der familiären Welt der Peiniger, Ignoranten und Besserwisser führte Cornelia Graber als 16-Jährige ins Hotelgewerbe. Sie begann eine Lehre, freundete sich sogar mit ihrer Ausbilderin an, musste die Schulung jedoch abbrechen, weil ihr Vater in Westdeutschland eine besser dotierte Stelle bekam. Aus der Traum von der Eigenständigkeit.

Den versuchte fortan ihr zwei Jahre älterer Bruder zu realisieren, der sich als Gebrauchtwagenhändler selbständig machte und seine jüngere Schwester dazu überreden konnte, bei seinen zwielichtigen Geschäften mitzumachen. Zum Schein musste sie eine der dubiosen Firmen übernehmen. Strohfrau. Die von ihrem Bruder versprochenen Gewinne blieben jedoch aus, statt finanziell potenter Kunden kamen regelmäßig Gerichtsvollzieher ins Haus. Die Sache drohte schiefzugehen.

Als Cornelia Graber nach Jahren der Entbehrungen endlich aussteigen wollte, erntete sie – wie immer – kein Verständnis oder Mitgefühl, sondern bezog von ihrem Bruder erst Backpfeifen, dann Faustschläge ins Gesicht, bis sie klein beigeben musste. Tagelang durfte sie die Wohnung nicht verlassen, damit niemand etwas mitbekam. Doch bevor der Konflikt weiter eskalieren konnte, flüchtete sie ins Frauenhaus und versteckte sich dort sechs Monate lang.

Während dieser Zeit las sie eine Zeitungsannonce: »M/W ab 18 J. sofort zum Mitfahren, Anlernen ges. 1500 Euro die Woche, Zimmer vorhanden …« Cornelia Graber wählte die angegebene Telefonnummer und ließ sich schnell überreden, bei einer Drückerkolonne anzuheuern. Ohne ihren Eltern davon etwas zu sagen, verschwand sie und unterschrieb am nächsten Tag eine »Vereinbarung für Pressevertriebsagenten«. Die Falle hatte zugeschnappt.

Anfangs lief es noch unverhofft gut: Manfred Schachtinger, ihr Kolonnenführer, beschützte sie, kümmerte sich um ihre Schulden, versorgte sie wunschgemäß mit Sushi oder Sahnetorte, bezahlte das Sonnenstudio und den Friseur. Obendrein garantierte er ihre Unterbringung.

Doch das Glück währte genau zwei Tage lang. Danach zeigte

ihr Chef übergangslos sein wahres Gesicht. Der wegen versuchten Totschlags vorbestrafte 46-Jährige entpuppte sich als unberechenbarer und brutaler Schläger, der seine Kolonne wie eine Verbrecherbande führte, in der nur einer bestimmen, mächtig sein durfte: er selbst; und in der es nur um eine Sache ging: Profit. Der vollbärtige, stark übergewichtige Ex-Rocker zitierte sein Gefolge jeden Tag mit einer Trillerpfeife zu sich, als seien es dressierte Hunde, die gefälligst Männchen zu machen hatten.

Wer nicht spurte, dem drosch Manfred Schachtinger mit der beringten Faust so lange ins Gesicht, bis Blut spritzte oder Knochen splitterten. Irgendwann wurde die Angst vor ihm und seinen Vasallen so allgegenwärtig, dass für die übrigen Kolonnenmitglieder die Welt da draußen aufhörte zu existieren. Einfach weg. Niemand wagte es, sich zu wehren oder sich den Bestrafungsritualen zu entziehen. Anschließend mussten die Gezüchtigten im Quartier bleiben, um ihre Wunden zu pflegen. Zwei Tage später sah man sie mit verquollenem Gesicht bei der Arbeit: »Knastumfrage« – als sichtbaren und unwiderlegbaren Beweis ihrer kriminellen Vergangenheit konnten die Werber wider Willen ihre eindrucksvollen Blessuren präsentieren. Und schon florierte das miese Geschäft mit der Gutgläubigkeit vor allem älterer Menschen.

Auch Cornelia Graber fügte sich, als Manfred Schachtinger sie zu seiner Haushälterin bestimmte. Sie musste sein Haus putzen und ließ es auch widerspruchslos über sich ergehen, als er Sex von ihr verlangte. Erst hin und wieder, dann jeden Tag. Sie widersprach auch nicht, als der »Sklaventreiber« (so nannten ihn die meisten seiner Untergebenen, wenn er nicht zugegen war) von Heirat sprach und kurzerhand das Aufgebot bestellte. Erst zwei Tage vor dem Hochzeitstermin zog Cornelia Graber die Notbremse, vertraute sich einer Freundin aus dem Drückermilieu an, die ihr schließlich von einer Frau erzählte, die sie näher kennen würde, mit der sie die Angelegenheit bereits besprochen habe, bei der sie jederzeit unterkommen könne und gut aufgehoben sei. Ihr Name: Jutta König. Am nächsten Tag trafen sich die beiden Frauen am Kölner Hauptbahnhof. Der Beginn einer verhängnisvollen Beziehung.

»Los, leg dich rein, ob's passt!« Roman Kraft unterstreicht seine Aufforderung mit einer Drohgebärde, und Thomas Struth gehorcht. Anschließendes Probeliegen. Allgemeines Gelächter. Niemand ist betrunken oder hat Drogen genommen. Die Teilnehmer dieses sinnlosen und maßlosen Verbrechens trinken Capri-Sonne. Jutta König reicht ihrer Komplizin Cornelia Graber noch ein Stück Schokolade. Die übrigen bekommen ihren Rollen entsprechend (Roman Kraft: Lakai, Thomas Struth: Leidtragender) – nichts.

Zweieinhalb Stunden sind nun vergangen, als Jutta König mit militärischem Unterton den Mordbefehl erteilt: »Conny, ich schenke ihn dir. Du machst es!« Cornelia Graber lächelt zufrieden, schneidet die Wäscheleine in zwei gleich lange Stücke und fesselt Thomas Struth damit an Händen und Füßen. Der Todgeweihte leistet auch jetzt keine Gegenwehr. Nach allem, was er bis dahin erlitten hat, ist er vielleicht sogar froh, dass seine Qualen bald ein Ende haben sollen. Wie auch immer.

»Glaubst du, dass du jetzt stirbst?« Cornelia Graber zeigt Thomas Struth das Messer. Verlegenes Kopfschütteln. »Doch, du stirbst jetzt!« Im nächsten Augenblick stößt Cornelia Graber den Wehrlosen zu Boden, sticht in die Herzgegend des Opfers und bohrt darin so lange herum, bis ein blutiges Loch zu sehen ist. Jutta König drückt begeistert auf den Auslöser: klick, klick, klick. »Hab ich's gut gemacht, Jutta?« Anerkennendes Kopfnicken. Später wird Roman Kraft sagen, Thomas Struth habe »beim Abstechen« nur einmal hörbar reagiert: »Er hat gequietscht wie ein Schwein!«

Cornelia Graber stößt Thomas Struth in die Grube. Ein letztes Röcheln ist zu hören. »Conny, bleib mal so!« Siegerpose und Victory-Zeichen. Klick. Erde wird auf den Leichnam geschaufelt. Plötzlich ist da eine Kopfbewegung. »Der ist nicht tot«, staunt Cornelia Graber. Jutta König weiß, was jetzt zu tun ist, und sagt es auch: »Wofür hast du den Spaten? Mach ihn endlich platt!« Ohne zu zögern, schlägt Cornelia Graber mehrfach in Richtung Kopf und zertrümmert Thomas Struths Schädel. Während Roman Kraft sich bei diesem Anblick übergeben muss, schaufelt Cornelia Graber so viel Erde auf den Leichnam, bis er vollkommen bedeckt ist. Anschließendes Abklatschen mit ihrer Chefin. Jutta König ist zufrieden und wendet sich Roman Kraft zu: »Pass bloß gut auf, sonst bist du der Nächste! Das geht ganz schnell!« Anschließend verlässt man den Ort des Grauens.

Während der Rückfahrt scherzen Jutta König und Cornelia Graber ausgelassen, brüsten sich der Tat: dass ihr Opfer nicht mal den Mumm gehabt habe, sich zu wehren, ein Schwächling eben, verachtenswert; eine gerechte Sache sei das gewesen, lange überfällig; eiskalt habe man gehandelt, ein tolles Erlebnis sei das gewesen. »Hast du gesehen, wie blöd der geguckt hat, als ich ihn mit dem Messer fertiggemacht habe?« Jutta König darauf: »Verdammter Schisser. Miese Ratte. Der hatte den grünen Punkt mehr als verdient!« Verächtliches Lachen. Nur Roman Kraft schweigt. Er weiß, dass die Drohungen seiner Chefin ernst zu nehmen sind. Und er weiß, dass er sich ab sofort keinen Fehler mehr erlauben darf.

Nach diesem dramatischen Tag ist in der Kolonne nichts mehr wie vorher. Roman Kraft darf nicht alleine auf Tour gehen, Cornelia Graber ist ständig an seiner Seite, beargwöhnt ihn. Und droht, ohne dass es dafür einen Anlass gegeben hätte: »Denk dran, was dem Struth passiert ist. Das geht rucki, zucki!« Auch

Jutta König lässt ihren »Betthasen« nicht aus den Augen. Sie stellt ihm zwar keine Ermordung in Aussicht, aber: »Als Mitwisser bist du genauso dran wie wir, wenn das rauskommt!« Roman Kraft erkennt die juristische Unschärfe nicht (wegen Beihilfe zum Mord muss er mit einer wesentlich geringeren Strafe rechnen als die Anstifterin und die Angestiftete), es zählt allein das Wort seiner unberechenbaren Anführerin, die zu allem fähig ist und kein Pardon gibt. Deshalb geht er nicht zur Polizei. Stattdessen geht er mit Jutta König ins Bett. Eine reine Angstbeziehung.

Während Roman Kraft befürchtet, schon bald das nächste Opfer werden zu können, überlegen seine Bettgefährtin und deren Handlangerin, wer tatsächlich getötet werden soll: Es ist Manfred Schachtinger, Cornelia Grabers ehemaliger Kolonnenführer und Fastehemann. Die Frauen befürchten, der gewalttätige Koloss könnte sich für Cornelia Grabers Flucht rächen oder auf sein vermeintliches Eheversprechen pochen wollen. Außerdem sind noch 2000 Euro Lohn offen. Für Cornelia Graber soll es auch eine persönliche Abrechnung werden: »Der Schachtinger ist ein Schwein und war eklig zu mir. Den mache ich platt.« Jutta König ist einverstanden. »Aber wenn du es machst, mach es richtig«, mahnt sie und überlässt Cornelia Graber ihre Pistole.

Der Mordplan sieht vor: Roman Kraft und Bert Gammerschlag, ein weiterer Drücker aus der Kolonne, sowie Herkules, der Kampfhund, sollen Cornelia Graber bei der Tat unterstützen. Doch Gammerschlag bekommt kalte Füße, meldet sich krank, und auch Roman Kraft erscheint nicht am vereinbarten Treffpunkt, einer Autobahnraststätte. Cornelia Graber telefoniert deshalb mit Jutta König, die ihr schließlich verspricht, zeitnah einen Mann zu schicken, selbst aber nicht mitmachen zu wollen: »Du kriegst das alleine hin!«

Die zugesicherte Verstärkung trifft eine dreiviertel Stunde später bei Cornelia Graber ein. Es ist Jens Kracht, 26 Jahre alt, groß und muskulös, vorbestraft wegen mehrfacher Körperverletzung – im Drückermilieu bekanntermaßen der Mann fürs Grobe, jemand, der bereitwillig befohlene Bestrafungen vornimmt oder andere Angehörige der Kolonne einschüchtert, damit sie sich weisungsgemäß verhalten.

Gegen 2.15 Uhr erreicht das Duo Manfred Schachtingers Haus. In einem Seesack hat Cornelia Graber die von ihrer Chefin zur Verfügung gestellte silberfarbene Beretta-Pistole und ein paar schwarze Lederhandschuhe versteckt. Jens Kracht wartet am Auto und wird erst in Aktion treten, sollte Cornelia Graber selbst in Gefahr geraten.

Sie klopft dreimal an die Haustür. Sekunden später öffnet Manfred Schachtinger, der eben noch vor dem Fernseher gesessen hat. »Da bist du ja endlich«, sagt er vorwurfsvoll und bittet Cornelia Graber herein. Sie trägt die Pistole jetzt am Körper, hält darüber ein Kissen, und als Manfred Schachtinger ihr den Rücken zudreht, um sich wieder in sein Ledersofa zu wuchten, schießt Cornelia Graber. Das Projektil dringt in den Rücken des Opfers ein und verletzt die Lunge. Manfred Schachtinger bricht zusammen und fleht: »Nein, bitte nicht, nein!« Cornelia Graber tritt an den Schwerverletzten heran, schießt ihm dreimal aus nächster Nähe in den Kopf, zieht sich die schwarzen Lederhandschuhe an, geht in die Küche, bewaffnet sich mit einem Tranchiermesser, eilt zurück ins Wohnzimmer und sticht Manfred Schachtinger dreimal seitlich in den Brustkorb. Anschließend schneidet sie dem Sterbenden die Kehle durch. Hastig raubt sie die Lederweste des Toten, in der er gewöhnlich sein Geld aufbewahrt, und drei Handys. Danach verlässt sie den Tatort und flüchtet mit ihrem Mordgehilfen.

Schon am folgenden Vormittag wird der Leichnam gefunden. Die Ermittler haben zwar nur eine schwache Hoffnung, dass die Handys des Opfers von den Tätern benutzt werden könnten, trotzdem werden sie überwacht. Zwei Tage später, genau um 18.39 Uhr, hören die Fahnder mit, wie »Jutta« mit »Wolfgang« über eine offenbar kurz bevorstehende Gerichtsverhandlung spricht, die erhebliche Konsequenzen für die Drückerszene haben könnte. Die erste heiße Spur.

Das Handy kann bald darauf in einem Hotel am Rand einer norddeutschen Kleinstadt geortet werden. Dort hat Jutta König ein Zimmer angemietet. Sie wird am darauffolgenden Tag festgenommen. Den Verdacht der Mittäterschaft leugnet sie zwar, macht den Ermittlern aber ein Angebot: »Die Conny war's. Sie hat auch die Waffe. Ich führe Sie zu ihr. Lassen Sie mich mit ihr reden!«

Und genau so kommt es. Jutta König darf zuerst mit ihrer Freundin sprechen, die in demselben Ort, nur in einem anderen Hotel untergekommen ist. Die vormals so unerschütterlich wirkende und auch so auftretende Kolonnenchefin kommt mit verheultem Gesicht ins Zimmer, als Cornelia Graber unter der Dusche steht. Wenige Minuten später lügt Jutta König ihr ins Gesicht: »Da konnte einer das Maul nicht halten. Keine Ahnung, wer das war. So ein Arschloch hat dich verraten. Die Bullen stehen vor der Tür. Es ist vorbei.« Cornelia Graber darf sich noch anziehen, dann werden ihr Handschellen angelegt.

In ihrem Zimmer stoßen die Ermittler auf einen Hartschalenkoffer mit Zahlenschloss. Cornelia Graber verrät den Beamten die Nummernkombination. Im Koffer finden sie neben einigen Aboscheinen die mutmaßliche Tatwaffe und insgesamt 17 Polaroidfotos. Sie dokumentieren ein Drama: die Erniedrigung, Folter und Ermordung eines jungen Mannes mit gelockten roten Haaren. Die Fahnder müssen gar nicht erst fragen, Cornelia Graber gesteht spontan: »Das war der Thomas Struth. Wir haben ihn umgebracht.«

Auch vor Gericht wiederholt Cornelia Graber ihr Geständnis, nur will sie nicht aus freien Stücken gemordet haben, denn: »Jutta hat das angeordnet. Ich musste tun, was sie wollte.« Thomas Struth habe sterben müssen, weil er als Zeitungswerber erfolglos gewesen sei bzw. keinen Umsatz gemacht habe, und Manfred Schachtinger sei ein lästiger Konkurrent gewesen, dem man seine treue Gefolgschaft geneidet habe. Jutta König indes bestreitet ihre führende Rolle vehement und beschuldigt die Mitangeklagte, vielmehr auf eigene Rechnung gehandelt und dabei persönliche Motive verfolgt zu haben.

Aussage gegen Aussage. Allerdings sprechen gegen Jutta Königs Version die übereinstimmenden Schilderungen ihrer ehemaligen Untergebenen Roman Kraft und Jens Kracht: Jutta habe alles bestimmt und alles befohlen; ein »nein« sei gewiss keine Option gewesen, sie habe »eine Macht ausgeführt«. Warum man sich ihr klaglos und bedingungslos unterworfen habe, sei jedoch nicht genau zu erklären, man könne es rückblickend selbst nicht verstehen: »Das war einfach so.« Diese Charakterisierungen und Zustandsbeschreibungen passen nach Einschätzung des psychiatrischen Sachverständigen zu den mit angeklagten Mordgehilfen, die als sozial abhängige und intellektuell minderbegabte Persönlichkeiten beschrieben werden, in ihrer Entwicklung weit zurückgeblieben und nach einem simplen Prinzip funktionierend: Befehl und Gehorsam.

Auch Cornelia Graber lässt sich nach der Expertise des Gutachters zwanglos in dieses Tat- und Beziehungsschema einfügen. Ihr wird eine »dependente Persönlichkeit mit narzisstischer Prägung« attestiert, sie ist also jemand, der immer wieder versucht, sich durch teils enorme Anstrengungen Liebe und Bewunderung bei Menschen zu verschaffen, die als Vorbilder angesehen werden, und sei es durch die Herabwürdigung und Demütigung Schwächerer.

Anders hingegen müsse Jutta König beurteilt werden: keine kindlichen Traumata, keine pervertierte Sexualität, keine dauerhaften Beeinträchtigungen durch ihren gelegentlichen Drogenkonsum, keine Störung der Persönlichkeit – unter dem Strich steht eine paranoide Einfärbung ihres Charakters, einhergehend mit Vorstellungen eigener Überlegenheit und Überhöhung, also aus klinischer Sicht lediglich akzentuierte Persönlichkeitszüge: zwar jenseits der Norm, aber noch nicht mit Krankheitswert.

Zwischen Cornelia Graber und Jutta König gibt es aus psychologischer Sicht lediglich eine Gemeinsamkeit, denn übereinstimmend wurde ein IQ von 88 festgestellt. Das ist ein unterdurchschnittlicher Wert, der die Matrix der vorgeworfenen Verbrechen nicht zu erklären vermag, aber mit dazu beigetragen haben dürfte, dass sich primitive Lösungsmuster durchsetzen konnten, ohne vorhandene Alternativen ernsthaft in Erwägung zu ziehen.

Letztlich gelingt es nicht, sämtliche Leerstellen der Verbrechen an Thomas Struth und Manfred Schachtinger auszuleuchten, doch nach zehn Verhandlungstagen stehen zur Überzeugung des Gerichts zumindest die juristische Rollenverteilung und das damit verbundene Strafmaß fest: Jutta König wird wegen Mordes (Thomas Struth) und Beihilfe zum Mord (Manfred Schachtinger) zu lebenslanger Haft verurteilt, Cornelia Graber wegen zweifachen Mordes ebenfalls zu »Lebenslänglich«. Roman Kraft und Jens Kracht kommen wegen Beihilfe zum Mord mit vergleichsweise milden Strafen davon: fünf und dreieinhalb Jahre Haft.

Folgt man den Gutachten des forensischen Sachverständigen, ist weder Jutta König noch Cornelia Graber ein »Monster«, und doch haben sie gemeinsam mit der Ermordung von Thomas Struth eine monströse Tat begangen, für die es in der jüngeren Kriminalgeschichte kein Beispiel gibt. Wie konnte es dazu kommen? Zweifellos handelt es sich um eine Beziehungstat. Allerdings erscheint aus ursächlicher Sicht weniger die Täter-Opfer-Beziehung relevant, vielmehr dürfte der Schlüssel für die

Komplexität dieses Falls in der ungewöhnlichen Täterin-Täterin-Beziehung zu sehen sein.

Also: Cornelia ist sofort beeindruckt von der acht Jahre älteren Jutta, die so bestimmt auftritt, die sich von Männern nichts sagen lässt, die sich am Ende immer durchsetzt, die ihr Leben, aber auch das anderer im Griff hat, die nicht ohne Pistole auf die Straße geht oder einen Baseballschläger dabeihat – Insignien ihrer scheinbar unbegrenzten Machtfülle, zumindest innerhalb der Drückerkolonne, schließlich wagt es kein Mann, ihr zu widersprechen oder ihre Befehle in Frage zu stellen. Ein Teufelsweib. Zum Fürchten. Aber eben auch sexy.

Jutta hingegen gefällt, dass die anfangs schüchterne Cornelia als Drückerin eine gute Figur macht und ihre Opfer besonders glaubwürdig belügen kann, viele Abschlüsse erreicht, schließlich sogar wesentlich mehr Scheine schreibt als alle anderen. Dafür wird Cornelia nicht nur mit Respekt und Anerkennung belohnt, der ihr zeitlebens vorenthalten wurde, sondern auch mit einer herausgehobenen Stellung innerhalb der Kolonne: Vizechefin.

Für Jutta wird es irgendwann eine Art Mutter-Kind-Beziehung (»Ich war ein Drückerboss, aber ich habe ein Herz. Das habe ich Conny spüren lassen.«), für Cornelia ist es weit mehr: »Ihre Augen, die Ausstrahlung und die Art, wie sie mit mir sprach, gab mir so viel. Ich wollte ständig bei ihr sein und ihre Nähe genießen.« Wenn Roman Kraft, Juttas Sexualobjekt, nicht verfügbar ist, schlafen die Frauen in einem Bett, doch es kommt weder zu Zärtlichkeiten noch zu sexuellen Handlungen; Cornelia wagt es nicht, sich Jutta gegenüber zu offenbaren, sie flüchtet sich vielmehr in Wunsch- und Tagträume, die letztlich unerfüllt bleiben.

Jutta ist für Cornelia aber auch Vorbild. Sie will ihrer Anführerin nicht nur nacheifern, sondern gleichkommen, sie eines Tages vielleicht sogar übertreffen. Um noch grausamer und noch mächtiger zu sein. Deshalb redet sie so wie Jutta und kleidet sich ähnlich, lässt sich sogar die Haare färben, um ihrem Leitbild besser entsprechen zu können. Jutta bestärkt sie in ihrem imitierenden Verhalten und nennt sie mitunter »Jutta zwei«, für Cornelia »ein Riesenkompliment«, aber auch Ansporn, die eigene poröse Persönlichkeit zu vernachlässigen und sich wie ihr Leitbild zu gebärden. Die Folgen sind für Cornelia dramatisch: »Ich wollte mich in sie hineinversetzen. Meine Gedanken sollten sich nach ihren Gedanken richten. Ich war nicht mehr ich selber. Was sie sagte, war oberstes Gesetz für mich.«

Ein ungleiches Paar, aber gerade deswegen in hohem Maße kompatibel: Jutta will unbedingt vereinnahmen und instrumentalisieren (sie nennt Cornelia »mein kleines Mistvieh«), und Cornelia will unbedingt vereinnahmt und instrumentalisiert werden (sie nennt Jutta »meine Göttin«) – Hörigkeit und Liebe, Entfremdung und Manipulation, die unverzichtbaren Wesenselemente einer psychopathisch eingefärbten Beziehung, in diesem Fall ohne Zweifel auch die Grundlage für menschenverachtendes Verhalten und mörderische Planspiele.

Bezeichnenderweise hatte Cornelia Graber kein persönliches Motiv, Thomas Struth zu ermorden. Er war allein bei Jutta König in Ungnade gefallen, die durch seine Tötung wohl in erster Linie ein Exempel statuieren wollte: Mir läuft keiner davon, und falls er es auch nur versucht, kostet es das Leben. Keine Gnade, kein Erbarmen. Cornelia Graber dürfte nicht nur mit der Beteiligung an der Tat, sondern insbesondere mit den an Thomas Struth verübten Grausamkeiten darauf abgezielt haben, sich vor ihrer geliebten Anführerin zu profilieren: Schau her, wozu ich fähig bin, du kannst auf mich zählen, für dich tue ich alles: sogar das.

Nicht übersehen werden dürfen jedoch in diesem Fall gruppendynamisch bedingte Affekte und Effekte. Das Mordtrio besteht aus Personen mit ähnlichem sozialem Status und bekennt sich zu nicht gesellschaftskonformen Werten: Straftaten (beispielsweise zum Nachteil der Zeitschriften-Abonnenten) werden gebilligt, verbale und körperliche Gewalt gelten als akzeptierte Mittel zur Durchsetzung gruppenspezifischer oder individueller Bedürfnisse. Das Gruppengefüge wird geprägt von den Absichten der Wortführerin (Jutta König), die auch die einzelnen Tatbeteiligungen dem Rang der Ausführenden innerhalb der Gruppe entsprechend festlegt.

Es erfolgt keine minutiöse Tatplanung, vielmehr wird von der Anführerin lediglich ein grober Rahmen vorgegeben, wann und wo und gegen wen die Tat ausgeführt werden soll. Die erschreckende Grausamkeit, Mitleidlosigkeit und Kaltblütigkeit der Anstifterin und ihrer Helfer erstrecken sich auf einen für Tötungsdelikte eher untypisch längeren Zeitraum (mindestens zweieinhalb Stunden), charakteristisch für gruppendynamische Affekte sind indes die folterähnlichen Nebenhandlungen sowie die überbordende Gewalt bei der Haupttat, die Bereitschaft zu töten fußt insbesondere auf bedingungsloser Unterwürfigkeit (Roman Kraft) und schlichtem Imponiergehabe (Cornelia Graber). Höchstwahrscheinlich wäre diese Tat niemals passiert, hätte es nicht dieses Netz von Ängsten und Abhängigkeiten gegeben und hätte der Mord an Thomas Struth von Jutta König oder Cornelia Graber oder Roman Kraft allein durchgeführt werden sollen.

Die Tötung von Manfred Schachtinger hingegen ist anders zu bewerten. In diesem Fall ist Cornelia Graber die treibende Kraft, denn sie hat sich als »Jutta zwei« bewiesen, muss nach dem ersten Mord eine geringere Hemmschwelle überwinden und verfolgt neben den Bereicherungsabsichten, die sie mit Jutta König verbindet, auch ein persönliches Motiv (Rache), um dem verhassten Opfer entgegenzutreten und es »abzuknallen«. Als Cornelia Graber ihrem Ex-Anführer und Ex-Liebhaber die Kehle aufschlitzt, hat sie die Metamorphose zu einer besonders gefährlichen Serienmörderin endgültig abgeschlossen. Sie ist nicht mehr nur auf eine bestimmte Motivation festgelegt, sondern versteht Mord als probates Mittel, um Bedürfnisse jeglicher Art zu befriedigen. Hätte man sie nicht zeitnah aus dem Verkehr gezogen, der »grüne Punkt« wäre mit hoher Wahrscheinlichkeit zu ihrem Markenzeichen geworden.

NACHWORT

»Sein Begräbnis am 1. Dezember war gut besucht.
Auch Polizisten waren dabei. Ein Neffe des Toten
hatte Frau Blauensteiner wegen Mordverdachts angezeigt.
Die Leiche war bereits obduziert worden.
Die Witwe erschien mit Verspätung.
›Adieu, Alois‹, sagte sie gefasst, warf rote Rosen
auf den Sarg und ging. Auf der Heimfahrt kramte sie
den Sterbebrief von Alois Pichler hervor:
›Wenn die Kraft zu Ende geht, ist Erlösung Gnade.‹
Auf der Rückseite entwarf sie ihr neues Kontaktinserat:
›Witwe, alleinstehend, Anfang 60, herzeigbar, sucht Beamten.‹«

Die rüstige Witwe Blauensteiner,
Daniel Glattauer

Soweit ersichtlich (siehe dazu meine Studienergebnisse im nächsten Kapitel) wurden nach Ende des Zweiten Weltkriegs in der Bundesrepublik lediglich 38 Frauen verurteilt, die als Serienmörderinnen gelten dürfen (Definition siehe Vorwort). Aktuell wird gegen drei Frauen ermittelt bzw. vor Gericht verhandelt, denen mindestens zwei unabhängig voneinander begangene Tötungsdelikte vorgeworfen werden – Verurteilungen als Serienmörderinnen gelten als sicher. In diesem Kontext sind überdies mindestens sieben Tötungsdelinquentinnen zu verorten, die nur aufgrund besonderer Umstände nicht als Serientäterinnen überführt werden konnten: Entweder hatten die Verdächtigen sich das Leben genommen und waren deshalb keine Ermittlungen durchgeführt worden, oder aber die amtlichen Nachforschungen hatten eingestellt werden müssen, weil es nicht gelungen war, die näheren Todesumstände der Opfer zu verifizieren, insbesondere die Todesursache. Erwähnung verdienen ebenso vier Frauen, die wegen Beihilfe zum Serienmord abgeurteilt wurden.

»Soweit ersichtlich« bedeutet in diesem Fall nicht nur, dass alle erreichbaren Quellen ausgeschöpft wurden; vielmehr steht die Zahl »38 plus x« Serienmörderinnen stellvertretend auch für Täterinnen, deren kriminelles Handeln unbemerkt geblieben ist (z. B. bei Patienten- und Kindstötungen, die heute noch als natürliche Todesfälle gelten), aber auch für solche Verbrechen, bei denen keine Tat-Tat-Zusammenhänge hergestellt werden konnten. Dass es eine Vielzahl solcher Kriminaldramen gegeben haben muss, belegen nicht nur allgemeingültige kriminalistisch-kriminologische Erfahrungswerte (seriöse Wissenschaftler unterstellen bei Tötungsdelikten ein erhebliches Dunkelfeld), sondern auch die Ergebnisse meiner Studie.

Denn: Die Verurteilten wurden durchschnittlich erst nach sechseinhalb Jahren überführt, in dieser Zeit verübten sie vier bis fünf Morde – ein für sich schon alarmierender Befund. Hinzu kommt jedoch, dass in der Mehrzahl der aufgeklärten Mordserien ein Ermittlungserfolg allein dem Zufall geschuldet war, weil Ehemänner, Lebensgefährten, Ex-Partner, Kinder oder Freunde der Täterinnen bzw. andere Personen im Rahmen ihrer Berufsausübung verdächtige oder verräterische Dinge gesehen, gehört, gelesen bzw. gefunden hatten und die Ermittlungen allein deshalb sehr schnell erfolgreich abgeschlossen werden konnten. Es wäre also ausgesprochen naiv, annehmen zu wollen, der Zufall hätte sich in den vergangenen 70 Jahren stets zugunsten der Ermittlungsbehörden ausgewirkt. Darum muss ich annehmen, dass es im genannten Zeitraum in der Bundesrepublik mindestens 100

Serienmörderinnen gegeben haben dürfte – und nicht wenige davon leben unerkannt heute mitten unter uns.

Es gibt sie tatsächlich, typische Merkmale, die in Serie mordende Frauen in der Mehrzahl der Fälle (> 65 Prozent, siehe Tabellen im Anhang) beschreiben, typisieren: 20 bis 40 Jahre alt (Altersspanne zum Zeitpunkt der ersten Tat: 16 bis 54), verheiratet oder in einer Beziehung lebend, deutsche Staatsangehörige, von Beruf Angestellte oder Hausfrau, unterdurchschnittlich bis durchschnittlich intelligent, Besuch einer Haupt- bzw. Realschule, durchgängig mittelprächtige oder mäßige schulische Leistungen, nicht vorbestraft und nur gelegentlicher Konsum von Alkohol und/oder Drogen. Nur muss bezweifelt werden, ob diese Merkmale und die inkriminierten Handlungen der Merkmalsträgerinnen kausal miteinander verbunden sind. Denn dieses Profil der Serienmörderin beschreibt keine exklusive Tätergruppe, die sich von der nichtkriminellen Bevölkerung signifikant unterscheidet, sondern genau das Gegenteil. So gesehen ist die Serienkillerin ein Jedermann.

Indes unterscheidet sich das charakteropathische Profil der Täterinnen signifikant von dem der Normalbevölkerung. Jede fünfte Frau leidet unter einer Persönlichkeitsstörung, wobei Minderwertigkeits- bzw. Selbstwertproblematiken sowie Borderline-Erkrankungen (Impulsdurchbrüche und Störungen des Selbstbildes) dominieren. Deutlich überwiegen jedoch Persönlichkeitsbilder, die nicht als krank im Sinne klinischer Diagnostik einzustufen sind, wohl aber akzentuierte Facetten des Charakters erkennen lassen, also jenseits der Norm, jedoch nicht pathologisch, irgendwo dazwischen.

Etwas differenzierter betrachtet kennzeichnen viele Täterinnen insbesondere emotionale Instabilität und ein nur marginal ausgeprägtes Selbstwertgefühl, sie erscheinen gemütsarm, willens- und durchsetzungsschwach, selbstunsicher, konfliktscheu, introvertiert, suggestibel, verantwortungslos, geltungsbedürftig bzw. egoistisch-egozentrisch. Allerdings lässt diese nicht abschließende Aufzählung keine generalisierende Aussage zu, weil die genannten Merkmale zwar gehäuft auftreten (in 20 bis 50 Prozent aller Fälle), nur eben häufig in unterschiedlicher Konstellation und Ausprägung. Deshalb kann unter diesen Voraussetzungen eine idealtypische Persönlichkeitsstruktur der Serienmörderin, die zudem aus ätiologischer Sicht relevant sein dürfte, weder beschrieben noch hergeleitet werden.

Ähnlich verhält es sich, wenn nach negativen Erfahrungen der Täterinnen als Kinder/Jugendliche im Familienverband gefragt wird. Zugegeben, eine gestörte Eltern-Kind-Beziehung (in jedem zweiten Fall ist das Verhältnis zur Mutter nicht intakt gewesen) und damit einhergehende emotionale Vernachlässigung, Alkoholmissbrauch oder -abhängigkeit der Eltern, Gewalterfahrungen in der Familie, eine Trennung der Eltern, aber auch ein (zu) frühes Verlassen des Elternhauses sind ungünstige Rahmenbedingungen, die eine soziale, emotionale oder charakterliche Fehlentwicklung anstoßen bzw. begünstigen können. Diese Zusammenhänge sind wissenschaftlich zwar häufig beschrieben worden und gut belegt, aber auch umstritten. Denn allein anhand der genannten Faktoren lässt sich eben nicht unbesehen herleiten, dass sich Frauen mit gravierenden Negativ-Erfahrungen in der elterlichen Familie mit hoher Wahrscheinlichkeit zu Serienmörderinnen fehlentwickeln – andernfalls müsste die Zahl der Delinquentinnen exorbitant höher ausfallen.

Obwohl die Täterinnen sich überwiegend durch auffällige Charaktermerkmale und negative Erfahrungen in der Primärfamilie beschreiben lassen, bleibt ihr Sozialverhalten in zwei von drei Fällen innerhalb der Norm. Serienmörderinnen erscheinen allgemein als sozialkonform, allerdings sind 90 Prozent der Täterinnen einzelgängerisch veranlagt, kontaktarm oder werden in der Ausprägung ihrer sozialen Bindungen als oberflächlich geschildert. Dissozialität indes konnte nur vergleichsweise selten beobachtet werden (15 Prozent).

Die Motive, andere Menschen in Serie zu töten, sind bei den Täterinnen durchaus heterogen, können jedoch in drei Bereiche gegliedert werden. Einerseits geht es um Habgier (22 Prozent), andererseits um das Ausleben von Machtgefühlen und/oder die Steigerung des eigenen Selbstwertgefühls. Im Regelfall aber (70 Prozent) sieht sich die Täterin mit einer wiederkehrenden Konfliktsituation konfrontiert: ein ungewolltes Kind wird geboren, bereits in der Familie lebender Nachwuchs wird als Belastung empfunden oder als Hemmnis für neue Partnerschaften eingeschätzt, der männliche Partner wird als Bedrohung gesehen oder steht einer Trennung im Wege, bzw. dauerhafte private und/oder berufliche Alltagskonflikte nehmen überhand und sollen durch die Beseitigung des (vermeintlichen) Verursachers aus der Welt geschafft werden.

Zu Tatwiederholungen kommt es, weil die Mörderinnen unbehelligt bleiben, deshalb radikale Problemlösungen als probates Mittel fortan favorisieren, und die Hemmschwelle, einem Menschen das Leben zu nehmen, von Mal zu Mal geringer wird, bis eine vollständige Tötungsgewöhnung eintritt. Hinzu kommt, dass durch die Beseitigung des Opfers zwar eine akute Konfliktsituation entschärft werden kann, allerdings bleibt die Persönlichkeitsproblematik der Täterin unangetastet und trägt maßgeblich dazu bei, dass sich gleichartige Schwierigkeiten neu entwickeln und abermals nicht sozialadäquat bearbeitet werden können. Ein Teufelskreis.

Die spätestens nach der zweiten Tat zu beobachtende Tötungsroutine ist das einzige Merkmal, das männliche und weibliche Täter ausnahmslos miteinander verbindet. Auf den ersten Blick könnte der beträchtliche Teil von Raubtaten (Männer: 45 Prozent, Frauen: 22 Prozent) ebenfalls als bedeutsame Parallele angeführt werden, doch darf dabei nicht übersehen werden, dass die Serienmörderinnen im Regelfall nicht alleine agierten und überwiegend von ihren männlichen Mittätern zu den Verbrechen ermuntert bzw. bestimmt wurden. Insofern erscheint das Motiv »Habgier« bei Frauen nur bedingt ausgeprägt zu sein.

Weitere Unterschiede: während Männer vielfach Gewalt- und Tötungsfantasien entwickeln und sie in etwa 40 Prozent der Fälle realisieren, konnte dieses Phänomen bei Frauen in keinem Fall nachgewiesen werden; Serienmörderinnen bevorzugen zudem »weiche« bzw. pragmatische Tötungsarten (Verabreichung von Medikamenten/Gift bei 46 Prozent und Ersticken bei 33 Prozent der Taten), Männer indes erschlagen, erdrosseln, erschießen oder erwürgen ihre Opfer. Während bei Serienmörderinnen in 86 Prozent der Fälle eine vordeliktische Täter-Opfer-Beziehung bestand (> 50 Prozent: Getötete stammen aus persönlichem bzw. familiärem Umfeld), verkehrt sich dieses Verhältnis bei männlichen Tätern in sein Gegenteil; zusammengefasst: Serienmörderinnen stellen im Bereich der Tötungsdelinquenz zwar eine heterogene, aber im Vergleich zu männlichen Tätern – unabhängig davon, ob Serienverbrechen verübt werden – stark differierende Gruppe dar.

Der Modus Operandi wird bei Frauen, die in Serie morden, von hohen Übereinstimmungswerten geprägt: In jeweils mehr als 80 Prozent der Fälle agiert die Täterin alleine, planvoll, unbeeinflusst von Alkohol und/oder Drogen, tötet das Opfer im eigenen Wohn- oder Arbeitsbereich und benutzt dabei Tatmittel, über die sie privat oder beruflich ohne weiteres verfügen kann. Die einmal erfolgreich angewandte Tatbegehungsweise wird nur dann verändert, wenn bei der Tatausführung unvorhergesehene äußere Einflüsse dies notwendig erscheinen lassen oder wenn die Täterin aus anderen Gründen so nicht erfolgreich sein konnte.

Opfer einer Serienmörderin werden ganz überwiegend Menschen, die entweder besonders jung (< 3 Jahre: 43 Prozent) oder vergleichsweise alt sind (> 61 Jahre: 39 Prozent). Am häufigsten töten die Täterinnen ihre eigenen Kinder oder ihnen beruflich bzw. privat anvertraute Patienten. In lediglich 11 Prozent der Fälle wurde der eigene Ehemann bzw. Lebenspartner getötet. Das Opfer wird in den genannten Konstellationen als Ursache für bereits eingetretene oder zu erwartende Beeinträchtigungen gesehen und mit der Erwartungshaltung getötet, hierdurch die eigene Lebenssituation unmittelbar und nachhaltig verbessern zu können. Allerdings besteht in den allermeisten Fällen weder eine echte soziale Notlage, noch geht vom Opfer eine akute Bedrohung aus. Die Notwendigkeit einer Beseitigung des Opfers ist vielmehr auf die persönlichkeitsspezifische Beeinträchtigung der Täterin zurückzuführen, deren Handlungsspielraum hierdurch entscheidend eingeengt wird und alternative Handlungs- und Lösungsmöglichkeiten darum keine Berücksichtigung finden. Mit anderen Worten: Den Täterinnen fehlt es häufig an Konfliktfähigkeit und sozialer Kompetenz. Nicht übersehen werden darf indes, dass Serienmörderinnen in den allermeisten Fällen (weit) vor und nach den Tötungen durch ungewöhnliches Verhalten auffielen. Nur wollte oder konnte kaum jemand auf diese verklausulierten Hilferufe rechtzeitig reagieren und genauer hinsehen oder hinhören, selbst die engsten Bezugspersonen nicht. Insofern müssen die Verbrechen von Serienmörderinnen nicht nur als individuelles Fehlverhalten verstanden, sondern stellvertretend auch als Menetekel für die weiter fortschreitende Entfremdung innerhalb der Keimzelle unserer Gesellschaft gesehen werden: der Familie.

KRIMINOLOGIE DER SERIENMÖRDERIN

(BUNDESREPUBLIK DEUTSCHLAND 1945–2015)

1 MERKMALSHÄUFIGKEITEN BEI TÖTUNGSDELINQUENTINNEN
(N = 38)

1.1 Lebensalter zum Zeitpunkt der ersten Tat

Alter	Häufigkeit [%]
0 – 13 Jahre	0
14 – 20 Jahre	15,8
21 – 30 Jahre	50
31 – 40 Jahre	15,8
41 – 50 Jahre	7,9
51 – 60 Jahre	10,4
> 61 Jahre	0

1.2 Familienstand

Merkmale	Häufigkeit [%]
alleinstehend	15,8
getrennt lebend / geschieden	7,9
in Beziehung	26,3
verheiratet	44,7
verwitwet	5,3

1.3 Nationalität

Merkmal	Häufigkeit [%]
Migrationshintergrund	2,6
ausländische Staatsangehörigkeit	2,6
deutsche Staatsangehörigkeit	97,4

1.4 Intelligenz

Merkmal	Häufigkeit [%]
sehr gute Intelligenz (IQ 120–139)	10,6
gute Intelligenz (IQ 110–119)	18,4
durchschnittliche Intelligenz (IQ 90–109)	52,6
geringe Intelligenz (IQ 80–89)	18,4
leichte Debilität (IQ 70–79)	0

1.5 Ausgeübte berufliche Tätigkeit

Merkmal	Häufigkeit [%]
Angestellte	34,2
Hausfrau	26,4
Arbeiterin/Gelegenheitsarbeiterin	7,9
Selbständige	5,3
Prostituierte	2,6
Studentin	2,6
Schülerin	2,6
arbeitslos	18,4

1.6 besuchte Schulform

Merkmal	Häufigkeit [%]
Sonderschule	2,6
Hauptschule	55,3
Realschule	28,9
Gymnasium	13,2

1.7 schulische Leistungen

Merkmal	Häufigkeit [%]
überdurchschnittlich	7,9
durchschnittlich	52,6
unterdurchschnittlich	39,5
Klassenwiederholer	13,1
ohne Schulabschluss	7,9

1.8 Auffälligkeiten in der Primärfamilie*

Merkmal	Häufigkeit [%]
durch Eltern/Elternteil verwöhnt	10,5
Ausreißerin	13,2
gestörte Vater-Kind-Beziehung	26,3
Alkoholabusus bei Eltern/Elternteil	36,8
Körperverletzungen/Gewalttätigkeiten	28,9
gestörte Mutter-Kind-Beziehung	50
Aufenthalt bei Pflegeeltern	10,5
Heimaufenthalt(e)	7,9
fehlende Vorbildfunktion bei Eltern/Elternteil	65,8

emotionale Vernachlässigung durch Eltern/Elternteil	55,3
Straftaten durch Eltern/Elternteil	15,8
Strafhaft bei Eltern/Elternteil	7,9
Kind verlässt Elternhaus vor Beendigung Schule	23,7
Trennung der Eltern/Scheidung	34,2
Probleme mit Geschwistern	18,4

*Mehrfachnennungen möglich

1.9 Sozialverhalten*

Merkmal	Häufigkeit [%]
sozialkonform/unauffällig	65,8
überangepasst	5,3
dominant	13,2
bindungsgestört	15,8
dissozial	15,8
Sozialkontakte oberflächlich	42,1
kontaktarm	26,3
einzelgängerisch	23,7
ohne festen Wohnsitz	10,5

*Mehrfachnennungen bei abweichenden Verhaltensweisen möglich

1.10 Deviante Persönlichkeitsmerkmale/Persönlichkeitsstörungen nach ICD-10*

Merkmal	Häufigkeit [%]
Persönlichkeitsstörungen (ohne statistische Signifikanz)	21,1
akzentuierte Persönlichkeitszüge (ohne Krankheitswert)	71
misstrauisch	15,8
paranoid	7,9
gemütsarm/wenig empathisch	47,4
egoistisch-egozentrisch	23,7
willens-/durchsetzungsschwach/ selbstunsicher	50
geringes Selbstwertgefühl	57,9
neurotisch	2,6
konfliktscheu/gehemmt	39,5
infantil	13,2
verantwortungs-/rücksichtslos	23,7
emotional instabil/labil/übersensibel	26,3
depressiv (auch episodenhaft)	10,5
psychopathisch	5,3
introvertiert	36,8
überheblich	2,6
intrigant/berechnend	7,9
dominant/rigide/rechthaberisch	13,2
geltungsbedürftig	23,7
verlogen (auch pathologisch)	10,5

dissozial	10,5
narzisstisch	7,9
unberechenbar/launisch	7,9
geringe Frustrationstoleranz	21,1
antriebsschwach	13,2
aggressiv	2,6
suggestibel	31,6
missgünstig	5,3
Persönlichkeit im Normbereich	7,9

*Mehrfachnennungen bei akzentuierten Merkmalen möglich

1.11 Ausbildung von Gewalt- und/oder Tötungsfantasien

Merkmal	Häufigkeit [%]
episodenhafte/langjährige Fantasietätigkeit	0

1.12 Vortaten/Vorstrafen*

Merkmale	Häufigkeit [%]
Vortaten/Vorstrafen	23,7
Haftstrafen	5,3
Diebstahlsdelikt	21,1
Betrugsdelikt	5,3
Sexualdelikt	2,6
Raubdelikt	2,6
Verkehrsdelikt	2,6

*Mehrfachnennungen bei Ausschärfung Vortaten möglich

1.13 Alkoholkonsum

Merkmal	Häufigkeit [%]
kein Konsum	2,6
gelegentlich	73,7
regelmäßig	18,4
abhängig	5,3

1.14 Drogenkonsum

Merkmal	Häufigkeit [%]
kein Konsum	84,2
gelegentlich	13,2
regelmäßig	2,6
abhängig	0

1.15 Tötungsmotivation (N = 174)

Merkmal	Häufigkeit [%]
Mitleid/Sterbehilfe	7,5
Partner lehnt Kind ab	16,1
Machtgefühl/Steigerung Selbstwertgefühl	8,6
Beseitigung Überforderungssituation (privat/beruflich)	15,5
Kind (ungeboren/lebend) wird als Belastung/Bedrohung gesehen	21,3
Beseitigung Beziehungskonflikt	8,6
Habgier	22,4

1.16 Gründe für Aufklärung der Taten (N = 174)

Merkmal	Häufigkeit [%]
zufällige Beobachtungen/Feststellungen Dritter	28,9
verdächtige Feststellungen anderer Behörden (als Polizei)	23,7
Strafanzeige/Hinweise an Polizei	23,7
Ermittlungen der Polizei	15,8
Selbstanzeige	5,3
Geständnis Mittäter	2,6

2 MERKMALSHÄUFIGKEITEN BEI OPFERN (N = 174)

2.1 Lebensalter zum Zeitpunkt der Tat

Alter	Häufigkeit [%]
0 – 13 Jahre	42,5
14 – 20 Jahre	0
21 – 30 Jahre	4
31 – 40 Jahre	5,2
41 – 50 Jahre	4
51 – 60 Jahre	5,7
61 – 70 Jahre	11,6
> 70 Jahre	27

2.2 Geschlecht

Merkmale	Häufigkeit [%]
männlich	46
weiblich	54

2.3 Familienstand

Merkmale	Häufigkeit [%]
ledig	54,7
verheiratet	19,5
geschieden	4
verwitwet	21,8

2.4 Nationalität

Merkmal	Häufigkeit [%]
Deutsche(r)	97,8

2.5 Ausgeübte berufliche Tätigkeiten

Merkmal	Häufigkeit [%]
Berufsausübung nicht möglich	40,2
Rentner/Pensionär	37,4
Arbeiter	7,5
Angestellter	5,2
Selbständiger	2,2
Hausfrau	2,2
Akademiker	1,7
Auszubildender/Student	0,6

3 MERKMALSHÄUFIGKEITEN BEI TATEN (N = 174)

3.1 Alleintäterschaft vs. gemeinschaftliche Tatausführung

Merkmal	Häufigkeit [%]
Alleintäterin	84,5

3.2 Vollendete vs. versuchte Taten

Merkmal	Häufigkeit [%]
Opfer getötet	82,2

3.3 Tötungsarten

Merkmal	Häufigkeit [%]
Verabreichung von Fremdsubstanzen	35,6
Ersticken	32,8
Vergiftung	9,8
Unterlassungen	9,2
Erstechen	5,2
Erdrosseln	4,6
Ertränken	2,2
Erwürgen	0,6

3.4 Tatmittel

Merkmal	Häufigkeit [%]
Medikamente	35,6
Handtuch/Tuch	11,5
Gift	9,8
Kissen/Kopfkissen	8,6
Messer	4
Seil	2,2
Plastiktüte	2,2
Sonstige (jew. < 2 %)	26,1

3.5 Overkill (Übertöten)*

Merkmal	Häufigkeit [%]
Overkill nachgewiesen	0

*über den Tötungsakt hinausgehende Gewaltanwendung

3.6 Geografische Ausprägung des Verbrechens – Kontaktort

Merkmal	Häufigkeit [%]
Wohnbereich der Täterin	53,4
Arbeitsplatz Täterin	28,2
Wohnbereich des Opfers	16,1
Sonstige (jew. < 1 %)	2,3

3.7 Täterin-Opfer-Interaktion bei Kontakt

Merkmal	Häufigkeit [%]
Täterin manipuliert Opfer durch Kommunikation/List	32,2
Täterin wendet sofortige/überfallartige Gewalt an	0,6
Opfer wehrlos oder in hilfloser Lage	67,2

3.8 Geografische Ausprägung des Verbrechens – Tatort

Merkmal	Häufigkeit [%]
Wohnbereich der Täterin	52,3
Arbeitsplatz der Täterin	28,2
Wohnbereich des Opfers	17,8
Sonstige (jew. < 1 %)	1,7

3.9 Geografische Ausprägung des Verbrechens – Leichenfundort (N = 143)

Merkmal	Häufigkeit [%]
Wohnbereich Täterin	34,2
Wohnbereich Opfer	16,1
Wald/Feld/Park	4,2
Straße/Weg	2,1
an/in Gewässern	2,1
Sonstige (jew. < 2 %)	2,8
Leiche nicht gefunden	1,4
Leichenbeseitigung nicht erforderlich	37,1

3.10 Beeinflussung der Täterin durch Fremdsubstanzen (N = 174)

Merkmal	Häufigkeit [%]
Alkohol	10,3
Alkohol und Drogen	2,3
Medikamente	1,1
dadurch verminderte Schuldfähigkeit	2,2

3.11 Täterin-Opfer-Beziehung/Phänomenologie

Merkmal	Häufigkeit [%]
Opfer stammt aus persönlichem/familiärem Umfeld	54,6
Opfer stammt aus beruflichem Umfeld	29,2
Opfer stammt aus sozialem Umfeld	1,7
keine Vorbeziehung	14,5

Ausschärfungen persönlich/familiär	
Kind	42,5
Lebensgefährte	6,3
Ehemann	5,1
Vater	1,1
Mutter	0,6
Großmutter	0,6
Tante	0,6

3.12 Tatzeiten

Merkmal	Häufigkeit [%]
06.00 Uhr – 14.00 Uhr	28,7
14.00 Uhr – 22.00 Uhr	46,6
22.00 Uhr – 06.00 Uhr	24,7

3.13 Dauer des Verbrechens*

Merkmal	Häufigkeit [%]
kürzer als fünf Minuten	13,8
länger als fünfzehn Minuten	8,1
länger als dreißig Minuten	4,0
länger als eine Stunde	74,1

*Zeitraum von Ansprache des Opfers bis ggf. Vollendung der Leichenbeseitigung

3.14 Opferauswahl

Merkmal	Häufigkeit [%]
Opfer gezielt ausgewählt	9,8
wegen vordeliktischer Beziehung	56,9
wegen Erkrankung/Schwangerschaft	32,2
Zufallsbekanntschaft	1,1

3.15 Geplante vs. spontane Taten

Merkmal	Häufigkeit [%]
Tat geplant	80,4

3.16 Gruppendynamik/Mittäterschaft als tatauslösendes Element (N = 38)

Merkmal	Häufigkeit [%]
Gruppendynamik/Mittäterschaft nachgewiesen	15,8

3.17 Modus Operandi

Merkmal	Häufigkeit [%]
gleichartige Tatbegehung	84,2

3.18 Entfernung km Tatort – Wohnung Täterin (N = 174)

Merkmal	Häufigkeit [%]
0 – 10	67,8
11 – 25	16,1
26 – 50	2,3
>50	0
Täterin ohne festen Wohnsitz	13,8

LITERATUR

BENUTZTE UND EMPFOHLENE LITERATUR

Adorno, T. W.: *Minima Moralia. Reflexionen aus dem beschädigten Leben.* Suhrkamp: Frankfurt/M., 1969.

Alff, W. (Hrsg.): *Beccaria über Verbrechen und Strafen.* Insel: Frankfurt/M. und Leipzig, 1998.

Arrigo, B. / Purcell, C.: *Explaining paraphilias and lust murder: Toward an integrated model.* Journal of Offender Therapy and Comparative Criminology 2001, S. 6–31.

Bartels, K.: *Serial Killers: »Erhabenheit in Fortsetzung.* Kriminologisches Journal 1997 (6. Beiheft), S. 160–182.

Bartels, K.: *Serial killers: Sublimity to be continued. Aesthetics and criminal history.* American Studies 1998, S. 497–516.

Beauregard, E. / Proulx, J.: *Profiles in the offending process of nonserial sexual murderers.* International Journal of Offender Therapy and Comparative Criminology 2002, S. 386–399.

Beine, K.-H.: *Sehen, Hören, Schweigen: Patiententötungen und aktive Sterbehilfe.* Lambertus: Freiburg i. Br., 1998.

Beine, K.: *Krankentötungen in Kliniken und Heimen.* Fortschritte der Neurologie und Psychiatrie 1999, S. 493–501.

Böhme, H.: *Von Affen und Menschen: Zur Urgeschichte des Mordes*, in: Matejovski, D. et al. (Hrsg.): *Mythos Neanderthal. Ursprung und Zeitenwende.* Campus: Franfurt/M. und New York, 2001, S. 69–86.

Brüning, A.: *Drei Giftmorde mit Arsen.* Archiv für Kriminologie Bd. 102, 1938, S. 215–220.

Burghard, W. et al. (Hrsg.): *Kriminalistik Lexikon.* Kriminalistik: Heidelberg, 1996 (3. Aufl.).

Burgheim, J.: *Besonderheiten weiblicher Tötungsverbrechen.* Monatsschrift für Kriminologie und Strafrechtsreform 1994, S. 232–237.

Byloff, F.: *Fünffacher Giftmord.* Archiv für Kriminologie Bd. 79, 1926, S. 220 bis 226.

Canter, D.: *Criminal shadows: Inside the mind of the serial killer.* Hutchinson: London, 1994.

Castle, T. / Hensley, C.: *Serial killers with military experience: Applying learning theory to serial murder.* International Journal of Offender Therapy and Comparative Criminology 2002, S. 453–465.

Cater, J.: *The social construction of the serial killer.* RCMP Gazette 1997 (Heft 2), S. 2–21.

Cluff, J. et al.: *Feminist perspectives on serial murder.* Homicide Studies 1997, S. 291–308.

Copeland, A.: *Multiple homicides.* The American Journal of Forensic Medicine and Pathology 1989, S. 206–208.

Dahlkamp, J. / Fröhlingsdorf, M.: *Die Schwarze Witwe.* Der Spiegel 2008 (Heft 5), S. 54–57.

Dahncke, W.: *Vierfache Kindestötung.* Kriminalistik 1959, S. 246–249.

Dangl, J.: *Die Giftmischerin.* Kriminalistik 1968, S. 395–397.

Diessenbacher, H. et al.: *Helfen und töten.* Neue Praxis 1985, S. 215–223.

Diessenbacher, H. / Schüller, B.: *Gewalt im Altenheim.* Lambertus: Freiburg i. Br., 1993.

Dilling, H. et al. (Hrsg.): *Internationale Klassifikation psychischer Störungen. ICD-10 Kapitel V (F). Klinisch-diagnostische Leitlinien.* Hans Huber: Bern, Göttingen, Toronto, Seattle, 1993 (5. Aufl.).

Doberentz, E. et al.: *Serientötungen in einem Alten- und Pflegeheim.* Archiv für Kriminologie, 2009 (Jahrgang 223), S. 24–35.

Dörner, K.: *Helfen und Töten.* Die Schwester/Der Pfleger 1991, S. 920–922.

Dotzauer, G. / Jarosch, K.: *Tötungsdelikte.* Bundeskriminalamt: Wiesbaden, 1971.

Dülmen, R. van: *Frauen vor Gericht. Kindsmord in der frühen Neuzeit.* Fischer: Frankfurt/M., 1991.

Dürwald, W.: *Vier Giftmorde an Patienten, die nach Operationen im Kran-kenhaus lagen*. Archiv für Kriminologie Bd. 119, 1957, S. 121–126.

Dürwald, W.: *Tötungsdelikte in Krankenhäusern*. Versicherungsmedizin 1993, S. 3–6.

Egg, R. (Hrsg.): *Tötungsdelikte – mediale Wahrnehmung, kriminologische Er-kenntnisse, juristische Aufarbeitung*. Kriminologische Zentralstelle: Wiesbaden, 2002.

Egger, S.: *A working definition of serial murder and the reduction of linkage blindness*. Journal of Police Science Administration 1984, S. 348–357.

Egger, S.: (Hrsg.): *Serial murder: An elusive phenomenon*. Westport, 1990.

Eisenberg, U.: *Serientötungen alter Patienten auf der Intensiv- oder Pflegesta-tion durch Krankenschwestern bzw. -pflegerinnen*. Monatsschrift für Kri-minologie 1997, S. 239–254.

Ellen, B./ Dennehy, J.: *Why do female serial killers get mythologised?* http://www.theguardian.com/commentisfree/2014/mar/02/joanna-den-nehy-murder-women-sexuality.

Faulhaber, G.: *Erbschleicherei über drei getarnte Morde*. Kriminalistik 1957, S. 56–60.

Fisher, J.: *Killer among us: Public reactions to serial murder*. Praeger: West-port, CT, und London, 1997.

Foucault, M.: *Überwachen und Strafen. Die Geburt des Gefängnisses*. Suhr-kamp: Frankfurt/M., 1976.

Fox, J. / Levin, J.: *Extreme killing: Understanding serial and mass murder*. Sage Publications: Thousand Oaks, 2005.

Frei, A. et al.: *Female Serial Killing: review and case report*. Criminal Behaviour and Mental Health 2006, S. 167–176.

Friedrichsen, G.: *»... dann gibst ihm halt was«*. Der Spiegel 1991 (Heft 11), S. 206–215a.

Friedrichsen, G.: *»Waltraud, i brauch' no a Bett«*. Der Spiegel 1991 (Heft 14), S. 189–193.

Friedrichsen, G.: *»Patientin bereits verstorben«*. Der Spiegel 1992 (Heft 44), S. 87–98.

Friedrichsen, G.: *Ist das zu verantworten?* Der Spiegel 2005 (Heft 16), S. 60–63.

Fromm, E.: *Anatomie der menschlichen Destruktivität.* Rowohlt: Reinbek, 1977.

Gee, D.: *A pathologist's view of multiple murder.* Forensic Science International 1988, S. 53–65.

Geilen, G.: *Mitleid von (und mit)* »*Todesengeln*«, in: Seebode, M. (Hrsg.): *Festschrift für Günter Spendel.* De Gruyter: Berlin und New York, 1992, S. 519–536.

Gerster, E.: *Tödliche Spritzen als radikale Form der Abwehr von Angst und Bedrohung.* Altenpflege 1989, S. 571–575.

Giannangelo, S.: *The Psychopathology of Serial Murder. A Theory of Violence.* Praeger: Westport, CT, 1996.

Gibiec, C.: *Tatort Krankenhaus – der Fall Michaela Roeder.* Dietz: Bonn, 1990.

Gierowski, J. / Zyss, T.: *Der Einfluss des Aggressionstypus und -niveaus auf das homizidale Verhalten,* in: Häßler, F. (Hrsg.): *Forensische Kinder-, Jugend- und Erwachsenenpsychiatrie. Aspekte der forensischen Begutachtung.* Enke: Stuttgart, 2003, S. 103–111.

Glucksmann, A.: *Hass. Die Rückkehr einer elementaren Gewalt.* Nagel & Kimche: München, Wien, 2005.

Görgen, T. et al.: *Kriminalität und Gewalt im Leben alter Menschen: Opfererfahrungen, Sicherheitsgefühl und Kriminalitätsfurcht älterer Menschen im alltäglichen Lebensumfeld und in häuslichen Pflegekontexten – Antrag an das Bundesministerium für Familie, Senioren, Frauen und Jugend auf Förderung eines Forschungsprojekts (KFN-Forschungsbericht Nr. 94).* Kriminologisches Forschungsinstitut Niedersachsen, Hannover 2004.

Görgen, T. et al.: *Ist die Hand, die pflegt, auch die Hand, die schlägt? Ergebnisse einer Befragung ambulanter Pflegekräfte zur Misshandlung und Vernachlässigung älterer Menschen in der häuslich-professionellen Pflege (KFN-Materialien für die Praxis, Nr. 4).* Kriminologisches Forschungsinstitut Niedersachsen, Hannover 2005.

Goetting, A.: *Child victims of homicide: a portrait of their killers and the circumstances of their deaths.* Violence and Victims 1990, S. 287–296.

Göppinger, H. / Bresser, P. (Hrsg.): *Tötungsdelikte: Bericht über die XX. Tagung der Gesellschaft für die gesamte Kriminologie vom 4. bis 6. Okt. 1979 in Köln.* Enke: Stuttgart, 1980.

Gresswell, D. / Hollin, C.: *Multiple murder.* The British Journal of Criminology 1994, S. 1–14.

Gurian, E.: *Female Serial Murderers: Direction for Future Research on a Hidden Population.* International Journal of Offender Therapy and Comparative Criminology 2011 (Heft 1), S. 27–42.

Hacker, F.: *Aggression. Die Brutalisierung der modernen Welt.* Molden: Wien, 1971.

Häcker, H. / Stapf, K. (Hrsg.): *Dorsch Psychologisches Wörterbuch.* Hans Huber: Bern, 1994 (12. Aufl.).

Häßler, H.: *Kindstötungen. Wie lässt sich das erklären?* Kriminalistik 2014, S. 203–207.

Hale, R.: *The application of learning theory to serial murder, or you too can be a serial killer.* American Journal of Criminal Justice 1993, S. 37–46.

Harbort, S.: *Kriminologie des Serienmörders.* Kriminalistik 1999, S. 642–650, 713–721.

Harbort, S.: *Das Hannibal-Syndrom. Phänomen Serienmord.* Militzke: Leipzig 2001.

Harbort, S.: *Viktimologische Betrachtungen bei Serientötungen.* Magazin für die Polizei 2005 (Heft 345/346), S. 14–18.

Harbort, S.: *Aufdeckungsbarrieren bei Serienmorden.* Die Kriminalpolizei 2007, Heft 3, S. 84– 89.

Harbort, S.: *Wenn Frauen morden. Spektakuläre Kriminalfälle.* Frankfurt/Main: Eichborn, 2008.

Harrison, M.: How evolutionary psychology may explain the difference between male and female serial killers. http://theconversation.com/how-evolutionary-psychology-may-explain-the-difference-between-male-and-female-serial-killers-41659

Hellwig, J. / Neuber, A.: *Täterinnen – Befunde, Analysen, Perspektiven*. Bewährungshilfe 2009, S. 5–14.

Hickey, E.: *Serial murderers and their victims*. Belmont, 1996 (2. Aufl.).

Hinterhuber, H. et al.: *Lehrbuch der Psychiatrie*. Thieme: Stuttgart und New York, 1997.

Holmes, R. / Holmes, S. (Hrsg.): *Contemporary perspectives on serial murder*. Sage Publications: Thousand Oaks, CA, London, New Delhi, 1998.

Holmes, S. et al.: *Female Serial Murderesses: Constructing Differentiating Typologies*. Journal of Contemporary Criminal Justice 1991, S. 245 bis 256.

Holzhaider, H.: *Fünf Hochzeiten und ein paar Todesfälle*. Süddeutsche Zeitung, 03.07.2008.

Hüetlin, T. / Smoltczyk, A.: *»Er musste entsorgt werden«*. Der Spiegel 1997 (Heft 49), S. 120–136.

Jäger, A.: *Massenmord oder Sterbehilfe*. Der Kriminalist 1983, S. 281–282.

Kastner, K.: *Kindsmord: historische, rechtliche und literarische Aspekte*. Neue Juristische Wochenschrift 1991, S. 1443–1455.

Jäger, A.: *Massenmord oder Sterbehilfe*. Der Kriminalist 1983, S. 281–282.

Jenkins, P.: *Using murder: The social construction of serial murder*. Penguin: New York, 1994.

Jones, S.: *Partners in crime: A study of the relationship between female offenders and their co-defendants*. Criminology & Criminal Justice 2008, S. 147–164.

Käferstein, H. et al.: *Todesfälle während ambulanter Altenpflege*, in: Oehmichen, M. (Hrsg.): *Lebensverkürzung, Tötung und Serientötung – eine interdisziplinäre Analyse der »Euthanasie«*. Schmidt-Römhild: Lübeck, 1996, S. 205–216.

Kaiser, S.: *Angst und Ignoranz*. Der Spiegel 2010 (Heft 35), S. 38.

Keeney, B. / Heide, K.: *Gender Differences in Serial Murderers*. Journal of Interpersonal Violence 1994, S. 383–398.

Kemper, M.: *Oma gestand neun Morde!* Polizei-Digest 1985 (Heft 1), S. 129–132.

Kelleher, M. / Kelleher, C.: *Murder Most Rare: The Female Serial Killer.* Praeger Publisher: Westport, CT, 2008.

Kerner, H.-J. (Hrsg.): *Kriminologie Lexikon.* Kriminalistik: Heidelberg, 1991 (4. Aufl.).

Kiener, B.: *Tötungsserie in Innerschweizer Pflegeheimen.* Kriminalistik 2007, S. 195–198.

Klee, E.: *Christa Lehmann. Das Geständnis der Giftmörderin.* Verlag W. Krüger: Frankfurt/M., 1982.

Köhler, D.: *Die Persönlichkeit von Serienmördern.* Kriminalistik 2002, S. 92–95.

Köhn, K.: *Die Minus-Frau – ein Beitrag zu den Kindstötungen in Brieskow-Finkenheerd.* Der Kriminalist 2005, S. 403–404.

Kröber, H.-L.: *Persönlichkeit, konstellative Faktoren und die Bereitschaft zum »Affektdelikt«*, in: Saß, H. (Hrsg.): *Affektdelikte.* Springer: Berlin, Heidelberg, New York, 1993, S. 77–94.

Krohn, J. et al.: *Tötung von Neugeborenen. Neonatizide in Hamburg von 1998 bis 2008.* Archiv für Kriminologie (Jahrgang 227), S. 174–180.

Laplanche, J. / Pontalis, J.-B.: *Das Vokabular der Psychoanalyse.* Suhrkamp: Frankfurt/M., 1996.

Laubacher, A. et al.: *Mütter, die ihre Kinder töten.* Kriminalistik 2011, S. 648–652.

Lewis, D. et al.: *Psychiatric, neurological, and psychoeducational characteristics of 15 death row inmates in the United States.* American Journal of Psychiatry 1986, S. 838–845.

Lewis, D. et al.: *Objective documentation of child abuse and dissociation in 12 murderers with dissociative identity disorder.* American Journal of Psychiatry 1997, S. 1703–1710.

Leygraf, N.: *Psychisch kranke Rechtsbrecher.* Springer: Berlin, Heidelberg, New York, 1988.

Lohmann, J.: *Mörderfrauen: Schöne Thesi, Mordschwestern und Andere.* Kripo at 2012 (Heft 1), S. 13–19.

Lorenz, K.: *Das sogenannte Böse. Zur Naturgeschichte der Aggression.* dtv: München, 1974.

Lowenstein, L.: *The psychology of the obsessed compulsive killer.* The Criminologist 1992, S. 26–38.

Maisch, H.: *Phänomenologie der Serientötung von schwerstkranken älteren Patienten durch Angehörige des Pflegepersonals.* Zeitschrift für Gerontologie und Geriatrie 1996, S. 201–205.

Maisch, H.: *Patiententötungen – dem Sterben nachgeholfen.* Kindler: München, 1997.

Mauz, G.: *Die Justiz vor Gericht. Macht und Ohnmacht der Richter.* Goldmann: München, 1993.

McKenzie, C.: *A study of serial murder.* International Journal of Offender Therapy and Comparative Criminology 1995, S. 3–10.

Middendorff, W.: *Kriminologie der Tötungsdelikte.* Boorberg: Stuttgart, 1984.

Miller, A.: *Am Anfang war Erziehung.* Suhrkamp: Frankfurt/M., 1980.

Missliwetz, J.: *Die Mordserie im Krankenhaus Wien-Lainz.* Archiv für Kriminologie Bd. 194, S. 1–7.

Mitsch, W.: *Heimtückische Tötung von Neugeborenen, Säuglingen und kleinen Kindern.* Juristische Schulung 2013, S. 783–787.

Müller-Luckmann, E.: *Weibliche Tötungskriminalität,* in: Egg, R. (Hrsg.): *Tötungsdelikte – mediale Wahrnehmung, kriminologische Erkenntnisse, juristische Aufarbeitung.* Kriminologische Zentralstelle, Wiesbaden 2002, S. 127–138.

Nedopil, N.: *Forensische Psychiatrie. Klinik, Begutachtung und Behandlung zwischen Psychiatrie und Recht.* Thieme: Stuttgart und New York, 1996.

Neubacher, F.: *Serienmörder. Überblick über den wissenschaftlichen Erkenntnisstand.* Kriminalistik 2003, S. 43–48.

Noack, P. / Naumann, B.: *Wer waren sie wirklich? Ein Blick hinter die Kulissen der elf interessantesten Prozesse der Nachkriegszeit.* Hermann Gentner: Bad Homburg, 1961.

Nothafft, S.: *Himmel und Erde – Frauen in Gewaltverhältnissen und die Schwierigkeit, sie zu verteidigen, wenn sie ihren Peiniger töten.* Monatsschrift für Kriminologie und Strafrechtsreform 1999, S. 111–136.

Oberlies, D.: *Tötungsdelikte zwischen Männern und Frauen – Eine Untersuchung geschlechtsspezifischer Unterschiede anhand von 174 Gerichtsurteilen*. Monatsschrift für Kriminologie und Strafrechtsreform 1997, S. 133–147.

Oehmichen, M. (Hrsg.): *Lebensverkürzung, Tötung und Serientötung – eine interdisziplinäre Analyse der »Euthanasie«*. Schmidt-Römhild: Lübeck, 1996.

Pándi, C.: *Lainz – Pavillion V: Hintergründe und Motive eines Kriminalfalls*. Ueberreuter: Wien, 1989.

Palmen, C.: *Idole und ihre Mörder*. Diogenes: Zürich, 2005.

Parker, N.: *Murderers: A personal series*. Medical Journal of Australia 1979, S. 36–39.

Parzeller, M. et al.: *Tödliche Gewalt gegen Kinder*. Rechtsmedizin 2010, S. 167–178.

Phelps, W.: *The devil's rooming house: the true story of America's deadliest female serial killer*. Guilford: Lyons Press, 2010.

Pincus, J.: *What makes killers kill?* W. Norton: New York, 2001.

Prewein, M.: *Estibaliz Carranza. Meine zwei Leben*. Edition a: Wien, 2014.

Promish, D. / Lester, D.: *Classifying serial killers*. Forensic Science International 1999, S. 155–159.

Raine, A.: *Violence and psychopathy*. Kluwer Academic: New York, 2001.

Rasch, W. / Konrad, N.: *Forensische Psychiatrie*. Kohlhammer: Stuttgart, 2004.

Regener, S.: *Das Phänomen Serienkiller und die Kultur der Wunde*, in: Bohunovsky-Bärnthaler, I. (Hrsg.): *Von der Lust am Zerstören und dem Glück der Wiederholung*. Ritter: Wien, Klagenfurt, 2003, S. 75–95.

Rehberg, K.: *Die Raubmorde des Einbrechers Gerhard Popp*. Kriminalistik 1961, S. 380–385, 424–431, 486–492.

Reisner, A. et al.: *The impatient evaluation and treatment of a self-professed budding serial killer*. International Journal of Offender Therapy and Comparative Criminology 2003, S. 58–70.

Ritter, J. et al. (Hrsg.): *Historisches Wörterbuch der Philosophie. Bd. 12: W–Z.* Schwabe: Basel, 2004.

Rode, I. / Scheld, S.: *Sozialprognose bei Tötungsdelikten.* Kriminalistik Verlag: Heidelberg, 1986.

Rotondo, R.: *»Todesengel« – Wenn Pflegekräfte morden.* Die Schwester Der Pfleger 2006, S. 66–74.

Rückert, S.: *Tote haben keine Lobby: die Dunkelziffer der vertuschten Morde.* Hoffmann und Campe: Hamburg, 2000.

Safranski, R.: *Das Böse oder Das Drama der Freiheit.* Hanser: München, Wien, 1997.

Salfati, G.: *The nature of expressiveness and instrumentality in homicide.* Homicide Studies 2000, S. 265–293.

Sannemüller, U. et al.: *Tötungsdelikte: soziodemographischer Hintergrund der Täter und tatspezifische Merkmale.* Archiv für Kriminologie Bd. 204, S. 65–74.

Schneider, H. J.: *Kriminologie der Gewalt.* Hirzel: Stuttgart und Leipzig, 1994.

Schöne, M. et al.: *Neonatizid.* Kriminalistik 2011, S. 635–640.

Schreiner, P.-W.: *Gewalt in der Pflege.* Pflege 2001 (Heft 2), S. 51–63.

Scott, H.: *The female serial murderer: A sociological study of homicide and the »gentler sex«.* Edwin Mellen Press: Lewiston, NY, 2005.

Scott, J.: *Serial homicide.* British Medical Journal 1996, S. 2–3.

Seltzer, M.: *Serial killers: Death and life in America's wound culture.* Taylor and Francis: New York, 1998.

Smoltczyk, A.: *Nur ein Indianerspiel.* Der Spiegel 1998 (Heft 20), S. 66 bis 68.

Snyman, H. F.: *Serial murder.* Acta Criminologica 1992 (Heft 2), S. 35–41.

Sofsky, W.: *Traktat über die Gewalt.* S. Fischer: Frankfurt/M., 2000.

Stangl, W.: *Die Schrecknisse der abweichenden Abweichung. Oder: Die Angst der Männer vor mörderischen Frauen.* Kriminologisches Journal 1999, 7. Beiheft, S. 113–122.

Steck, P.: *Merkmalscluster bei Mordhandlungen: Ergebnisse einer clusteranaly-*

tischen Studie. Monatsschrift für Kriminologie und Strafrechtsreform 1990, S. 384–398.

Sternal, R.: *Frauen, die töten: Opfer oder Täterinnen,* in: Möller, H. (Hrsg.): *Frauen legen Hand an: Untersuchungen zu Frauen und Kriminalität.* Tübingen 1996, S. 99–124.

Strasser, P.: *Verbrechermenschen. Zur kriminalwissenschaftlichen Erzeugung des Bösen.* Campus: Frankfurt/M., New York, 2005 (2. Aufl.).

Stratton, J.: *Serial killing and the transformation of the social.* Theory Culture & Society 1996, S. 77–98.

Swientek, C.: *Kindstötung – Neonatizid.* Der Kriminalist 2004, S. 189 bis 193.

Tölle, R. / Lempp, R.: *Psychiatrie.* Springer: Berlin, Heidelberg, New York, 1991 (9. Aufl.).

Trube-Becker, E.: *Frauen als Mörder.* Goldmann: München, 1974.

Vronsky, P.: *Female serial killers: how and why women become monsters.* Berkley Books: New York, 2007.

Wehner, B.: *Die Latenz der Straftaten.* Bundeskriminalamt: Wiesbaden, 1957.

Wagner, H.-J.: *Konsumgesellschaft und Tötungsdelikte an alten Menschen.* Deutsches Ärzteblatt 1992, S. B–778–B–780.

Weiler, I.: *Giftmordwissen und Giftmörderinnen: eine diskursgeschichtliche Studie.* Niemeyer: Tübingen, 1998.

Weiler, I.: *Die Sensationsberichterstattung der Illustrierten in den fünfziger und sechziger Jahren: Der Fall Christa Lehmann,* in: Linder, J. et al. (Hrsg.): *Verbrechen – Justiz – Medien. Konstellationen in Deutschland von 1900 bis zur Gegenwart.* Niemeyer: Tübingen, 1999, S. 193–214.

Wiese, A.: *Mütter, die töten: psychoanalytische Erkenntnis und forensische Wahrheit.* Fink: München, 1993.

Wilczynski, A.: *Images of woman who kill their infants: the mad and the bad.* Women & Criminal Justice 1991, S. 71–88.

Wilkins, M.: A *Comfortable Evil: Female Serial Murderers in American Culture.* Dissertation 2004.

Wuketits, F.: *Warum uns das Böse fasziniert. Die Natur des Bösen und die Illusionen der Moral.* Hirzel: Stuttgart, Leipzig, 2000.

Wulffen, E.: *Die Sexualverbrecherin.* Langenscheidt: Berlin, 1925.

Wuss, P.: *Faszination Serienkiller.* Medien praktisch 2000 (Heft 2), S. 18–23.

Yardley, E. / Wilson, D.: *Female serial killers in social context: criminological institutionalism and the case of Mary Ann Cotton.* Policy Press: Bristol, 2015.

Zimmer, K.: *Das einsame Kind.* Kösel: München, 1979.